上海教育出版社

任继愈 著 李申 周赟 编

中国传统文化与当下

# 中国传统文化的光明前景

# 文化发展的势差规律（代序）

　　文化是人类社会生活中一种综合性的实体，它具有民族特征、地区特征及时代特征。

　　中华民族有文字记载的历史有四千年。它发展经历的道路漫长而曲折，但总的进程是进步、提高，而不是停滞和倒退。遥远的三皇五帝时期且不说。从殷周算起，有文字记载可以考查的历史，一直到当前的20世纪末期，我们可以看出中华民族文化的发展，经历了五个重要阶段。

　　春秋战国是中华民族文化奠基时期，对后世影响很大的主要思想流派，都在这一时期形成。春秋战国时期对中华民族所起的重要作用有点像古代希腊文化对欧洲的作用。没有古希腊文化，就没有后来的欧洲文化；没有春秋战国文化，中华民族后来形成的文化面貌可能不是今天这个样子。

　　秦汉统一，又是一个重要时期。秦汉统一，奠定了后来中华民族团结、和谐、共同抵御外来侵略的民族意识，此后二千年，人们认为统一是正常现象，分裂是不正常现象。车同轨、书同文、行同伦，这种文化心理状态牢固地树立起来，迄今仍是维护民族统一的向心力。

　　宋、辽、金、元、明、清近一千年的历史表明，中华民族在发展，在壮大。中华民族内部各族互相学习，共同提高，共同主宰天下，从而使中国的封建制度高度完善化。中国的封建社会制度，在人类历史上具有典型性。

　　"五四"以后，西方近代文化涌进中国，中华民族传统文化受到强力挑战，它的优缺点受到严峻考验，也从此打开了眼界。中华民族文化中在纲常、名教之外，增加了科学与民主的新内容。新中国成立，进入社会主义时期，中华民族文化中又增加了马克思主义。马克思主义的基本原理与中华民族传统文化相结合，孕育着中华民族的社会主义新文化，从此中华民族文化汇入世界文化的总潮流，中华民族也将为全世界做出贡献。

中华民族文化的发展、进步，是在我们生息蕃衍的这块九百六十万平方公里的土地上进行的。中华民族的文化是不断融合、吸收各个兄弟民族的先进文化才发展壮大起来的。春秋战国以前，华夏文化与其他民族的文化不断接触，齐、鲁、燕、晋、秦、楚、吴、越各有自己的文化。经过列国竞争，战国后期剩下七个大国，按地区来分，其文化类型大致可分为邹鲁文化、燕齐文化、三晋文化、荆楚文化四种。在四个文化区域内，有些生产关系比较落后的少数民族不断被具有先进的文化的民族所影响，他们由无阶级社会进入阶级社会，从早期奴隶制进入封建制。以先进的生产关系促进落后的生产关系，在中国历史上已成为通例。宋、辽、金、元、明、清历代历史都证明这一通例。

由宋、辽上溯到公元四五世纪，也可以看出南北朝各族由部落联盟制进入封建化的过程。

判断进步与落后的标准是历史唯物主义指出的社会发展原则。社会发展要经历五种生产方式，即原始公社、奴隶制、封建制、资本主义制及社会主义共产主义制。人类社会沿着这五种生产方式的顺序前进着，后一个超过前一个。除了共产主义社会尚未出现外，其余四种生产方式，世界上并存着。

历史已经表明，不同的文化接触后，高层次的文化必能影响低层次的文化，相同层次的文化接触后，谁也支配不了谁，往往相持一个相当长的时期，最后融合成一种新的文化。

中国文化在封建社会里，它长期处在高度发达的状态，它的生产力发展到封建社会可能达到的最佳效益，中国传统文化长期在世界领先，就是指封建制度下说的。世界进入资本主义阶段，中国的封建文化才显得落后。中国从明万历年间（16世纪），其颓势已经开始。由于西方资本主义尚不够强大，双方没有正面发生冲突，还可以自我陶醉，不感觉落后。一旦面对面地较量，鸦片战争以后，屡战屡败，才不得不服输。

中华民族文化发展的经验表明，不同的文化相接触后，先进的一方必然影响落后的一方，落后的一方必然受先进的一方的影响。先进一方是施者，落后的一方为受者，这种现象，好像水之趋下，不可逆转，故称之为"文化势差"（Cultural Potential Diffrence）。

当前中国面临对外开放的新形势，这是促使中国现代化的国策，一旦开放，再也封闭不住，它将永远开放下去。随着开放，国外的腐朽的、病态的文化势必随着潮流涌进来，给我们社会主义国家带来不少新的麻烦。

我国是社会主义的民主国家，但封建主义残余势力还相当顽固，从社会意识到生活方式，处处可以看到封建主义残余势力的影响。中国本来就有资本主义影响，随着开放的潮流，资本主义影响势必大量涌进。中国立国之道是四项基本原则，它是社会主义文化的基础。当前现实生活中，并存着三种文化体系：封建的、资本主义的、社会主义的。

为了加速四化建设，各方面都在努力。同时不得不看到，社会上经常受到非社会主义文化的干扰。比如损公肥私、世袭制、特权思想、一言堂、关系网、虐待老人、压迫子女，等等。许多弊端，有的属于封建文化中的糟粕，有的属于资本主义文化的腐朽部分。有些好心人，看到那些败坏社会风气的现象，很着急，有人提出要利用传统的封建文化来抵制腐朽的资产阶级文化。从文化势差的道理来看，用封建传统文化抵挡不住资产阶级文化的侵蚀，用封建文化更无法消灭封建文化糟粕的影响。唯一的出路是利用文化势差，用方兴未艾、朝气蓬勃的社会主义文化才可以战胜一切不正之风，为四化建设打好基础。

（原刊于《群言》1987 年第 12 期）

# 目录

## 第三辑　中国哲学：厘清与思辨

## 第四辑　中国社会：感叹与希望

## 后记

第一辑
中华文化：理性与热切

# 关于中国封建主义的问题

从战国到鸦片战争两千多年，中国是封建社会。与欧洲的封建社会相比较，为什么中国封建社会的历史这么长呢？这个问题牵扯到中国社会发展的各种构成因素，但主要的原因是经济原因，封建的经济结构决定了封建社会的社会性质。

封建经济是一种自然经济，它的经济体系以家庭为单位，一家一户的男耕女织是它基本的生产方式，也是生活方式。产品自己消费，吃、穿、用基本上自给自足。中国历史上，凡是天下比较太平，人民日子比较安宁的时候，往往是小农经济得到发展的时候。秦朝经过商鞅变法后，鼓励小家庭，儿子长大必须分居。汉初、隋初、唐初都是贯彻这一种方式。一家一户便于国家直接控制有生产力的人服徭役、交地租。但是小农经济不能经久，过一段时期就会产生土地兼并、两极分化，并由此引起社会动乱。小农经济的特点是不能够大规模、高速度地发展生产，产品基本上消费掉了。这种情况一直持续到鸦片战争，中国由此进入半封建半殖民地社会。这个半封建半殖民地社会的封建的经济势力、政治势力、文化传统非常强大，资本主义势力十分薄弱。也可以说，中国的社会主义是在更多的封建主义、较少的资本主义的基础上建立起来的。这样的历史残迹，不能不表现在社会主义制度下的各个方面。"文化大革命"中"四人帮"的篡党夺权，正是这个封建历史残余势力的大暴露。

在"文化大革命"前我们并没有重视这个问题，我们在完成了所有制的改造后就心满意足了，对于统治中国几千年的封建主义的危害性认识不足，这不是哪一个人认识不足。而是我们整个民族，广大群众，包括我们党内干部，都对封建主义势力之大认识不足。这样就导致了极其严重的、灾难性的后果。

自给自足的小农经济落后于资本主义，当然更落后于社会主义。社会发展史的规律表明：落后的自然经济必然为先进的资本主义所代替，资本主义又必然为更先进的社会主义所代替。而中国的社会主义是在资本主义没有得到充分发展的情况下建立起来的，包袱就背得很重，问题也就更为复杂。落后的封建经济有没有带来好处？也有。比如我们的新民主主义革命采取的农村包围城市的战略方针，它的根据就是旧中国封建经济和封建势力是独立的、分散的这么一个落后的状况。如果是一个现代化的、商品经济发达、交通设施完备的社会，我们就很难设想能通过这样的道路取得革命胜利。中国革命成功，沾了封建主义的光，进入社会主义社会，则吃了封建主义的亏。

我们是研究哲学史的，现在仅从这个侧面来考察一下中国的封建社会为什么能够维持这么长。

封建社会是一个有机结构，有它的生长、发展、衰落和死亡的过程。汉唐时代是中国封建社会的上升时期，不仅在中国封建史上值得大书特书，在全世界比较起来也是先进的。唐以后开始走下坡路，一直走到鸦片战争。秦汉以后中国就是在大一统局面下的封建制。这种全国大一统的局面，与欧洲诸侯小国分散割据的封建社会有很大区别。中国的历代封建统治者不断加强中央集权的统治力量，采取一系列措施，从政治制度、思想体系方面来巩固封建体制，维系大一统的局面。

从历史上看，中国封建统治的不断增强是通过集中中央权力和加大皇权来实现的。汉初刘邦分封了一些子弟，分封后发现他们闹独立性，以后就停止了分封，直接由中央控制全国各地，把地方官的任免权都收归中央。皇权也是在不断加强。从汉到唐，中央的权力形式上集中到宰相，宰相的权力相当大。宋朝开始，削弱了宰相的权力，加强了皇帝的权力。到了明清，封建的皇权制进一步加强，废除了宰相制，实行内阁制。内阁实际上是皇帝的一个秘书班子，权力集中在皇帝一人手上。汉唐时君臣坐而论道，宰相还有个座位。宋朝开始，宰相没有座位了，只能站着和皇帝讨论问题。明清以后，连站着也不行了，只能跪着接受皇帝的指示。宋朝的军队经常打败仗，不是他的兵不勇敢、武器不行，而是中央政府怕地方有权，出兵打仗时皇帝把事先规定的阵图交给带兵的将领，必须照颁发的阵图行动，否则打胜了也没功。那时没有现代的交通和电讯设备，指挥系统离阵地几千里，而战事是千变万化的，如果将军连机变的特权都没有，怎么能打主动仗，怎么能不打败仗呢？后来岳飞之所以能打胜仗，是因为皇帝逃难，顾不上颁发阵图了，部队有了发挥主动权的机会。皇帝的权力越来越大，依附于皇帝的宦官、宠臣就可以窃权、弄权。由于皇帝庸劣而无力运用这个过大的权力，于是出现了宦官专权的黑暗统治。

为封建制度服务的各种思想体系，也与这个制度密切配合，形成了具有中国特点的封建社会的意识形态。比如为了给中央集权的封建专制服务，宋元以后把《大学》这本书定为国家的教科书。这本书讲的是修身、齐家、治国、平天下，把封建社会一家一户的小生产思想体系哲学化、理论化，向全国灌输。维护封建制度的"三纲"说，就是从伦理、道德方面来巩固封建制度的。先秦时期思想家，如荀子和韩非子已经提出了"三纲"说（即"君为臣纲""父为子纲""夫为妻纲"），但在那时只是一种主张，并没有一种有力的措施来保证它的实现。到汉朝，地主阶级利用它掌握的政权和行政手段来推行"三纲"准则，如提拔那些贯彻"三纲"准则彻底的人，给他们官做；从一家一户到全国，都推行"家长制"。这就使得"三纲"思想的贯彻有了制度保证，比先秦时期空讲道理有效多了。

封建社会产生家长制是有其道理的，因为以男性为中心的家长，他有生产经验，而且他是这个家庭的主要劳动力，他有绝对的经济支配权和发言权。所以说，家长制是封建社会小农经济的产物。

封建社会的家长制是合法的，是被人所承认的，同时也是巩固封建秩序的一个力量。在一个家庭里边也需要这么一个家长。封建社会在"三纲"思想统治下，根本没有个人的自由，也就不会产生个人主义。一个人，他是社会的一个成员，也一定是国君的臣民。不管是做官的还是没有做官的普通老百姓，都是皇帝的"臣"；臣对君，民对君，都只能绝对服从，没有平等的关系。只有君选择臣、民的权利，而臣、民没有选择君的权利。春秋战国时候国家很多，这个国家的人可以跑到那个国家去，臣可以择君而仕，老百姓也可以从这国跑到那一国去。而在封建的、大一统的国家里，"溥天之下，莫非王土"，你走到天边也是皇帝的土地，跑不出去。所以臣对于君只有绝对的义务、绝对的服从，君对于臣却没有任何的责任。父子的关系，夫妻的关系，也是这样，只能服从而没有反抗的权利。臣民是属于君的，子女是属于父的，妇女比男子又多了一层束缚——夫权。这就是说，封建社会里没有个人的自由和权利，君主既是人，又是神，具有至高无上的权威。老百姓就不一样，他不是臣就是子，或者是妻，独立人格的人不存在。这样就形成了绝对服从关系，上下级的关系也就固定化了，僵化了。到了社会主义社会，人们还没有养成运用民主权利的习惯，也不善于区别封建社会的上下级关系与社会主义制度下的上下级关系，所以家长制与一言堂能够通行无阻。这是一个客观的原因。

"四人帮"是封建法西斯的产物，他们提出的"三忠于""四无限"等，都是封建社会里臣对于君的那么一种关系。如果真的是人民当家做主，人民有民主的权利，那么领导应该忠于人民，忠于群众，关系应该倒过来。"四人帮"却片面地要求下对于上绝对的忠，上对于下则不负任何责任，不受什么约束。由此可以看到，中国的社会主义没有经过完整的资本主义阶段，是从半殖民地半封建主义一下子跳到了社会主义的，这就不免把封建社会的很多东西不知不觉地带到社会主义来，当作社会主义的好东西，给我们的社会主义事业带来了很多麻烦。比如说封建社会的统治者教育人民要安贫乐道，就是说它把贫困看成是很高的道德，而把富足视为使人道德败坏的东西，要人们安于贫困。有一个叫作颜回的，是孔子的大弟子，他没有著作留下来，他的言论也不多，可是他却成了几千年来封建社会教育学生的榜样。理由在哪里呢？向他学习什么呢？就在于他穷，他能心安理得地来受穷，不要改善他的经济生活——根据封建社会的道德标准，这就是他的美德。试看在我们的社会主义社会里，有没有不把穷困当作敌人而当作美德的现象呢？我看是有的，前若干年不是一直在讲穷过渡吗！似乎穷了就好，富了就变"修"了！因而一直在把青年、干部送到农村最艰苦的地方去锻炼，好像城市这个花花世界是个罪恶的渊薮，只有农村才能培养完善的人格。其实，在工人阶级当家做主的社会里，工人阶级的城市，哪能是产生罪恶的地方？！《共产党宣言》里就说过，资本主义发展以后，把田园诗的情调破坏了。中国社会也有这种田园诗，歌颂自然的美；当然诗是美的一个方面，如果把这跟人的道德要求，跟人的生活改善的要求联系起来看的话，歌颂穷困,歌颂安于贫困,这只能是对于封建社会的君主有利,因为安于穷困就不会造反、不提任何要求。所以这是封建统治者为统治人民制造出来的一种道德标准——以穷为荣,而不是以穷为耻。

再比如绝对服从,盲目崇拜,这也是中外封建社会共同尊奉的一种道德。像这些绝对地忠,绝对地服从,盲目崇拜,对现社会的人有没有影响呢?我看是有影响的。就拿中国来说,经过宋朝以后,为了巩固封建秩序,巩固中央集权的统治,就把经过宫廷政变取得政权视为大逆不道。比如曹操,在唐的时候还没有被看成为一个反面人物,杜甫送曹霸的诗就称道他是魏武的后代,可见唐时曹操还被看作好人。但经过宋以后的批判,曹操就被看成历史上的一个坏人了。"五四"时代,北京大学的标语中有一条是打倒曹汝霖,曹汝霖卖国是应该打倒的,但公布曹汝霖的罪状,说他是曹操的后代,这就不对了,它说明近代革命的舆论也不自觉地接受封建的标准。再如"文化大革命"里打派仗,用大字报攻击对方不怀好意,说"司马昭之心,路人皆知",司马昭犯了什么罪过呢?他就是篡夺了曹魏的政权。本来这是他们两家封建贵族的政权争夺,我们是革命群众,有什么必要站到曹家这边来声讨司马家呢?这是封建的影响不知不觉地深入人心的结果。宋朝以后的改朝换代有好几次,但通过宫廷政变来篡夺政权的一个也没有。秦桧是个奸臣,虽然他权力很大,但也不敢篡位,不敢当曹操、司马昭。社会舆论已经造成对君绝对的忠,不能够有丝毫的怀疑,这正是用宣传、教育的方式加强封建主义的教育收到了效果。封建社会到了后期,产生资本主义的萌芽,会逐渐出现新的生产方式来代替旧的生产方式,新的生产关系可以冒出来;可是我们中国的资本主义老是成长不起来,即使有过几次出现了萌芽,却又被压下去。从思想史方面看,因为有一套思想体系不让新的生产方式和资本主义的萌芽发展。中国封建社会历来重本抑末，"本"是农业，即小农经济，"末"是工商业，被看作是起坏作用，要人为地加以抑制。我们背上的封建主义包袱太重，中毒也太深，钻进党内的野心家、阴谋家就有意识地把封建主义当作社会主义来宣传提倡，把社会主义的东西当作资本主义来加以批判和反对。我们的干部和群众，对封建社会的影响认识不够，就容易上当。封建家长制的统治，一个人说了算，没有民主，没有平等讨论的权力，这在封建社会个体农民的家庭里，不但是允许的，也是需要的。可是我们往往把封建的一言堂、家长制统治，跟社会主义民主集中制混淆起来。再如，关心每一个人的物质利益，不断改善人民群众的物质生活和精神生活，这是我们社会主义的一个原则。但由于我们分不清封建主义、资本主义和社会主义，不善于区别它们的差别，曾一度大力批判物质刺激，反对改善人民群众的物质生活，宣扬穷了是社会主义，富会出现修正主义。

再从经济生产方面来看，封建社会一家一户的小农经济，它的产品不是商品，不是为交换，它不存在成本的问题，也不搞成本核算。可是我们搞社会主义建设，不知不觉地也把不计成本，不要成本核算，当作社会主义优越性来坚持，使我们的经济建设吃了大亏。封建社会是不计成本的，像秦始皇陵墓的成本该怎么算呢？几十万人拼死拼活干了若干年，它的成本就无法算，也不需要算。我们管理经济的人，没有经过资本主义进行经营管理的那种训练，认为成本核算是资本主义的，不计成本是社会主义的，把封建社会的经营管理当作社会主义的经济原则去贯彻，这种教训是很深刻的。过去流行过一句话：要算政治账，不要算经济账。搞经济建设不算经济账，这本身就是很荒谬的逻辑。

再比如说就业问题。在封建社会不存在失业问题，当然也不存在就业问题，有一块土地就一切都有了。现在我们国家的人口每年要净增一千万。这一千万人，如果不给他们安排个适当的岗位，他们就要找别的出路，要影响社会秩序的安定。一大批年富力强的劳动力需要有工作做。当然，对他们进行教育是需要的，但是光教育不安排不行，不能解决他们的问题。在封建社会就不存在什么失业问题，这是社会进入资本主义以后才发生的问题。社会主义与封建主义之间隔着一个资本主义，如果不对它们加以清楚地区别，就很容易把社会主义的东西当作资本主义乃至封建主义的东西来对待。过去大寨就有一个很响亮的口号："堵不住资本主义的路，迈不开社会主义的步。"这些年的经验告诉我们，如果资本主义与社会主义分不清，堵的可能是社会主义的路，迈的可能是资本主义的步，也可能是封建主义的步，这样就可能乱了套。所以对封建主义的影响，千万不能小视。

封建社会都是一家一户的小生产，日出而作，日入而息，家庭成员一天到晚在一起，家庭对每一个成员世界观的形成，对他们的思想影响，是起决定作用的。可是在社会主义社会，家庭结构就起了变化。我们的农村是集体所有制，家庭成员活动的范围就比封建社会广阔得多，绝不是家庭这个围墙所能限制得了的。比如有一家有三个儿子，有的在工厂做工，有的在学校教书，有的在生产队劳动，他们的经济收入来源不一样，有的是靠工资，有的是靠工分吃饭，他们三个都是自食其力，不靠家长吃饭，这样，他们的世界观、思想的形成，就主要是来自社会，而不是主要来自家庭和家长。这就是说，家长对其家庭成员的影响与以前不一样了，对他们的约束也不一样了。家庭结构变了，家长的地位、他的发言权和作用也就有了变化。在封建社会里，家长有财产支配权，子女对家长要孝，有求于他嘛！讨父母喜欢是希望能分到一点遗产。进入资本主义社会就不一样了，如欧、美，小孩到了十八岁就完全独立了，离开了家自己找工作。家庭的结构变了，家庭的形式也得有个变化。我们社会主义社会，家庭结构也在起着很深刻的变化。每个人的收入来源，生活资料的来源，不是从家长那儿来的，这就是一个变化。所以我们要真正解决老年人的晚年问题，光靠宣传教育、法律，是不够的，还要有社会保险能够跟上去。如提倡只生一个子女，那么将来一对青年要养活四个老人，那怎么行呢？这就要求社会保险能跟上去。社会要看到并承认家庭的结构有了变化。可是过去我们对这个变化认识不足。比方说选拔人才方面，我们自己给自己画了许多框框，限制自己。如选拔干部，就把家庭出身看得非常重要。一个人各方面都不错，吸收他入党也够条件，就是他父亲有点问题，这就不行；要不就是他舅舅有点问题，那也不行；甚至追到他的祖父的家庭成分。本来可以使用、提拔的干部，就因为这些不敢使用和提拔。美国前国务卿基辛格，是个德国犹太人，如果用我们的标准看，这样来历不明的一个外国人，社会关系这么复杂，要当一个相当于外交部部长的国务卿，那肯定是不行的。我们用封建社会的标准来看新事物，远远落后于形势，就使应该使用的人被遗漏了，这是很大的浪费。埋没了人才，也害了社会。"文化大革命"期间反动的"血统论"之所以能够得逞，就是因为我们这个社会承认"血统论"。要不是社会上有这样的基础，光靠几个人高唱"血统论"也推行不开；推行了，大家也不信。

封建社会把家庭单位看得很重要，是因为家庭既是个生产单位，也是生活单位和教育单位。社会主义社会不是这样的，还用旧眼光、旧标准来看待家庭就不对了。如在过去的政治运动中就因此造成了一些无端的株连：一个人被打成反革命，一家子就跟着都倒霉了。反过去，有些搞特权的少数人，他一个人上去了，就一家子也跟着上去了，所谓"一人得道，鸡犬升天"。农村生产队选干部，也往往受一家一姓一族的影响，不能够选出真正符合人民利益的人来。小到一个家庭，大到一个国家，如果沾染上封建主义的流毒、家长制的流毒，所造成的损失是不可估量的。

我们再举一个例子。封建社会的学习是读经，学习方法是背书，对"四书五经"要读、要背、要体会它的意义，但不能发挥个人的观点。封建社会的八股考试，代圣贤立言，就是把圣贤的话拿来发挥发挥，注释注释。经书上讲的道理只能照办，不准怀疑。于是就造了一种八股。毛主席不是反对"党八股"嘛。旧八股要反对，新的"党八股"也要反对。就是说，对圣贤的话，有多少是可靠的，也要研究研究。其实，封建社会的进步思想家也反对那种八股式的文章，《红楼梦》的作者就通过林黛玉的口，反对考试，反对八股，攻击代圣贤立言。资本主义社会的学习方式，同封建社会相比就不大一样了，他们就敢于怀疑，哪怕是出自孔子之口，不对的也可以怀疑，不肯轻信"四书五经"上的话。比如"五四"时代，这是一个思想解放的时代，胡适写过一本《中国哲学史大纲》(上册)，就评价了圣贤，在当时起了积极的作用。当然，他的观点我们不是都同意的，但他当时的认识比封建学者的认识有了很大的变化；他把孔子作为一个思想家，跟其他的思想家——孟、荀、老、庄等人，放在同样的位置上加以衡量，把孔子这个圣人降到一般思想家的地位加以论述。这一点是反封建的表现。可惜中国资产阶级比较软弱，反封建很不彻底，打了几个回合就停下来，跟封建主义妥协了。建国以后，各个领域在马克思主义的引导下，走向了社会主义建设，这是一件很不平凡的事情。我们学习马列主义有成绩，这是可以肯定的。但必须指出，建国三十年来，我们发表的学习马克思、恩格斯、列宁以及毛主席的文章，题目往往是研究这个、研究那个，可是仔细看看内容，讲个人认识体会的多，至于把马列主义真正作为一个研究对象，恐怕没有认真讲过。马克思主义有没有一个成长过程呢？从不成熟到成熟，从唯心主义到唯物主义，从早期到晚期，有没有一个变化、一个进步呢？否定进步就是否定了马列主义的科学性。我们很多研究者不是这么研究的，只是认为马克思绝对正确。写辩论、批判性的文章，总是按照一个程式，上面引一些马恩列斯的话，下面加上你是怎么说的，然后得出结论说，如果与经典著作上写的不合，显然是错误的，这样一批判就把对方驳倒了。多年来，我们大家都认为经典作家的每一句话、每一个结论都是对的。三千年来我们一直用的是这种学习方法。所以有人就归纳出这么一条，说毛主席的话句句是真理，一句顶一万句。我们的群众虽然没有归纳出这么高度概括的话，可是我们也是这样做的。就是用封建主义"十三经"注疏的那个方法来学马列主义。好像马列主义、毛泽东思想没有一个发展过程，任何时候、每一句话都是正确的。甚至发展到连鲁迅这样的思想家都不能评论了，以致高尔基的话都是绝对真理。这样学术研究怎么能有科学性呢？经书上没有进过的不敢讲，经书上没有写过的不敢想，这种学习方法就是封建主义的学习方法。把革命家或革命领袖当作不是一般的人，超乎常人，绝对正确，处处正确，这就扼杀了研究的道路，关闭了人们的思路，不会研究，谈不上创造，也谈不上发展马克思主义。三十年来出现了好几个号称理论家的假马克思主义者，领导我们的理论阵地的偏偏是些假马克思主义的理论骗子，如陈伯达、康生等，而我们大多数人没有发现，没有防备。原因当然是多种多样的，其中有一个原因就是我们用封建主义的学习"四书五经"的方法来学习马克思主义，我们所写的一些马克思主义的文章，名为研究，实为注解，甚至作了曲解，以迎合当时的某种政治需要。所以很多政治教员多年来感到很苦闷,政治课威信不高,而这是自食其果。这不是埋怨哪一个,也包括我自己在内。这是我们自己没有具体地用科学的态度来对待马克思主义,放弃了科学研究的权利,没有大胆地进行研究,大量的文章以至著作还是为了迎合某种需要而使自己吃了苦果。当然我不是说经典作家不需要注解,一些不懂或难懂的地方仍需要注解;也不是不需要谈体会,但是不能用谈体会、讲认识代替科学研究。所以,我们对待马克思主义的研究,还要从头开始,要真正用科学的态度来对待,不然的话,理论界会仍然没有生气,没有前途,也丧失了群众的信赖。理论教员的苦闷也就是在这些地方。比如我们多年来讲党史,好多人连第一次代表大会有多少人,都叫不出名字,说不全。为什么呢?就是他回避了,不敢讲。马克思主义本身就是一种科学,不用科学的方法来对待它,不敢正视客观事实,科学研究是无从谈起的。可是我们过去就是这样做的。这样就带来一个结果,就是凡是上面规定的底下就必须跟着跑。如果都盲目跟起来的话,这个力量也大得很;走歪了的话,也危险得很。八个"样板戏",只能跟着学,跟着听,不准评论;农业盲目地学大寨,大寨也成了那么一个神圣的标准,不能评、不能议的;大庆也是只能学,不能评论,只能谈感想,不能评论,稍微不慎,就是砍红旗,就是修正主义用封建主义的方法来学习马克思主义,长期以来的后果就是我们目前所面临的这么一个荒凉的情景,付出的代价是很高的。封建主义在欧洲被彻底摧垮,用了好几个世纪的时间。我们经过土地改革,工商业改造,很快地进入社会主义,一些人认为走了所谓捷径,占了个便宜。但是,回头看看,这个便宜是个酸果。你不付出代价就想取得成果,那是不可能的;你想一个早晨就把封建主义消灭干净,那是不现实的。只有踏踏实实地工作,才能够把社会主义的基础打得牢固。三十年的革命实践已经说明了封建主义问题的严重，它渗透到各个方面，社会上、机关里、学术团体、党员、干部都有。现在还有一些人对这个东西不大认识，不太重视；甚至还有人不认为封建主义是当前的大敌，还在大力批资本主义。我不是说资本主义是个好东西，而是不能把封建主义这个头号敌人漏掉。

社会主义讲民主，我们今天有了民主，就是大家作主。可是许多人不习惯使用这个民主，参政了还不大习惯于议政。中国的民主集中制，共产党领导的多党合作制度，与西方近代民主有本质的不同。政府的措施、财政收支希望得到人民的监督。在人民的监督和评议下，可以避免决策失误，纠正施政不当。如果所有措施都正确，政府财政开支都合理，就用不着人民代表参政议政了。要使我们大家都能充分地当家做主，作社会主义的主人，就要抛弃封建主义对我们的影响，真的站起来，勇敢地为社会主义建设出一把力，为"四化"出一把力；要对旧的封建主义的东西敢于斗争，彻底决裂。这样我们中国才有希望，我们的"四化"才有希望。

（原刊于《人文杂志》1980 年第 6 期，系作者 1980 年 9 月 18 日在陕西省哲学学会上的讲话）

# 民族文化的形成和特点

文化有广义、狭义的区别。广义的文化，举凡文学艺术创作、哲学著作、宗教信仰、风俗习惯、饮食器服之用，都包括在内。它既包括高文典册的圣经贤传，也包括布帛菽粟的制获方式，以至举止言谈的风度。本文所说的文化，没有采用这样广泛的意义，而是专指能够代表一个民族特点的精神成果。好像文学作品描绘某人的特点，不在于外貌，而在于他的性格；性格的差异就是区分此人与其他人的根本标志。这就要求观察者不能仅仅停留在描述这个人的衣着服饰等外部特征，重要的是探求它内部的精神面貌。我国传统的戏剧、小说所写的才子佳人，有些写成千人一面，出场的人物差不多，使人看过没有印象，原因是没有抓住人物的性格。古往今来，戏曲、小说成千上万，而流传下来并为人民群众所喜爱，长期在人民群众中发生影响的，都是具有民族特色和鲜明个性特征的作品，其中优秀的作品甚至超越了国界，成为人类共同的财富。

研究一个民族的文化，首先要了解它的特点。此民族不同于他民族，在于它们的性格不同。民族性格的标志是什么？造成它的性格的原因是什么？这是研究民族文化问题的人们共同关心的，也是千百年来长期讨论而不易得到结论的问题。

"五四"以后，东西方文化有了比以前更多的接触的机会，中国人对西方世界有了更多的了解，于是出现了讨论中西文化异同的兴趣。当时集中讨论的就是文化有没有特点。如果说中国文化有它的特点，这个特点是什么？探寻文化性格，"五四"时期所谓"东西文化"之争并不单是一个学术兴趣问题，争辩的意义在于社会变革要走什么道路。当时有人认为中国文化的特点是孔孟之道，于是发起创建孔教大学，号召定儒教为国教，提倡尊孔读经，目的在于保存中国文化的"精华"，当时称之为"国粹"，有的刊物以"国粹"命名；有人要打倒"孔家店"，废除线装书；有人主张全盘西化。限于当时的主观、客观条件，问题虽然提出来了，但没有很好地解决。中国文化的历史作用，中国文化的发展方向，从"五四"起，到现在六十多年，问题已基本解决，因为中国人找到马列主义、毛泽东思想，历史唯物主义已为广大知识界所接受。大家都承认中国文化有特点，但是特点是什么，似乎还有不少分歧的看法。本文不打算将中西文化一一作比较，而试图从中国文化的历史事实出发，探讨民族文化在发展中所表现出来的若干特点和规律性。

下面着重从哲学史的角度来讨论文化的特点：

### （一）地区特点与社会发展阶段的特点

从中国哲学史来看，中国文化在同一时期的不同地方并非同一面貌，这就是文化地区性的特点。史前时代，从考古学发现有龙山文化、仰韶文化，这些文化遗存表明在黄河流域生活着的人群，有他们的共同的社会生活，有共同的生活习俗的类型；而在东北和内蒙古北部有昂昂溪文化，两广和云南又是另一种文化类型，都与中原文化有一定差异。当然，文献不足，不能作过多的推论。春秋战国时期，是我国文化进入第一个高潮时期，当时中国文化基本上可分为四个大的地区，各地区文化都有它的特点。它们是邹鲁文化、三晋文化、燕齐文化、荆楚文化。邹鲁文化直接继承西周，以亲亲、尊尊的宗法制为核心，注重礼乐典章，表现在学术方面为孔孟学派。三晋文化，地处中州四战之地，注重耕战、政治、外交，表现在学术方面为吴起、李悝、商鞅、申、韩等法家。燕齐文化，发源于稷下，表现在学术方面为管仲学派、阴阳家。荆楚文化，受中原文化影响最少，蔑弃西周传统，崇尚自然，表现在学术方面有以老庄为首的道家。战国时期中国各地先后进入封建社会。这些不同的哲学流派都想用自己的观点去影响、改造社会，于是出现了百家争鸣的学术繁荣气象。

中国历史学界对中国的资本主义萌芽的问题展开过多年的讨论。这一争论也影响到哲学史界对哲学家的判断。有资本主义萌芽，才会有启蒙思想家。启蒙，意味着把人们的思想从中世纪的蒙昧状态下解放出来，引向近代化。关于明末资本主义萌芽的问题，学术界有不同的意见。主张明末有资本主义萌芽的人，经常引用苏州、江宁一带染织业出现雇工的资料（关于什么是资本主义萌芽，雇工是不是萌芽的标志，学术界也有争论，这里不谈）。这里提出了封建主义向资本主义开始过渡的问题，它注意到社会发展的阶段性。由此引申出了黄宗羲的民主思想，王夫之的更为彻底的唯物主义思想，东林党讲学议论时政的活动，等等。注意到社会发展的阶段性，是一大进步。旧史学家根本不理解，不接受有所谓五种生产方式之说。但这种意见也有缺点，似乎忽视了地区文化的差别。引用的资料所揭示现象不出长江三角洲这个小范围。这个小范围和全国来比，是个局部，只占一隅之地。

医学界关于中西医学理论也有过多年的讨论。有人说中医注重全体，有整体观念，西医只知道头痛医头，不知道从全体出发辩证施治。从事哲学史的人，欣赏中国哲学史上的唯物主义者都有辩证法；西方近代的唯物主义者与辩证法往往脱节，唯物的不辩证，辩证的不唯物。从而判定中国文化与西方文化不同，中医、中国哲学比西医、西方哲学完美。这是看到地区文化的特点而忽略社会发展阶段的特点。

科学分类，是近代的事，是产业革命后带来的新事物。有了近代工业，才有近代自然科学和更细的分工，才不得不产生适应于更细的分工的生产管理方法和科学分类。西方植物分类学对一向被看作浑然一体的自然界，先从植物学打开了一个缺口。随着科学的发展，于是西方哲学界出现了具有近代特色的机械唯物主义。中国医学是中国封建社会的产物。封建社会的生产、科学还没有达到过细的科学分工的地步，因为用不着这种过细的分工。所以中国的医学理论着重全体，也可以说失之于笼统。比如中国哲学史上的唯物主义用"气"来说明世界发生变化及事物的多样性，这种朴素唯物主义比起机械唯物主义显得圆融、周到，但缺点是不具体，也可以说失之于笼统。精确的性质的判断离不开精确的数量的概念。封建社会里从事农业生产的人们，用不着时钟，只要日出而作，日中为市；"吸一袋烟的工夫""吃顿饭的工夫"，已足以表达他们所要表达的意图。调动飞机、火车运行，就不能再用这种笼统、含混的概念。"一袋烟的工夫"，飞机已经飞出几百里，更不用说操纵宇宙飞船了。过去有许多争论，由于只注意地区文化的特点，而不注意社会发展阶段文化的特点，把不同社会发展阶段的文化强行比较，就不容易把问题说清楚。

同样是中国文化，古代汉语的涵义往往不及现代汉语明确。懂得古汉语的人，看今译的汉语作品感到不过瘾，认为不够味，原因在于古代汉语文约义丰，从严格科学要求，也可以说含混、笼统。即使同一民族的同一种文化，如果忽略它社会发展的阶段性，也会把问题说不清楚。比如白话文代替文言文，不光是由于白话文易学易懂，白话文的更大优点是它更便于准确表达现代科学所包含的内容。这种差别，体现了社会发展的阶段性。封建社会足够使用的文字工具，到资本主义、社会主义社会就不够使用了。

文化的地区性必然影响到文化的精神面貌。因为文化是一定社会历史条件下的产物。文化不能不受特定地区的政治、经济、历史传统的影响。但也应当指出，社会发展阶段、社会的生产方式对文化更具有决定性的作用。比如说，中国封建时代的纲常名教，几千年来一直被认为是中国文化的骨干，没有纲常名教，作为一个中国人是难以想象的。也就是清末人常说"中学为体"的"体"。他们认为这个"体"代表着中国，以至代表着东方的文化传统。事实表明，这个几千年来奉为万古不变的"体"（特点），仅仅是中国封建社会的"体"，而不能看作中华民族生长繁衍在这块土地的地区文化的"体"。封建的纲常名教的无上权威，已随着封建社会的终止而终止。由于不善于区分地区文化与社会发展阶段文化的差别，有些东、西文化之争，实质上是文不对题，没有实际意义。

**（二）融合是民族文化发展的规律**

文化发展，是不同地区的文化、不同民族的文化不断融合的过程，同时也是不断分化的过程。停滞不动的文化，既不融合也不分化的文化，是考古的对象，不是活着的文化。

回溯我国历史，可以说，我国的民族文化的大融合，略可分为四个时期，实际上无时无地不在融合。第一次大融合为殷周时期。武王伐纣，传说盟军有八百诸侯。纣的辖区也有众多的属国，由于战败，这些属国连同殷民被称为"顽民"。经过长时期的共同生活，种族之间的隔阂逐渐消失。据春秋战国时期的文字记载，中原地区各族与少数民族相互通婚，互相学习，文字语言逐渐融合。赵武灵王胡服骑射，连风俗习惯也逐渐变化。战国中期以后，中原地区与其他地区的学术由融合而趋于接近。如荀子的哲学，就吸收了邹鲁以外的地区文化,形成了它的比较完整的体系。只有荆楚文化与中原文化还有些格格不入,但老庄哲学也逐渐渗入儒家和法家学说之中。

秦汉时期为又一次大融合。秦汉建立了全国统一的封建王朝,从此奠定了两千多年中国大一统的格局。刘氏王朝在统一的中央政府管理下,利用国家行政权力,利用全国的教育制度,用统一的教材即官方经学,逐渐融合全国众多的民族文化,形成更大范围的民族的共同体。汉族本来不是一个纯粹的民族,它不过是我国古代众多民族,经历了长期共同生活,接受共同教育,使用共同汉字,遇到危难共同抵御外来侵略,逐渐形成的共同体。"纯汉族"事实上是找不出的。

南北朝时期,北方汉族地主阶级与北方少数民族互相结合,南迁的汉族贵族也与当地土著贵族相融合,共同统治,这是一次更大规模的民族融合。民族融合带来了文化融合,形成了南朝、北朝各具特色的学术风气。隋唐时期,皇室、贵族是汉族与北方少数民族混血的后裔,大臣、官吏中少数民族人物很多,唐王朝实际上是我国多民族地主阶级共同专政的政权,所以在文化上各民族之间也互相学习,取长补短。经历了汉唐多次大的融合,吸收了国内各民族文化的优点,取长补短,才使得中华民族的科学、艺术、文学达到了当时世界的先进水平,成为当时世界上文化中心之一。宋元明清又是一次大融合,特别是元朝与清朝,比过去任何一次融合的规模更大,影响更广泛。元代版图最大,各民族间的交往也比以前更多,甚至远到欧洲。清代的民族融合比过去几次都深入。满族最先与蒙古贵族通婚,政治上密切合作,文化上吸收几千年来的儒教文化传统,建立了统一的版图、辽阔的国家。过去的历史是剥削阶级、封建贵族掌握政权,各族人民群众处在无权的地位,因而各民族之间的关系有时紧张,有时缓和。但人民群众毕竟是历史的主人,人民群众的意向反映了社会发展的方向,也就是旧历史学家所谓"天心"。各族人民群众要和平相处,要互相学习,要互相贸易,这种融合的总趋向,表现在文学、艺术、音乐、舞蹈、哲学、宗教各方面,可以说它几乎无所不在。

今天人们习见的中国乐器,琵琶、胡琴、笛、箫、羯鼓、钹、箜篌、七弦琴、筝、唢呐……谁能说它们仅仅属于某一个民族所私有,别的民族不得染指?又有谁不喜欢这些乐器的演奏呢?目前欧洲的提琴、钢琴已吸收到中国的乐器中来,它们也将成为中国乐器的一部分。可以断言,这些乐器必将成为中华民族长期拥有的"民乐",而不会排除在外。再以表现为上层建筑的哲学、宗教来说,佛教本来起源于印度次大陆,它传入中国后,在中国的土壤生根,变成了中国传统文化的一部分,我们中国人学历史,如果忽视了佛教这一部分,历史就讲不清楚,哲学史也讲不清楚。马列主义起源于欧洲,但马列主义一旦传入中国,与中国的革命实际相结合,成为具有中国特色的马列主义、毛泽东思想,马列主义在中国已生了根,并已成为中国文化的主要指导思想。只有在中国才能产生毛泽东思想,毛泽东思想是马列主义与中国革命实际相结合的结果。中华民族有深厚的文化传统,所以能够使得马列主义中国化。历史表明,任何思想,如果在一个新的国土上生根开花,不与当地的传统思想发生融合是不可能的。

民族是有生命的,每一个民族文化也是有生命的。民族为了生存,为了发展,就不可避免地与其他地区的文化发生交往。绝对自给自足的自然经济,在今天,对一个正常发展的民族、地区、国家来说,是不可能的。哲学思想、文化生活也是如此。文化的融合,开始众派分流,然后汇成巨川,最终汇归大海。一个现代化的民族、现代化的国家,不可避免地要吸收外来文化作为自己的营养和补充。如本民族的文化丰富、内容充实、溯源深厚,外来文化对它是个必要的补充因素,而不起主导作用。如果本民族的文化根基浅薄,与外来文化对比,势力悬殊,也可能外来文化起主导作用,以致丧失了自己的传统。这在历史上不乏先例。现实生活也屡见不鲜。融合是个巨大的熔炉,有的冶炼外来文化为己用,用来增加自己的营养,也有被其他文化侵蚀了去,消失在别的强大文化激流中。

　　当前的世界上,封建主义、资本主义和社会主义并存,文化上也都在争取自己的主导作用,并力图以自己的文化体系为"体",以别的文化体系为"用"(还有极少的地区,处在氏族公社阶段,没有竞争力,这里不再说它)。我们相信,社会是发展的,文化是进步的,按照历史唯物主义指出的社会发展规律,后一个社会发展阶段必然取代前一个社会发展阶段。封建主义比不过资本主义;资本主义必将为社会主义所代替。我们也看到,有的民族还在苦苦地用中世纪的封建主义去抵挡资本主义,力图用封建的宗教神学的意识形态去抵抗资本主义的生活方式、文化教育。看来,这种抵抗有时表现得十分顽强,甚至有些牺牲精神,但终究是徒劳的。用苦行、禁欲主义、提倡田园诗式的悠闲生活,绝对挡不住花花世界的引诱,紧张的大工业生产必然破坏了田园诗式的隐居野趣。只有社会主义、共产主义才具有无限巨大的生命力。社会主义体现了社会发展的较高阶段,有了社会主义、共产主义理想,才可以摒除资本主义社会的腐朽的文化影响,给人们创造未来以充分的信心。


　　(选自《中国文化研究集刊》第二辑,复旦大学出版社 1985 年版)

# 建设社会主义精神文明与中国国情

　　三十多年来，我国经济建设取得了很大的成就，也走了一些弯路，文化、思想战线上也有类似情况。我是经历了两个社会的过来人，体会到科学和文化事业在新社会和旧社会确实发生了根本性的变化。但不容讳言，工作中也出现了一些失误，走了一些弯路。比如建设精神文明这个问题，是近两年提出的。过去我国搞几个五年计划，都只提到工农业产值多少多少，对于建设社会主义精神文明，没有明确提出过。长期以来，不少人对什么是社会主义、什么是资本主义也不太清楚。过去全国农业都在学大寨，把消灭商品经济叫作社会主义。老乡房前屋后种几棵烟叶、蒜苗、萝卜都是资本主义。记得大寨人说过，他们有的家门外就是田，但也规定必须在田间吃饭。一条门槛"划清"了社会主义和资本主义的界限。

　　为什么会出现这类问题呢？我认为历史的原因是：中国有几千年封建社会的制度，我们对封建主义的思想影响估计不足，我们真正打破封建主义思想是从五四运动开始的，到现在才六十多年。真正从经济基础上把封建制度打掉是从1951年土地改革开始的，至今也才三十多年。当时我们对封建主义思想影响估计不足，认为消灭了封建剥削制度，就拔了它的根子，封建主义就自然不存在了，在思想上对反封建重视不够。

　　我们的封建社会有哪些特点？

　　从经济上说，封建经济是一种自给自足的自然经济。这种自然经济对我们新民主主义革命和社会主义革命的一系列政策产生了很大的影响。为什么中国在新民主主义革命阶段能用农村包围城市？就因为中国农村的自然经济条件决定了可以这样做。中国革命的成功，战胜了国民党几百万军队，靠的是小米加步枪，利用了自然经济的特点，才有可能建立起一小块一小块的革命根据地，不怕封锁，尽量做到经济自给。因此，我国革命的胜利也可以说是沾了封建经济的光。

革命成功后，重心转到社会主义建设方面。在进行社会主义经济建设和文化建设时，长期封建社会遗留的问题，比如商品经济不发达，自然经济占优势，形成一种自给自足的小而全的经济体制。封建经济的生产水平低，指导生活的思想是提倡低水平，积累很少，消费比较低。这些都成了我们取得全国政权后的包袱。这些思想影响到我们各方面的工作。我们的工厂也是小而全，从思想根源上讲，就是把小农经济的思想体系用在现代化工业管理上。在小农经济思想指导下，搞工业不大注意成本核算，生产不讲效益。有一个时期大批"唯生产力论"，赔了钱不是"唯生产力论"，赚了钱倒是"唯生产力论"。

小农经济的另一个特点是靠经验，而不是靠科学。靠经验生产，不会有什么革新，墨守成规。一千多年前用牛耕地的方式，现在还很普遍。最近报上一直讲重视知识、知识分子，发挥知识分子的作用。首先是过去对科学、知识的价值不认识。"知识就是力量"，英国哲学家培根的这句话是近代的思想。由于近代工业发展，才会产生这种认识。没有近代工业的发展，就不会认识到知识的价值。在中世纪就提不出这样的口号。

从世界来看中国，可知中国封建历史特别长，封建制度特别完备，特别典型。欧洲封建社会不管从文化上、政治制度上都赶不上中国。汉唐时期是中国封建社会鼎盛时期，那时的文化、科学对全世界做出很大贡献。现在看到的船是外国的好，而在唐朝我们的船是出口的。在封建社会里，我们的文化、科学技术处在领先地位。在封建制度允许的条件下，它的生产力得到充分发展。到了近代，世界的形势变了，已进入帝国主义时期，中国的资本主义没有机会也不可能得到很好发展，很快沦为半封建半殖民地。中国民族资本家的力量也有限。中国革命必须由中国共产党领导，这是实践所证明了的。

以上说明，中国的国情必须引起注意。中国封建社会长，遗留下的封建意识多。我们封建主义的包袱重，这点对今天社会主义建设很有关系。这种情况比之欧洲有很大差别，欧洲的资本主义反对、批判封建主义有四百年的历史，因此欧洲封建主义的影响比中国小得多。

中国的封建制有一点得注意，就是封建宗法制度占统治地位。即以家族、血缘关系为细胞构成封建社会的大共同体。长期形成的占统治地位的封建宗法制度，使我们今天建设社会主义精神文明面临着一个很重的包袱。如我们搞民主、搞法制，要实行民主选举。但在一个村姓张的占大多数，选干部如不选姓张的，就无法工作。旧的传统习惯，使我们社会主义民主制度的优越性难以充分发挥。这是一种包袱。又如，长期以来，一些人往往由于家庭出身成分而抬不起头来，受到歧视。这说明封建宗法制度的残余在广大群众中影响很深。某大学有位教师思想、业务、表现都很好，就因为有个没见过面的舅舅在台湾，长期以来不能入党。党的十一届三中全会以后，他这个问题才得到解决。在封建社会，一个家庭对其成员有决定影响。因为经济关系决定了这种血肉般的亲密关系。而新社会，家庭血缘关系纽带由于生产方式的改变而走向松散。在外国，因为离封建社会较远，就不这么考虑问题。我们有些干部，甚至参加革命较久的干部,也还有封建宗法制度思想残余。比如很多人离休前先要考虑子女安排问题。在封建思想影响不深的国家就没有这个问题。如美国总统里根的儿子领失业救济金,如向父母拿钱,在他看来是不光彩的。我们因为封建影响较深,父母辈出了什么问题,儿子也受牵连;父母辈生活好一点,儿子也跟着沾点光。看来旧社会长期的影响在新社会里不能不起作用。我们要想到这点,承认这个包袱的存在,才能把它甩掉。如不考虑这个问题,就谈不上进行改革。

我们在报纸上看到一个社会问题,即儿子不赡养父母,虐待老人。我们还看到,推行计划生育,遇到很多阻力,阻力之一是希望生男孩,生女孩不算后代,还有溺婴现象,男到女家入赘落户受歧视、受轻视等。这些都反映了一个问题,就是随着社会前进,家庭结构已经产生了变化。这种变化也和长期存在的封建宗法制度的影响有关,重男轻女。赡养父母,这是宪法规定的。但赡养父母这个问题,又很容易与封建社会的孝道联系起来。封建社会讲孝,提倡孝道,孝被认为是一个很好的道德品质;我们社会主义社会提倡尊老爱幼,要赡养老人、抚养子女。二者在行为上看起来差不多,人们就很容易把封建孝道与社会主义新型的家庭父子关系等同起来。封建社会讲孝有一个出发点,是说子女是父母的附属品,父母对子女有绝对权威。这是维护封建制度必不可少的,因为封建社会的家庭是一个生活单位,又是生产单位。一家之长掌握了生产的领导权、财产的支配权,又有丰富的生产经验。家长制在封建社会不仅是合法的、合理的,也是必然的,小农经济需要家长制。而新社会,我们反对家长制,一个家庭内谁都有发言权,谁对听谁的。但实际上,我们许多家庭还没有完全做到这点。长期遗留下的封建残余,在机关、学校、工厂、车间,这种家长制还有市场。我们认为,今天新型的家庭关系不是封建社会的孝道,它们是两回事。今天是在平等关系下的相互关系,不是附属关系下的绝对服从。报上报道有些孤寡老人没人赡养,一些外地、远地的年轻人看他们挺可怜的,就说我愿当你儿子,我搬你那儿去住。报上对此是持表扬态度的。其实,在新社会,关心、帮助他们当然可以,也应当提倡、表扬。但是不是一定非要做他们的儿子,才能照顾孤寡老人呢?这说明,我们不知不觉地把封建主义的东西带到社会主义社会来,甚至把它当作社会主义的东西来宣传。

今天我们建设社会主义精神文明,必须适应社会主义的需要。我们在公有制度下,建立了一系列新的上层建筑,包括建立新的道德,建立新的人与人之间的关系,建立新的审美观点。"五讲四美"在一些资本主义国家也提倡。只是由于时期不同,它的标准和内容也不同。最近我们加上了"三热爱",这就更明确,加上了社会主义的内容,这个补充很重要。如果只讲"五讲四美",必须加上很多说明,这是社会主义心灵美,这是社会主义语言美,等等。要不然,文明礼貌,不随地吐痰,这在外国已做到了,我们社会主义的优越性就不明显。

以上讲的,是与封建划清界限。资本主义的影响怎样呢?也要划清界限。特别在沿海地区,资本主义的侵蚀、渗透还是严重的。但是,我们反对资本主义时,不能忘了反对封建主义。封建主义比资本主义更腐朽,比它落后一个历史阶段。我们对资本主义影响有过好几次交锋,最早是从魏源、林则徐开始学西洋,那时还未涉及道德、伦理、法律;到了"五四"时期,封建文化和资本主义文化正式交锋,那是新旧的交锋,封建主义没能挡住资本主义思想。从哲学史看,现代西方资本主义各流派都涌到中国来了。新思潮、新文化代替了旧文化,新学代替了旧学。

社会发展史告诉我们,新的一定战胜旧的,有生命的新时代一定代替过时的、旧的时代。原始社会虽然没有剥削没有压迫，但必然走向奴隶社会。奴隶社会比起原始公社来，虽然不合理，因为它有剥削，有压迫，有不平等，但奴隶制毕竟代替了原始公社，因为奴隶社会发展阶段高于原始公社。这是前进，是挡不住的。同样，资本主义代替封建主义也是必然的，社会主义代替封建主义也是必然的。后一历史发展阶段高于前一历史发展阶段，所以用前一阶段的思想、制度去阻挡后一历史阶段的思想，是挡不住的。封建主义也有些好的东西，但被资本主义破坏了。如田园诗，歌颂田野的安静，大自然悠然自得的美。这种情调被吵吵闹闹、紧张的上班下班给破坏了，没有一点诗情画意。但这种变化，是社会前进。近几百年比以前的几千年发展还快。现在，西方的一些颓废的东西也随着开放政策进来了，用什么办法抵制呢？有的人想走回头路，关上门不让它进来，这是不行的。也有人提出用旧的东西来代替新的东西，让人们看不到花花世界，人心就不想歪门邪道了。但今天关也关不住，要实现现代化，关门是不行的。用什么样的文化来抵制这种腐朽的资本主义文化侵蚀？只能用更先进的社会主义、共产主义世界观来抵制过了时的资本主义思想影响，而不能倒过来用封建的思想体系来抵挡。用前一个历史发展时期的意识形态是反不掉后一个历史发展时期的意识形态的。

我们都是从事文化事业的，对建设社会主义精神文明有责任。要教育自己，教育别人，教育大家为共产主义奋斗、献身。因此，我们要善于区别封建社会的文化，善于区别资本主义的文化，还要精确地认识社会主义的精神和文化。弄清这三个区别，对我们科研、教学、工作有很大好处。过去对哪些是资本主义、哪些是社会主义分不清。我们学哲学史就是要区别哪些对社会主义建设有用，哪些是有害的。

把这分清，对社会主义精神文明建设就大有好处。最近有人说孔子了不起，代表了中国文化的精神，好像没有孔子就没有中国文化。这种提法不符合历史唯物主义，因为孔子是封建社会捧起来的圣人。有没有一种人能在任何社会都起进步作用？恐怕没有。只有宗教讲的上帝是不受时空限制的。对孔子思想，要区别哪些是代表优秀民族传统的，哪些是为封建帝王服务的。我们今天不能原封不动地把孔子的东西拿来为社会主义服务，并企图用孔子来抵制西方资本主义的腐朽文化的侵蚀。我们吃封建社会带来沉重包袱的苦头还少吗？

经过"文革"十年的干扰破坏，人们的认识模糊了。有人认为马列主义、毛泽东思想已经过时了，不灵了，政治课也不爱听。这说明我们责任很大。如何把马列主义、毛泽东思想结合中国实际，加以充实、发展？过去我们有些旧框框，认为发展马克思主义是党的领导的事，我们只要照办就行了。这就没有尽到我们教育、文化工作者应尽的责任。我们每一人都有责任和义务在本行业里发展马列主义。这个发展就是用马列主义、毛泽东思想的根本理论的基本原则结合自己的专业实际，这就是发展。毛主席就是结合中国社会、经济整个实际，把新中国建立起来了。具体到每一学科、范围，也大有结合的需要和余地。党的十一届三中全会、党的"十二大"以后，每一学科都大有发挥才能的余地，都可以在各自的岗位上，结合专业、课题去研究、去发展。结合的好坏是评定我们成绩的一个标准。不要妄自菲薄，每人都有责任。只有这样，我国才有指望，我国建设才会兴旺。

（原刊于《福建论坛［社科教育版］》1983 年第 4 期）

# 发扬中华民族优良传统，建设社会主义精神文明

我们中华民族，已经有了近四千年有文字可考的历史。我国各族人民世世代代在这块美丽富饶的土地上克服了无数艰难险阻，不断发展壮大。进入近代，西方殖民势力打进我们的国土。为着中华民族的生存和发展，我们进行了一百多年的奋斗、革命，流血牺牲。我们的目的，是要摆脱半殖民地半封建的社会制度，建立繁荣富强的新中国。经过辛亥革命，后来又经过中国共产党的领导，我们终于走上了正路，建立了人民共和国。我国的建设，正在披荆斩棘地向前进。建设社会主义，有两个方面的内容，一个是建设社会主义的物质文明，一个是建设社会主义的精神文明。物质文明属于经济的建设。在这方面，我们走过一些弯路，耽误了时间，也付出了极大的代价。现在，我们终于找到了门路。党的十一届三中全会以后，农业方面有了办法，工业也在转变中。下面就谈谈精神文明的建设，谈谈如何发扬中华民族的优良传统，来建设我们的社会主义精神文明。

我们所说的"精神文明"，其范围到底有多大？包括什么内容呢？据我的理解，它的范围宽广得很，包括了社会主义全部的上层建筑在内。有几个大的方面，如法律。宪法，是法律中的根本大法，我们现在正在修改，关于国体、政体、政权体制、基层公社，等等，正在研究讨论。宪法下面一些具体的、分门别类的法如民法、刑法、企业管理法，等等，也都在建立、完善中，这是社会主义精神文明建设的一个方面。又如道德，包括人与人之间的各种关系：家庭关系、夫妻关系、父母、兄弟、子女、师生、上下级等好多关系，应该怎样建设起来，这也是精

神文明方面的问题。还有文艺,电影、戏剧、音乐、舞蹈、绘画,等等,它们对社会有什么责任,这也是一个方面。教育、教育的内容、教育制度、培养的目标,等等,都属于精神文明。离基础比较远的一部分,哲学,也是精神文明。在旧社会,在资本主义国家,哲学有很多流派。我们现在所讲的哲学,就是马克思主义的哲学,具体地说就是辩证唯物主义、历史唯物主义。马克思主义的哲学,是为人民大众服务的,为改造主观世界、改造客观世界这个任务服务,是我们认识世界、改造世界的工具。宗教在旧社会属于上层建筑,封建社会里依靠它来维护封建制度,资本主义社会依靠它来维护资本主义制度。在新中国,宗教是旧社会遗留下来的意识形态,我们今天不能说它是社会主义的上层建筑,因为社会主义巩固社会秩序、改变社会风气、稳定人的思想,等等,不需要靠上帝来帮忙。但宗教活动是历史上遗留下来的,有的还与民族习俗结合起来。如欧洲,基督教过圣诞节,一些社会主义国家把这一天叫作"枫树节",就像中国人过春节一样。又像小乘佛教有浴佛节,今天的泼水节,不一定是佛教徒才参加,已经成了一种民族习俗。广义地说,这些都属于精神文明方面的内容。精神文明搞得好,可以加快社会主义建设,搞不好则可以推迟社会主义发展的步伐。这个问题今天已提到全民的议事日程上来了,大家都很关心,特别是党的文化教育和社会科学工作者更觉得这个问题十分重要。

我是研究哲学史的,试图从哲学史方面看,我们中华民族有哪些优良传统值得发扬。粗略地说,有这么四个方面:第一,我们中华民族对于外来文化有着融合、交流的优良传统。中国的文化是在不断地融合、不断地交流的过程中发展起来的。第二,中华民族有唯物主义、无神论的优良传统。第三,中华民族有丰富的辩证法思想的优良传统。第四，中华民族有爱国主义的优良传统。当然还有其他的，今天主要讲这四个方面。

要了解中华民族的这几方面的优良传统，还需要首先了解中国传统文化发展的内容有什么特点。第一个特点，就是中国丰富的哲学思想、丰富的文化，基本上是在封建社会时代发展起来的。第二，我国的封建社会，从时间上来说，持续得最长。第三，封建的上层建筑，包括哲学在内，影响比较深远。开始是巩固新生的封建制，对封建制度的发展起促进的作用，后来是维持封建制度，使之停留在原来的水平上，不让它前进一步。第四，我国古代社会中，农民起义规模大，次数多，是世界上少有的。第五，封建宗法制度巩固，维护宗法制度的儒教思想深入人心。第六，中国的资本主义不占优势，没有建立民族资本主义的国家政权，而是很快地进入了社会主义。以上这些都是旧中国文化发展的背景，是西方和东方其他一些国家所没有的。

中华民族优良传统中的第一点，是我们中华民族善于吸收外来文化、消化外来文化，我们从来不去照抄照搬。外来文化如果不改变它的面貌，就无法在中国站得住脚。比如说佛教，在佛教的起源地印度，一个人要是出了家，地位就要比一般人高出一等。出家人是"佛的弟子"，父母见了他要礼拜，君主见了他也要表示十分的敬意。可是在中国就不行。佛教传入中国后发生了好几次争论，结果还是要拜父母、拜君王。佛家的僧规戒律中规定了祝愿的时候首先要祝愿皇帝万岁，其次才是祝愿佛祖。这说明中国的传统宗法文化根基十分深固，外来文化必须被迫改变自己的面目。

由于善于吸收各种文化，我国远在古代，春秋战国以前就形成了华夏文化。华夏文化是当时各民族文化交流、融合、互相学习而发展起来的。汉朝有丝绸之路，开始沟通了西方的文化。唐朝，东西方文化交流有了更进一步的发展,宗教也更系统了,这从敦煌壁画可以反映出来。中华民族的兴旺发达,是对外来文化采取开放的、选择吸收的态度,而不是封闭的、拒绝的态度。

国内各民族之间也有这个好传统。各兄弟民族之间不断交往,共同前进。以汉族为例,汉族今天在各民族中是人数最多的,但细考察起来,没有一个地区的汉族能称得起纯汉族,它是多种民族因素长期融合形成起来的,汉族也可能转化成别的民族。1980年我们在新疆曾经访问过一个维吾尔族家庭,往上追几代,他的祖先也是姓张、姓王的,籍贯是湖南人,是汉族。

从哲学史上来看,哲学思想也是一个不断融合的过程。秦汉以后,政治上统一了,思想上也要求统一。起初各种思想都在那里争鸣,到汉朝的董仲舒以后,独尊儒术,儒家占了统治地位。可是董仲舒与先秦的孔孟大不一样,他的理论实际上包括了道家、燕齐方术,这是最初的儒道结合。董仲舒是现在的河北省人,河北即燕齐一带,是方术、阴阳五行说的流行的地方。董仲舒在此影响下,把儒家与方术、阴阳五行结合起来。隋唐时期,佛教流行。开始是儒、道、佛三教各自宣讲自己的道理,每逢国家重大的节日就展开辩论。三教起初是各讲自己有什么好处,随着时间的推移,三教的讲论逐步发生了变化,开始趋向融合。著名诗人白居易就曾代表儒教讲了好几回,从现在留下来的讲稿来看,他认为三教并不互相矛盾,而是互相补充,谁也离不开谁。马学良先生[1]发现了云南一个彝文碑,碑上说修桥有功德,积德有好报应。这就不像是彝族的宗教思想了,应当认为是受了佛教的影响。可见思想这东西不是凝固的,它具有流动性,经常活动

---

[1] 马学良,中央民族学院教授,少数民族语文专家。

着，随着人们社会生活的变化而变化。

文化、思想的吸收、融合是有规律的，不是随便拼凑。规律就在于往往是由当时的最先进的思想、最先进的制度来吸收外来文化中有益的东西。

中国的文化，中国的哲学思想，是各民族共同创造的精神财富。华夏文化就是各民族共同创造出来的。考古上发现的仰韶文化、龙山文化，很难说是哪一个民族的，不能肯定就是汉族的祖先创造了这些文化。再比如说楚文化，到底是哪个民族的，也很难说。老子是楚人，屈原也是楚人。楚是一个地区，不过并没有一个明显的证据说他们是汉族。屈原是楚之贵族，楚之贵族肯定不是汉族的前身。但中哲史上都把他们写上去，因为他们都是中华民族的思想家。

各族人民共同创造的中国历代的哲学思想，是中华民族精神文明的重要镜子，是从哲学方面来反映精神文明的。哲学史上某一阶段的哲学思想，某一个哲学家的思想，如果说它有贡献，那就在于它曾经站在当时人类认识的最前列，体现了那一时代的思想高度，把人类认识推进到一个新水平。这样，它才能无愧于它的时代。历史上有贡献的哲学家，他所提出的一些思想，不应该仅仅看作是他个人的见解，而是代表了当时先进的思想、先进的政治集团的世界观。哲学家个人当然属于一定的民族，但不应该认为他仅仅属于某一民族地区，因为他同时又具有更广泛的代表性。看一个哲学思想代表了什么，主要是看它的主张对哪个阶级有利，维护哪个阶级的阶级利益，而不是看提出这个思想的哲学家个人的出身、家族和民族。在一些少数民族掌握政权的时代，有一些哲学家是汉族的，如元朝的许衡等，他们代表的就是当时的如元朝的统治者的利益。再举一个大家熟悉的例子，毛泽东思想是全党智慧的结晶，并不属于毛泽东个人，作为一种思想体系，它代表了中国工人阶级和各族人民的根本利益。

文化上的不断融合、交流，互相学习，取长补短的结果，促进了中华民族大家庭的团结和繁荣。南北朝时期，北方有好几个民族，它们的互相融合，推动了生产的发展和文化的进步。与南朝文化比较起来，北朝的文化发展步子更快一些，生产水平更高一些。文艺上，云冈造像，北朝敦煌石窟，世界少有；农业上有《齐民要术》，这是北朝农业生产经验的总结，南朝就没有这些贡献。因此，隋朝完成了南北统一，以北方作为统一的基础。再比如说明朝末年，老百姓受不了朱姓王朝的残酷剥削，于是发生了张献忠、李自成的起义，推翻了明朝的政治。而清朝是少数民族政权，在其初期，也使中国的国力、生产力达到了一个很可观的水平，取得了各民族包括汉族的共同的支持。回顾这一段历史，我们总没有理由说当年的皇帝非姓朱不可，姓爱新觉罗就不行。清朝末年，由于殖民主义的侵略，清朝皇帝、掌权者的卖国投降，才激起了人民的反抗。辛亥革命的口号是"推翻满清"，这是因为慈禧太后这些人搞卖国投降。中华民族的国土，是属于全民族的，清朝割让了祖国的领土，东北、台湾，等等，中国的老百姓，无论是在西南还是西北，都有权利提出抗议，提出反对。蒋介石压迫人民，出卖国家利益，也遭到了全国人民的反对，汉族人民并没有因为他是汉族的就容忍他。这都说明，中华民族是一个整体，是在不断地互相学习、取长补短中发展起来的。各民族无论大小，都是大家庭中的成员，都有共同的权益和历史责任。解放以后，我们各个民族的共同的指导思想，就是马克思列宁主义、毛泽东思想；共同的建设目标，就是社会主义；共同的领导核心，就是中国共产党。今天的融合、交流，是在新的基础上、在党的领导下进行的，是沿着正确的道路发展的，这就与过去那种不自觉的融合交流大不一样了。

中华民族的第二个优良传统，就是有唯物主义和无神论的思想。中国的封建社会发展比较完备，相对说来，中国封建社会的生产力得到了比较充分的发展。而无神论是和生产发展、科学思想的进步相辅相成的。与西欧封建社会相比，中国的无神论思想就比较发达，中国哲学中唯物主义就比较丰富。

当然，我们也要看到，中国没有进入完全的资本主义社会。封建社会长期延续，资本主义突不破封建主义的外壳，虽有资本主义萌芽，但最后都给封建保守力量压下去了，没有得到进一步的发展。这就是说，中国还没有现代化。资本主义意味着现代科学、现代技术、现代生产力，中国没有达到这个水平。这就决定了中国哲学史上的唯物主义仅仅达到朴素唯物主义的阶段，绝大部分内容属于朴素的唯物主义范畴。封建社会后期，王船山的唯物主义是很高明的，达到了朴素唯物主义的高峰，但没有达到机械唯物主义的水平，还不能跟费尔巴哈的唯物论相比。

由于封建社会时间长，中国的儒教从宋明理学开始，也限制了科学的发展。不管是程朱还是陆王，都是限制科学的，他们站在唯物论的对立面。王阳明的"格物"，就不是教人认识外界，而是教人认识内心、反省。朱熹也讲"格物"，通过"格物"达到"一旦豁然贯通"的最高境界，这也不是真正的认识世界的道路，而是把人们引向神秘主义。这些都限制了继续提高。

中国还有辩证法思想的优良传统。中国的辩证法思想，也达到了封建社会制度下所能达到的最高水平，外国的封建社会中没有像我们这么充足的辩证法思想。

中国的辩证法大致有两个体系，一个是以老子为代表的"贵柔"的体系，以柔弱作为辩证法的基本方面，以弱胜强，以柔克刚，以退为进，以不争为争，等等；另一派也是讲变化发展的，以刚健进取为主导思想，这可以以《易传》为代表。

我国的辩证法思想，曾经运用到各个方面。运用在医学上，形成了医学辩证法；运用在军事上，形成了军事辩证法；运用在农业上，形成了农业辩证法。还可以运用在体育上，如太极拳，就是体现了以柔克刚的保健运动。辩证法思想促进了医学、军事学、农业生产的发展。直到今天，中医还是用阴阳五行、相生相克等来说明各种病理现象。有些观念虽表达得不够明确，但它有丰富的辩证法作为指导，是不容怀疑的。

但是，我们同样要看到，这种辩证法思想也是封建时代的、前资本主义的，带有直观性、朴素性和臆测性，缺乏近代科学的基础。所以，中国古代的辩证法，包括王船山那样的辩证法、老子的辩证法、孙子兵法等在内，跟黑格尔的辩证法比起来，也是差了一个时代，落后了一个发展阶段。

第四，爱国主义传统，在我国历史上表现也是十分突出的。中国社会的特点之一，就是农民起义次数多、规模大。通过农民革命，也发展了爱国主义的传统。当然，站在今天的高度，现在的爱国主义与过去的爱国主义应该有本质的区别。今天的爱国主义反对的是霸权主义、殖民主义、帝国主义，这和过去的屈原、文天祥这些人忠于一家一姓王朝的爱国主义是不一样的。

封建社会中的爱国主义，从实质上来分析，有两个基本内容。一个是保卫先进的封建制度，反对落后的奴隶制度；一个是反对种族压迫，争取民族的和种族的平等。对于前一个内容，过去的爱国主义做得比较成功。历史上，经过封建社会的改朝换代，经过民族间的战争，使得一些民族从奴隶制甚至是早期奴隶制很快地进入了封建社会,促进了社会的发展。这种促进是带来了新的生命力的促进。如元朝的统治就给当时宋朝末年的社会带来了一种新的生命力,打破了宋朝那种保守、腐败的沉闷空气。云南的开发,元朝的功绩是不可磨灭的。又如清朝,也和元朝一样,一种充满生气的民族力量的加入,使中国封建社会增添了朝气。对新疆、西藏的统一,清朝也有很大贡献。

但对于爱国主义的后一个目的,就表现得不那么圆满。这是因为过去人民没有当家做主,剥削阶级占着统治地位,剥削者对于本族外族的人民群众,都是不平等的。他们所谓“仁义”,不过是个招牌。讲“仁义”的老祖宗是孔子,孔府是仁义世家,最讲究宗法制度,最讲究尊尊、亲亲,长辈受尊敬。可是孔府里有一些家奴,本是孔子的后代,如果当了家奴,辈分又比主人大,孔府就强迫他改姓,不让他姓孔。

过去的爱国主义,在阶级剥削制度下,不可避免地有它的局限性。但在民族融合的过程中还是起了一定的作用,给后人以反抗压迫的一种传统教材,各民族都有自己的民族英雄。各族的民族英雄都对中华民族的爱国主义有过贡献。

从鸦片战争开始,给爱国主义注入了新的内容。帝国主义打进来了,爱国主义的价值和作用就发生了变化。我们今天讲爱国主义,用过去封建社会的爱国主义故事来教育人民,锋芒是面对那些今天还在侵略我们的帝国主义,而不是算旧账,讲谁反对过谁。今天的爱国主义,是全中华民族同心合力地反对帝国主义、反对殖民主义、反对霸权主义,这个内容与过去的爱国主义相比,其境界高度与思想深度就完全不同了。以鸦片战争作为爱国主义的分水岭,过去的爱国主义处理的是中华民族中一些兄弟之间的分歧,而今天反对帝国主义的爱国主义是中华民族全力反抗外来的侵略势力。有这样一种认识，爱国主义才能提高到一个新的水平。跟过去屈原、文天祥的爱国主义境界大不一样，而是具有无产阶级思想的爱国主义。

今天讲爱国主义，还有这样的一个问题，这就是我们正在执行开放政策，这是个长远大计，它给我们中华民族带来了经济的利益，但也带来了西方资本主义社会的一些弊端。这就要求我们的爱国主义既要抵抗帝国主义的武装侵略，又要抵抗西方资本主义腐朽文化的侵蚀。对于那些颓废、落后、丑恶的东西，我们要用新生的、刚健的、健康的无产阶级思想来抵制。帝国主义的武力侵略是有形的，看得见的，而那种无形的、腐蚀性的破坏，从思想上毁坏我们的社会，我们要更加警惕，要从爱国主义的角度来拒绝西方腐朽的文化、腐朽的思想、腐朽的世界观。

我们中华民族有这样一些优良传统，它们在今天的社会主义精神文明建设中起什么作用呢？十年动乱以后，国家的经济方面的创伤、残破的局面正在恢复，而精神文明方面的建设任务却更加艰巨。社会上特别是青年人当中有一种倾向，缺少精神上的寄托，对前途信心不足，甚至有个别的投奔宗教，到"上帝"那里去找出路。对此，我们要有一个清醒的估计、清醒的认识。

现在西方资本主义世界，正面临着一种不可解脱的社会危机，社会问题成了堆，他们无力解决。他们发动了所有的思想家、哲学家，包括他们的"上帝"在内，但谁也没有办法。于是他们转过头来向东方文化找出路。东方的学问，儒教、道教、佛教，甚至喇嘛教，目前在西方很有市场。这种东方热，也不是第一次出现的。记得第一次欧战结束后，梁启超到西欧去游历，写了一本《欧游心影录》，就谈到当时欧洲一些思想家认为欧洲大战打得一塌糊涂，民不聊生，还是东方好，要向中国学。梁启超也鼓吹，"人家还要向中国学，我们更应该好好保存传统文化"。那时正是"五四"前后新思潮大传播的时候。历史好像喜欢开玩笑，今天又重演了一遍。西方的危机无法解决，石油危机，产业萧条，核战争的威胁，等等，一波未平一波又起。西方人士转过头要向东方找治病的偏方。面对这种情况，我们要有清醒的认识，不要以为我们的一切传统文化都是什么灵丹妙药，包医百病，比西方高明万倍。我们要正确地看待我们的传统，给予适当的地位，既要看到我们封建文化的优良传统，又不能停留在封建文化优良传统的水平上自满自足，以为人家还要学我们的封建文化，到底是我们比人家高明，那是很危险的。

因为，上面所说的中华民族在长期封建社会中所形成的那些优良传统，在今天对我们有影响有作用，可是封建主义、儒教的残余、旧包袱干扰着我们，也还在起很大的消极作用。中国封建社会的特点之一是封建宗法势力。宗法制度的势力很大，我们今天还受到它的影响，比如我们用人，选拔人才，常常更多地看他的家庭、他的出身而忽略了他的现实表现。这种失误使我们耽误了许多人才。又比如封建地主阶级讲究"光宗耀祖"，我在报纸上就看到我们有些干部回家去上坟、祭祖、放鞭炮、吹喇叭，搞得乌烟瘴气，这就是封建主义的一些残余还在我们党的一些干部中起作用。还有，封建地主阶级的男女婚姻，讲究"门当户对"，我们也有些干部，也用"门当户对"来干涉儿女的正当婚姻，这就破坏了国家的婚姻法。执行国家政策的人却破坏婚姻法，封建主义思想在这里头起作用，又怎能建立社会主义的法制呢？不建立社会主义的法制，又怎能建立我们的精神文明？由于我国工业还不发达，半殖民地半封建社会的思想残余在人们头脑中还有影响。有的人热衷于送子女到外国去念书，以为外国大学一定就比中国的大学强。一种商品,要是标上出口转内销,购买的人就踊跃一些。这说明什么? 说明半殖民地意识的残余在我们头脑中有,在我们的党员、干部中也有,反正外国的强一点,中国的就差一点。所以,讲优良传统是一方面,但也一定要注意到,旧中国半殖民半封建社会的思想包袱还沉重地压在我们背上,千万不能听外国人说我们有多么好的传统就忘乎所以了。要一分为二,既要发扬优良传统,又要避免那些封建残余、半殖民地残余等糟粕,不能把过去的文化传统一股脑儿接受下来。

精神文明与物质文明是密切不可分的,不是各归各的。一家工厂,它是生产物质产品的,但工厂的管理制度,各项规章,又是属于精神文明的。精神文明出了故障,如制度不健全,生产就上不去,成本就降不下来,物质文明也搞不好。现在讲精神文明,容易使人只想到道德、哲学这些理论方面的东西,但还要看到精神文明的范围比这个还要广,法律的制定、规章制度的制定、政府机构的改革,这些都是精神文明的一个方面,不能忽视。管理机构不改革,制度不健全,管理混乱,机构臃肿,就会给贪污浪费制造机会。

上面说过,精神文明包括整个上层建筑,哲学是一个重要方面。当前马克思主义哲学面临着一种新的挑战,面临着一种新形势。马克思主义到现在已经是一百多年了,一百多年来世界上出现了许多新情况新问题。这些新情况新问题在马克思主义创立时,有的已有萌芽,但矛盾没有充分暴露,有的在当时还不存在。因此当前出现的有些问题我们就答复不了、答复不好,从而影响了马克思主义哲学的威信。恩格斯的《自然辩证法》到现在一百年了,列宁的《唯物论与经验批判论》到现在也七十多年了。自然科学的发展日新月异,而我们的哲学教科书却没有吸收、消化科学的新成果。基本上还是五十年代苏联专家给我们搭起的架子，没有大的突破。而有些新成果新成就被一些唯心主义哲学家用来论证唯心主义。如果唯物主义解释不了，唯心主义就提出他们的解释，这就是唯物主义面临的挑战。我们中国的哲学家不大懂得自然科学，离自然科学很远，这是个很大的弱点，是个薄弱环节。我们虽然有"自然辩证法"这门学科，但队伍比较小，自然辩证法的理论还没有深入到哲学教科书里去。马克思有时工作累了，演算演算数学，休息一下脑子。咱们的哲学家累了恐怕很少有人喜欢以演算数学来休息脑子的。不懂得自然科学，不利于马克思主义的发展壮大。我们要研究新情况，对新问题做出新解答。"四人帮"横行时，说有什么问题都可以到"语录"里找答案，那是骗人，因为马克思主义只向人们提供基本的立场、观点、方法，即基本原理，等于在神庙里求签，而不负责提供现成的答案，用书本上现成的答案来解决新问题，是糟蹋马克思主义。

我们搞了文明礼貌月的活动，解决脏、乱、差的问题，这当然是精神文明的一部分，但这只是起码的要求，社会主义精神文明，还应该体现社会主义的特点。这就要求我们要把马克思主义的基本原理，同每个人的岗位工作和任务结合起来，只有这样产生出来的物质成果和精神成果，才称得上是社会主义的物质文明和精神文明。缺少了这个核心、这个灵魂，那还不能叫社会主义的精神文明。

对于从国外渗透进来的那些腐朽的思想和习气，我们用什么来抵制呢？用我们过去的那些封建传统来抵制吗？我看是抵不住的。从社会发展阶段来看，封建主义比资本主义差了一个社会发展历史阶段，所以用封建主义不可能抵制住资本主义。我们只有加强社会主义、加强共产主义教育，用社会主义道德、共产主义世界观来教育全党，教育青年，教育各族人民，才能有效地抵制那些资本主义文明带来的不健康的东西。如果回过头来求救于孔、孟、老、庄、程、朱、陆、王或谭嗣同、孙中山，那是注定不行的。早在六十多年前，封建主义和资本主义就曾较量过。"五四"时期，新旧两派势力发生了激烈的斗争。在北京大学，有陈独秀、胡适、李大钊、鲁迅这些以《新青年》为首的一派，还有那些留长辫子的老教授的一派。旧派写文章用文言文，还组织孔教会来抵制新思潮，用孔孟之道来抵制西方资产阶级文化。结果，败下阵来。用封建主义作武器，非败不可。旧的东西对我们也有作用。它是一面镜子，可以照一照我们现在是不是连那个封建主义的精神文明都达不到，那就更要引起警惕、认真对待，那就要赶快提高社会主义的觉悟，建立无产阶级世界观。抗日战争前后，艾思奇同志在上海写了《大众哲学》，当时他不过是一个二十多岁的青年，可是这本书却印了三十三版之多。一些青年看了他的书，就投奔了延安，参加了革命。这部书之所以畅销，能打动人心，主要是它讲的道理代表了真理，所以就有影响。国民党那时也想抵制，要唱对台戏，他们当时大力推销西方的康德、黑格尔、尼采、叔本华。国民党人推销西方资产阶级哲学的同时，又抬出程、朱、陆、王，号召回到古典去。给程朱的唯心主义哲学以新的解释，注入一些新生命。可是对抗下来，他们失败了，新的马克思主义取得了胜利。我们今天拨乱反正，继往开来，要靠什么？我们建设社会主义精神文明，必须依靠马克思主义思想的指导。在这里，我们指的是基本的原理，不是说每件事情、每项工作，查查书上怎么讲我就照着办。要在马克思主义的书上找现成的答案，那是愚蠢的。

我们中华民族，在几千年的历史发展中，形成了自己的优良传统。到了现代，又接受了马克思主义，在中国共产党领导下，全民族共同奋斗，才推翻了旧制度，建立了新中国，使中国的历史发生了翻天覆地的变化。没有中华民族优秀传统为背景，新中国的出现，社会主义的建立和巩固是难以想象的。云南有二十几个兄弟民族聚居在一起，各民族互相学习、取长补短的机会比别的地区更具有优越的条件。在党的民族政策指引下，云南的同志们应该对社会主义精神文明的建设做出更大的贡献。

最后，我们的社会主义精神文明建设，还要有三个方面的条件。首先，是物质生产要跟上来，生产力要大大地发展。精神文明不能脱离物质文明而单独发展。其次，我们在行动上要跟上来。宣传精神文明的人，每一个党员、每一个干部、每一个教育工作者，说的话和做的事情要一致。言行不一致，你说的话等于零，甚至比零还坏。等于零就是等于没有说，比零还坏，就是你说了以后人家对你那一套有反感，对建设精神文明有反感。第三，是理论研究工作要跟上来。搞历史的，搞哲学的，搞宗教研究的，都要在自己的专业范围内，以马克思为指导，把理论研究推向深入、发展、前进。这要下硬功夫、笨功夫，不能要求"立竿见影"，要投入长年累月甚至一辈子的精力。这三个条件，少了一个也不行。

（选自《任继愈学术论著自选集》，北京师范学院出版社 1991 年版。原刊于《云南社会科学》1982 年第 5 期）

# 中华民族的生命力

　　秦始皇建立了中国历史上第一个多民族的封建专制统一的国家,创立了大一统的封建专制体制。秦汉相承,只是汉朝统治手段比秦朝缓和,使大一统的封建政权得以稳定。秦汉开创了支配中国两千年大一统的政治格局。此后,统一成为主流,被认为是正常的,分裂被认为是不正常的。[①] 中华民族是秦汉时形成的,在春秋战国以前,处在黄河流域的各族统称为华夏族,各族关系是松散的。

　　秦始皇用行动统一了全国,在此以前要求统一的思想早已萌发。孔子看不惯当时政治秩序混乱的现象,向往周朝文王、武王的盛世,他要恢复以周天子为首的上下等级制度,希望国家政令统一于周天子。战国时期,周天子早已名存实亡,各种思想流派都提出过统一天下(当时的天下即指黄河流域中国本部)的方案。有了统一的政府,可以使货物自由流通,整治河道,兴修水利不再以邻国为排水渠道,更重要的是可以避免连年的战争。孟子、荀子都提出过统一天下的主张,只是条件不具备,这个理想未能实现。

　　秦汉统一,给中华民族带来了实际的利益。这些利益(民族的、文化的、经济的、政治的)使中国成为东方强国,站到了世界强大国家的前列,中国人口第一次超过五千万是在汉朝,第二次超过五千万是

---

[①] 从时间上看,中国统一的时间约为秦汉以后历史时期的七分之六,分裂时期约占七分之一。分裂期间最长的南北朝(约三四百年)南方和北方的政权也是统一的,统治区域也相当广大。

在唐朝。今天中国人口过多,成为负担,古代地旷人稀,人口繁衍,是国力昌盛、生产力发达的标志。

秦汉封建大一统的局面一直维持到鸦片战争,两千多年来中华民族的凝聚力不断加强,表现在以下两个方面:

### (一) 民族的融合

民族和国家是两个不同的概念。秦汉以后形成了中华民族,它既可以指生活在中国的各民族共同建造的国家,它又是在中国领域内汉、藏、蒙古、维吾尔等五十六个民族的总称。这种看法已被全国各族人民所接受。

中国的历史也可以说是中国境内各民族不断融合的历史。汉朝就融合北方、南方各少数民族,纳入民族大家庭。比如汉武帝和北方匈奴族打过仗,他对居留在内地的匈奴族没有歧视,武帝老年把八岁的小儿子(汉昭帝)托付给三位大臣,委托他们保护幼主,安抚天下,三大臣中有一位是匈奴人金日磾(是从养马的下级官吏提拔到中央一级的)。

隋唐时期,皇族的血统有一半属于北方少数民族(如独孤氏、长孙氏)。北朝魏孝文帝从平城(今山西大同)迁都到洛阳,禁胡服、改汉姓,号召学习汉文典籍,这是少数民族主动向中原地区文化融合。10世纪,北方辽国(契丹族),皇帝要奉孔子为圣人。金朝对汉文化的接触比辽更多,元朝把孔庙修建到云南及边远地区。清朝(满族)也自称为炎黄后裔。秦汉以后,民族不断融合,两千年来使中华民族形成一种共同心理,共同的民族意识。这是一种极其珍贵的精神遗产。平时可能在民族内部有些小摩擦,一旦大敌当前,民族存亡危难关头,中华民族的敌忾同仇、团结对外的力量就会爆发出来。鸦片战争以来,中国人民反侵略、争自由的行动就是明证。

### (二) 文化思想的融合

秦汉两朝统一全国,在统一政权管理下,全国范围内颁布了一系列统一措施,统一货币(如汉的五铢钱),统一计量单位(长度的尺,重量的斤、两,容量的斗、升),统一全国道路宽度(规定车轮轨距),统一文字(国家制定全国通用的方块汉字),统一伦理道德规范(忠孝、三纲原则)。特别是后两项的统一(文字统一和伦理道德规范统一)成为后来历代政权长期统一的有效保证,汉字和伦理道德规范直到今天还是海内外中华民族的主要凝聚因素。中国地域辽阔,民族众多,方言隔阻,如果不是靠文化思想和文字为联系纽带,中国不知道将要分裂成多少个独立小朝廷。

中华民族对外来文化从来不采取盲目排斥,而是有选择地吸收、改造,使之为我所用。势力最大的佛教,传入中国,被中华文化所吸收,使它变成中国传统文化的一部分,从而丰富了中国文化,使它沿着中华文化发展的道路发展。秦汉到清末,改变了若干次王朝统治者,但中华民族的文化没有随着王朝政权的更替而中断,没有随着政权转移而改变方向;相反,倒是朝中华民族的既定方向前进。中间也遇到不少艰难险阻,甚至经历了生死存亡的考验,但是终于靠自己的力量克服了困难,改正了错误,继续前进了。与世界各民族、各国家的历史相比较,中华民族的这一特点和优点是十分明显的。作为中华民族的一分子,我们每一个成员应感到自豪。

(选自《任继愈学术文化随笔》,中国青年出版社1996年版。原刊为《学术研究》1991年第1期,题为《中华民族的生命力:民族的融合力、文化的融合力》。)

# 谈继承中国传统道德问题

　　道德不是从来就有的，它是人类社会发展到一定阶段才会产生的社会意识形态。人类的生存和发展是靠了群体的力量，单凭一个孤立的个体，在严酷的自然条件下，是无法战胜外来的各种侵害的。在群体生活中，自然形成了社会习俗，为了种族的繁衍，为了群体的发展，逐渐形成了许多规定和禁忌，习惯性地约定哪些行为可以做，哪些不可以做。比如婚姻问题，族内杂交是最早的群婚习俗，不存在道德问题。在群婚条件下，发现长期近亲繁殖，对种群不利，这才制定了部落内部不许婚配。近亲不婚也还不是出于道德问题的考虑。后来，随着社会进步，才有了近亲不婚的理论，就是古人所谓"礼"。"礼"是对已发生的事实，在理论上做出了近亲不婚的解释。社会发展总是行为在先，理论在后，形成系统的理论更晚一些。

　　在地球上，人类占主要地位，主要由人类处理个体与群体的关系。人的社会关系十分复杂，主要的关系是个体与群体的关系。个人与群体的协调关系就是"道德"的范围。处理个体与群体关系的总原则是使个体的生存发展适应群体的生存发展，而不是相反。因为削弱了群体，个体也无法发展，甚至无法存在。所以，每一个社会成员不能只为个人打算，而要对整个社会群体有所奉献。旧社会学和新社会学都企图解决这个问题，虽然理论各有不同，归根结底是关于个人与群体的学问，古人称为"义利之辩"。"义"一般指符合群体利益的思想言行，"利"一般指符合个人利益的思想言行。摆正义和利的关系，即符合道德规范。人们根据自觉的判断，采取行动，有选择的自由。但一定的社会中存在的道德规范，不能自由选择，只有遵循。只有自觉、全面、深刻地认识这种关系，道德才能逐步趋于完善，以道德教育人民，社会才能更健康地往前发展。

今天，道德问题被提到议事日程上来，主要的原因就是今天的中国面临着一个改革开放的时代。历史上，每一次大规模的社会变革时期，道德都是先受冲击的一个部门。社会变革之后，人际关系发生变化，从社会发展的角度看，人类交往日益复杂和频繁。中国传统的自然经济，一家一户间极少交往，后来商品经济发展以后，出现了新的道德问题。例如中国传统的"孝"的观念，就与小农经济的生产方式有直接的关系。一个家庭的主要男劳动力维持着整个家庭的生活，养老育儿，他拥有生产权和财产分配权。经济关系决定了非有家长制不可。"孝"的观念在中国如此之深，就是由于小农经济社会维持的时间相当长，直到鸦片战争时还是这个格局。当小农经济的社会发生变化时，就相应地出现了新的道德问题。随着社会交往不断扩大，社会分工不断发展，个人自食其力，原有的家庭成员之间的关系自然就会有所疏远。现代社会"孝"的观念的淡薄与人的生活方式与社会变革有关。养育老人，抚育幼小，过去完全由家庭承担，今天有一部分责任转移到社会保险承担。社会变革只能是向前发展，不会倒退回去，所以不能简单地说"现在人心变坏了"。

在不同的历史阶段，因为有不同的社会需要，也就会有不同的道德规范。中国封建社会关于君臣、父子、夫妻关系的传统道德规范"三纲"，对于维持小农经济为基础的封建社会是必须的，在当时的历史条件下对于维护社会的稳定、发展生产，是有一定历史进步作用的。但在进入新的历史时期后，原有的封建主义道德规范就会成为社会进步的阻力。社会主义时期，应该有社会主义新的道德规范。

进入近、现代社会以后，道德观念必须与法制观念相配合，共同推动社会发展，同时也有助于道德自身的发展。道德观念与法制观念在总的精神上是一致的，都是强调个体与群体关系的和谐，要求个人维护群体的整体利益，接受群体观念的约束。真正的法律是符合道德精神的。道德是内在的，它的标准是要求人们自觉地对集体有所奉献。法律是外在的硬性规定，它强制性地要求个体不得危害群体的利益，否则就要加以处罚和限制。既然是强制性的，即使有人不懂法，一旦触犯了法律，也要受到法律的制裁。而道德因为是指导人类行为的内在要求，哪些事该做，哪些不该做，对违反规范的人，道德多采取宽容、教化的态度。这是道德与法律的区别所在。道德观念与法制观念是相辅相成的，过去中国封建社会也把"礼"与"法"两者并提。只有法律，不讲道德，人完全是被动的，在法律没有规定的时候就会无所适从；道德如果没有法律的辅助作用，也不能够有效地推广，为多数人所接受，也会造成讲理的人吃亏，不讲理的人占便宜的情况。道德与法律就像双轮车的两个轮子，缺一不可。我们提倡社会主义新道德的同时，也要大力倡导加强人民的社会主义法制观念，普及法制教育，提高人民知法、守法的水平。

　　要有效地普遍提高道德水准和国民的整体素质，从根本上讲在于文化教育的普及。教育是立国之本，教育水平上不去，其他一切都无从谈起。科技要靠教育，经济要靠教育，道德、法制观念的普及也要靠教育。愚昧的民族谈不上有什么道德问题。世界上有些原始民族的语言中，有大小、长短、好坏等名词，但没有仁义、道德等名词，没有这些词就是没有这种观念。衡量一个人的行为是否符合道德精神，要看他是不是有道德观念并且自觉地遵守，否则即使做了，其道德价值也不大。原始的、绝对的"纯朴"不属于道德范畴，价值有限。

过去有人向往夜不闭户、路不拾遗的上古三代,事实上是无法再现的。在当今物质文明、精神文明相当发展的社会中,我们应该普及教育,在广大人民群众文化水平普遍提高的基础上,反复进行道德教育,自幼灌输道德观念,养成一种自觉的道德习惯,而不是靠强迫。爱国主义、集体主义教育都是道德教育中很重要的内容,这些都要靠文化教育来提高认识水平,要靠平时长时间的培养、训练,不是一蹴而就的。

中国是世界上几个文明古国之一,她拥有五千年以上的辉煌灿烂的古代文化传统。这笔极其宝贵的文化遗产,内容是很丰富的。儒、佛、道"三教"是中华传统文化的主要载体。以前人们看到《论语》为历代儒生诵习,便以为儒家孔子影响中国文化几千年。中华文明固然多得力于孔子,但光讲孔子是不够的。比如,在讲到人类群体生活与自然环境的关系时,孔子讲得少,老、庄反倒讲得多些。他们认为,人类取之自然应该有个尺度,掠夺性的征服自然不行,既要发展自己,又不能损害自然。再如舍生取义、吃苦耐劳等道德,墨子讲得比较多,老、庄讲得少。这些都是我们宝贵的文化财富,是中国传统文化、道德的精华,应该努力吸取,同时要抛弃其中封建性的糟粕。

在继承、弘扬中国传统道德的过程中,也要注意对外来优秀的道德文化观念加以鉴别和吸收。中国古代汉、唐两代号称盛世,就是中华民族先后开通陆上和海上丝绸之路,在与外来文化的交流中择善而从,充实、发展了自己。在古代产生社会影响的佛教典籍,都是经过中国学者的注释和改造。现在我国正处在改革开放的新时代,中外往来更广泛、更频繁,视野广阔,超过历史上任何时代,不但有经济交流,还有深层次的文化交流。外国道德传统中有些好的东西值得我们学习,比如公平竞争的观念、进取精神、不吃祖宗饭,等等。这些方面,西方讲得多些,我们东方讲得少些。中华民族历来有善于交流、融合外来文化的传统,现在对于西方的道德文化也应如此。

在改革开放的新时代,我们宣传继承、弘扬中国传统道德,就是要在继承旧传统中注入新的内容。中国传统道德与时代步伐相配合,不断发展变化,所以中国优秀的传统道德文化既古老,又年轻,上接几千年的传统,又有强大的生命力,永远进步而不会停滞。我们正满怀信心地继承过去的优良传统,创建未来的新文化。

（选自《念旧企新：任继愈自述》,人民日报出版社 2011 年版）

# 中国传统文化的光明前景

　　1840年以后，中国被迫打开国门，卷进世界大潮流；西方文化涌进中国，中国的经济、政治被迫改变，思想、文化也随着发生变革。近二百年来，向西方学到不少东西，有我们本来缺少、需要的，也有不少是西方列强硬塞给我们的，选择的余地不太大。新中国以后，特别是近二十年来，我们主动地、有选择地引进外来文化，从生活文化（衣、食、服务等）到观念文化（文学、哲学、艺术等），有的在中国生了根，变成本土文化的组成部分。回顾新中国五十年来的经历，值得认真总结。

　　面向21世纪，我们的思想文化界要赶上世界新的进展，与世界发展同步，我们还有不少事情要做。因为文化有地区性，有继承性、融合性。地区性带有生活环境的特点、民族风俗习惯的特点、语言表达的特点。继承性是指文化不是停止凝固的，它有发展，中国今天的文化与几千年儒教文化有关，西方今天的文化与西方古代基督教文化有关。文化的融合性表现在它的优良部分与糟粕部分总是纠结在一起，密不可分。如何区别、萃取、提纯，简单外科手术的办法无法做到，要用相当的人力、时间去消化、吸收。还要通过社会实践来检验，然后决定取舍。物质文明建设，如工业设备等比较容易鉴定。社会制度、法制建设、管理制度等文化的鉴定，取其所需，必须实行后才能分辨清楚。精神文明建设，要有一个时间考验过程。这都是我们进入21世纪的文化建设的责任。

　　历史经验表明，即使完全正确的理论，如果只被少数先进者发现，而未被群众所接受，真理也会被当成谬论，像地动说、生物进化论都曾遭到反对者的磨难。

中国传统文化有无限光明的前景。但是，光明前景还要群策群力，积极争取。第一步，把文化中的精华有效地区别出来。第二步，向广大群众介绍推广，公诸大众，使它成为群众共同的精神财富。作为世界文明古国、世界人口大国的中国，有责任将人类文化之菁华扩散到世界，以期对世界文化宝库有所贡献。

向全世界贡献我们的优秀文化，丰富人类精神库藏。资料共享是好事，只有在今天，21世纪来临之际，才有可能。因为20世纪的前半段，中国在世界发言权不多，到了20世纪的后半段，中国站起来了，国力开始壮大了，才引起全世界的关注。今天，中国的综合国力蒸蒸日上，不再穷困落后，我们讲的道理才会引起世界各国的注意倾听。

一百年前，严复曾号召"开民智"，今天看来，这个号召还未失效。知识经济、信息时代，民智就是国力，民智就是财富，脱贫先脱愚，世界大势所趋。

（原刊于《中国文化研究》2000年冬之卷［总第30期］）

# 寻 根

## ——族姓之根与文化之根

中华民族屹立在亚洲东方，创造了灿烂的中华文化。中华文化哺育的中华儿女遍布全世界，可以说世界上几乎没有华人没有到过的地方，连千万年来冰雪覆盖的南极，近年来也矗立起华人的考察站。

祖国的繁荣昌盛，举世为之瞩目。中华儿女，当年由于多种原因，离乡背井，在异国他乡开创了生活道路，在不同的生活领域展示了自己的才华，建立各自的事业。中华民族是文化根基深厚的民族。华人离开故土千里万里，经历了几个世代，总是对故国寄予深切的萦念。"月是故乡明"，这是每一个文化根基深厚的民族共同的感情，缺乏传统文化教养，或文化基础薄弱的民族往往缺乏这种民族凝聚力。

人口的流动，在人类历史上，中外古今，屡见不鲜。有的由于大的政治变动，如东晋南渡，大量移民中有上层官员，也有大量百姓及依附的部曲，这是由北向南的人口变迁。军事戍边屯垦，他们的后代留居在屯戍地区，这是由南向北的人口变动。他们定居，带着自己的知识、生产技能，丰富了当地物质生活和文化生活。

种姓迁徙，有时涉及重大历史事件，有的则属于个人遭遇。比如地区战乱、水旱自然灾害造成的人口迁移，往往是大量的。也有在异乡为官、为商，子孙留居不返的。也有趋避政治迫害、落籍他乡的。这些复杂现象，如果留意寻考，小则可以丰富地方志、族姓谱牒，大则可以弥补史书所失载，裁正国史的阙失。关于这方面的工作，尚未引起国内学术界广泛注意，大量方志、族谱、出土碑志的文献资料还未得到充分运用。我们无妨把视野再扩大一些,中华民族、汉民族的根也值得寻一寻。

现在中华民族总人口数约十二亿,其中汉族占绝大多数。事实上中国没有纯粹的汉族。秦汉统一以前,华夏与夷狄的界限已不大划得清楚,华夏人放弃其传统文化即是夷狄;夷狄接受中原传统文化即是华夏。《论语》说"礼失而求诸野",中原地区没有保存下来的典章制度(礼),在边鄙还能找到。孔子已认为商周以来的传统文化与边鄙地区文化早已趋同。唐朝韩愈继承了孔子这一观点,说"诸侯用夷礼则夷之;进于中国,则中国之"(《原道》)。

中华民族博大深厚的文化传统,形成了坚强、持久的凝聚力。中华民族把文化认同看得比种姓血统认同更重要。

中华民族是众多民族长期融合的结果。历史上大的民族融合共有五次。第一次在春秋战国,第二次在魏晋南北朝,第三次在10—12世纪宋、辽、金、西夏及蒙古早期,第四次在元朝,第五次在清朝。中国历史上汉唐为盛世,而唐朝繁荣超过汉朝。史书记载隋唐皇家为汉族(李唐自称老子后裔),实际上他们是汉族与北方民族混血的后裔。隋唐初年的皇后独孤氏、长孙氏都是北方少数民族。上自帝王将相,下至商贾百姓,胡商胡姬与中原地区各族人民长期共同杂居,互相影响,互通婚姻,共同创造了隋唐文化。唐代文治武功,文学、艺术、音乐、歌舞,各方面的成就都达到当时世界先进水平。唐代广大人民性格开朗、豪迈奔放、能歌善舞,与当时国际交流正常开展、国内民族平等、不存在种族歧视有关。

中华民族有两千年政治统一的历史。政治统一可以形成中华民族的凝聚力,这是外因;足以形成中华民族凝聚力的内因是它具有共同的道德观、价值观、哲学世界观、长期培育而成的民族意识。秦以来有全国共同的汉字（"书同文"），有各族共同遵循的道德规范（"行同伦"）。靠了这两条，不受方言隔阂，不受山川限阻，广大人民聚拢在一起，形成中华民族的共同体。中华民族（包括五十六个民族）不论民族大小，都为中华民族的发展、进步出了力。中华民族今天的成就是全国各族人民共同的功劳，汉族人数最多，多做些贡献也是应该的。

中华民族有自己的文化传统，有自己的根；西方国家，比如欧美诸国，也有它们的文化传统、有它们的根。中外交往日益扩大，不同文化接触，有时兼容、有时抵牾，像近年来关于"人权"问题成了中西交往经常争论的热点。如果双方探寻一下各自的文化传统，就比较容易找到造成分歧的根。虽不能彻底解决分歧，至少可以增加互相了解。

中国传统文化把个人、家庭、国家以至世界（天下）看作和谐的整体，古代中国以小农经济立国，小农自然经济以家庭作为社会的基层细胞。一家一户是生产单位同时又是消费单位。千千万万个家庭在高度统一的中央集权政府管理下进行活动。政治上的高度统一与经济上的极端分散成为长期并存的一对矛盾。这是秦汉直到鸦片战争两千多年的中国国情。两千多年来，中国的哲学不论什么流派，基本上都致力于论证政治集中与经济分散两者协调的问题。传统中国哲学都在论证个人与集体的一致性，不但利害关系一致，而且在理论上个人与整个宇宙是不可分割的整体——天人合一。

农业小生产者的世界观，以它的生活实践体会认为世界像生物机体，人在自然界的地位像田园诗那样和谐、稳定。个人、家庭、国家是和谐的整体。中国传统文化中理想的人格——圣人，以拯济天下人的饥寒为己任。理想的社会原则与天道一致，都是"损有余以补不足"。"先天下之忧而忧，后天下之乐而乐"，把个人的忧乐消融在天道之中。

站起来的中国人民正建设有中国特色的社会主义，继承中华民族的优秀文化传统，把消灭贫困放在第一位。首先解决十二亿人的温饱问题。个人利益服从集体利益。集体居先、个人居后，对每一个中国人来说，这是无可争辩的真理。

西方文化，从古希腊以来即强调权利与义务的关系，为了摆脱中世纪神权统治、进入近代社会，把个人自由放在突出地位，强调"天赋人权"，用人权对抗神权，在西方社会也会认为是无可争辩的真理。

由于中国文化传统与西方文化传统发生歧异，双方观察问题的方式和标准也产生了歧异，互相交流中产生了隔阂。中国传统文化对待民族关系，不大重视种族的血统、肤色的差别，而以传统文化为标志。即使在中国强盛时期，也很少用暴力对待不同种族。"四海一家""民胞物与"，成为中华民族历代王朝执行民族政策的准则。而今天号称"人权"发达的某大国，自称关心个人自由，关心监狱中罪犯的伙食摄入热量，而不关心社会的稳定，枪杀、暴力、抢劫、吸毒、艾滋病蔓延成灾，老百姓购买自卫枪支比到邮局发信还方便，社会集体并没有安全感。用集体的不安全换取个人为所欲为的自由，高喊"人权"的某些国会议员们对此见惯不惊、熟视无睹。这里无意评价中西方文化的优劣得失，只是揭示出，文化寻根这个大题目，值得深入发掘。人类自以为上知天文、下知地理，对自己却所知甚少，难道不应当引起重视吗？

文化寻根，比起种族寻根更有现实意义和学术意义。这个大题目如果做得好，不但有益于中华民族的自我发现、自我认识，对于开拓世界文化交流的前景也有所帮助。

（选自《任继愈学术文化随笔》）

# 高举爱国主义大旗，提高民族文化素质

## ——纪念五四运动八十周年

### 一

五四运动作为政治事件发生在 1919 年 5 月 4 日，而作为"五四"精神、"五四"思潮，它不像政治事件那样有明显的年月日起，这是一个过程。文化思想的变革不能刀砍斧切地画线。"五四"精神、"五四"思潮在 1919 年以前早已发生，八十年后的今天还在持续发展。文化思潮有超前性，也有它的滞后性。

辛亥革命结束了几千年的帝制，中间有过短暂的回潮，很快即被扑灭，从此想当皇帝的野心家再也没有上台的机会。但几千年的封建思想体系对人们的毒害仍然顽固地盘踞着阵地，抵制新思潮。五四运动的功劳就在于相当彻底、声势空前地批判守旧保守势力，为新社会开辟道路。

以文化教育领域为例。辛亥革命后，民国政府办教育，仍然承袭几千年的教学内容。北洋政府授予北京大学校长胡仁源以"中大夫"的称号，这还是两千年前汉代的爵位称号。再看北大"五四"以前的课程设置，教学内容有"经科"，下设"毛诗门""周礼门""左传门"，与清朝国子监的教学内容完全一样。这种教材是汉代"五经博上"时期制定的。当时国内最高学府能培养出合格的现代人才吗？没有"五四"的冲击行吗？

五四运动以破竹之势向旧制度冲击，对旧礼教、旧文化、旧文体、旧历史观展开有力的批判。从此，中国文化面向世界，与世界思潮大量接触，有斗争，又吸收融合。

八十年后的今天，回头审视五四运动，不难发现有很多缺点：对旧文化打击过多，肯定过少，怀疑过多，相信过少。有些人认为五四运动社会效果弊大于利，这不是看待历史的态度。后人看前人，容易看出前人的缺憾，这是旁观者清。事后诸葛亮总显得比诸葛亮本人更聪明，更有预见性。我们不妨想想亲身所做过的事，有时并不聪明，甚至愚蠢得可笑，使后人难以理解。像三十年前那场"文化大革命"，举国若狂，做了多少蠢事，比起当年"五四"批判旧文化的过火行动不知超过多少倍。如能真正以科学的态度看待历史，就不会过高估计自己的能力、才干。

当年李鸿章在日本签订《马关条约》时，日本全权代表是伊藤博文。伊藤声色俱厉，强迫李鸿章签字。李鸿章说："难道不允许我申述理由，双方商谈吗？"伊藤说："申述尽管申述，签字还是要签字。"弱国的处境就是这样。辛亥革命后，民国成立，情况并没有改变多少。孙中山为了争取国际承认，宣布清朝不平等条约一律有效。推动五四运动的动力是全国上下高涨的爱国主义。卖国投降的《二十一条》，激起全国人民的爱国热情，高举科学、民主两大旗帜，深得人心。广大爱国知识分子深知，愚昧落后就要挨打，受欺凌。虽然国体改为"民国"，人民并未当家作主。北洋政府卖国、列强欺侮中国的局面并未因国号改变而改变，广大人民仍处在水深火热之中。

八十年后的新中国与旧中国有很大的不同。我们由弱国变成强国。新中国向全世界宣布，不承认以前的一切不平等条约。我们靠自己的力量走自己的路，建设有中国特色的社会主义。由于积贫积弱已久，由贫弱转为富强，还有很长的路要走。今天回顾"五四"可以发现,八十年前先进的革命知识分子所努力奋斗的目标,有的已经达到,有的部分达到,有的则尚未达到。

二

人类社会有两种群体组织对人类生存起着决定性作用,一是民族,一是国家。世界各个国家都对其公民进行爱国主义教育和公共道德教育。这不是哪一个国家发明的,也不是国家间协商制定的,而是千百年来各国家各民族从生活实践中总结出来的共同经验。因为个体由群体保护,才能生存发展。个体在群体中生存,既受到保护,是受惠者,同时又必须对所属的群体尽义务,受到群体的某些约束。由此产生法律,法律具有被动制约性,同时守法者也有甘受约束的主动性。

一国的法律条文、道德规范对其成员虽具有绝对权威,但管不着群体以外的成员。一国道德、法律只管本国,不管外国。卖国行为既受舆论谴责,也受法律制裁。同样的行为,同一个人,不同的朝代有不同的对待方式和标准。比如文天祥的爱国行为在宋朝、元朝受到不同待遇。因为宋朝、元朝是敌对的两个政权,各有不同的利益。文天祥死后,元朝表扬他的忠君精神,将其作为不背叛君主的榜样,而他起兵抗元的行动并不表扬,必须把他杀掉。

当前世界上最高层次的群体组织是国家。国家以上还没有更高的群体组织。二次大战前有"国联",而二次大战后有"联合国",他们是松散的国际群体组织,可以作为政治讲坛,对各国没有约束力,不具备制约和管理众多国家的能力。它无力裁决国际争端。有一位外国政治家说过:国际条约的有效程度,取决于签约双方信守的程度。

事实正是这样。

"五四"以后，世界曾爆发第二次世界大战。第三次世界大战虽打不起来，但全世界局部战争正在蔓延，世界有点像中国古代春秋战国形势，只是范围扩大了若干倍，物力损失更大，人员无辜受难，伤亡更多。

20世纪在世界范围内出现"春秋战国"。"春秋无义战"，今天有许多战争也属于不义之战。因为国家之上没有一个有效管理机构，于是国家之间出现以强凌弱、以大欺小的现象，人们看得到，深有反感，但无能为力。

现代世界上强权主义并未得到制止。由于侵略给强权国家带来了实际利益，在利益驱动下，强权侵略有增无减。忠诚、信义、仁爱，这些道德品格超越国界，超越时代。但人们迄今为止，对自己本群体内的成员要求较严格，如有人违反，会受到制止。如果对群体外（比如对外国）的行为违反了道义，人们看得较轻，甚至无动于衷。《墨子·非攻》说，"入人之园圃，窃人桃李，谓之不义"，攻人之国，杀害无辜人民，战胜国不以为不义，反倒把这些行为载入史册，传之后世。墨子所指窃人桃李的行为，损害的是本国人的利益，属于群体内部的，所以要制裁。攻人之国，掠夺杀戮，损害的是别国人民的利益，属于另外的群体。掠夺者把从外国抢的财物分予本国人一部分，还可能得到本国人的拥护。现在世界上对掠夺别国和掠夺本国的行为，用不同标准。所以历史上有的国家把海外殖民者、掠夺殖民地的首领当作英雄来歌颂。现实是残酷的，却又是无法回避的。美好的大同世界，那是遥远的将来的事。我想，如果不想当"科索沃的难民"，就是要做一个强国的公民，生存的权利才不致无故被剥夺。弱国的国民，只有挨轰炸的"权利"，申诉无门。"五四"时代人们关心的救亡图存口号，到今天并没有过时，我们的国家还没有强大到使侵略者不敢轻举妄动的程度。有些敌对势力还不断从各方面觊觎中国的领土、资源。这是"五四"时代提出的任务，我们这一代甚至下一代还要继续努力。

<h1 style="text-align:center">三</h1>

"五四"提出科学、民主，文化启蒙运动已取得很大的成绩，应当自豪。但是也要看到，科学技术日新月异，隔几年就有一次更新换代，科学进步与扫除愚昧的任务，呈水涨船高之势。"五四"时代反对的愚昧落后，多半指的是乡村求龙王降雨消灾的低级迷信。现代科学比八十年前大有进步，而迷信落后的活动也跟着改头换面。

形势变了，扫除愚昧迷信、愚昧落后的任务也随着深入了。启蒙运动对于今天，不只是广大无知群众的任务。针对一些无知干部的愚昧也要启蒙。各级领导干部，如果不学习，不接触现代科学知识，与一般普通老百姓相比，其危害更大。这是当年"五四"时期没有发生，今天遇到的新问题。我们为了促进现代化，继承"五四"精神一刻也不能松懈。要长期努力，沿着"五四"道路勇敢前进。

我们已解决十二亿多人口的温饱，但还不算富裕，与世界发达国家比，还处在中下水平。我国的科技对生产力的促进越来越大，但所占比例比较低，这些不足都有待于下一世纪补上。

今天新中国的成就，是在"五四"新局面之后才有的，马克思主义是趁"五四"新潮传入的。经过自己的消化吸收，逐渐形成中国的马克思主义。对旧传统批判继承的科学方法，是在"五四"向传统思想大力冲击之后建立的。

我们纪念"五四"，应当是继续"五四"的业绩有所前进，而不能再学"五四"时期所采取的简单化的、彻底打倒的方法。

有人不满"古史辨"派的疑古之风。但是应当看到，只有扫除了迷古、复古的保守主义之后，今天的新史学才能建立。不经过一个疑古史学，新史学则无从说起。这是一个否定之否定的过程。"五四"以前，把传说史学当成真实历史，把尧舜时代的文化造诣说得比周孔的文化还高明，这是没有根据、不符合历史真实的。

"五四"时代所提出的任务，有的已经完成，有的正在继续完成，有的则刚刚起步。总之，历史不能割断，在前人达到的基础上前进，才可以少走弯路。认为古人全错，我们全对，推倒重来，另起炉灶，与过去的文化彻底决裂，是"文化大革命"的弊政，这种错误不允许再犯。五四运动的成就与不足，都是我们的精神财富。我们满怀信心，面向 21 世纪。

（原刊于《人民论坛》1999 年第 5 期）

第二辑

中国宗教：批判与继承

# 儒家与儒教

　　"儒"这个称号不自孔子始。孔子以前社会上已有一批帮助贵族办丧事或帮助贵族执行相礼以谋生的人，这些人靠专门的知识混饭吃。孔子开始也是靠儒来谋生的，但是他比当时的儒者博学，有政治主张，并参与当时的一些政治活动①。孔子开创的儒家是一个学术团体，又是政治团体。由于孔子一生为恢复周代的奴隶制而奔波，他的主张与历史发展方向背道而驰，所以他的活动没有成功，遭到社会和时代的冷遇。社会发展表明，孔子当时所极力主张的事物，后来都被历史所淘汰了；孔子当时极力反对的事物，后来都得到了发展、壮大。历史实践表明孔子是个反历史潮流的人物，他的思想是保守的，他的学说在当时所起的作用也是保守的。春秋时期是奴隶制崩溃、封建制形成的过渡时期②。孔子的社会地位并不十分显赫，他的学说也没有得到广泛的重视。孔子晚年不得已退而著书，整理典籍。他又是一个博学的学者、历史家、教育家，对古典文化的整理保存有贡献。孔子一生活动最大的成功处，就是他教育了不少有才干的学生，先后共计达三千人之多③。由于孔子的门徒多，势力大，他们又大部分掌握文化知识，与被雇佣只会给贵族打仗、守卫的武士不同，影响也较

---

① 如《论语》中记载，孔子告诫他的弟子，"汝为君子儒，无为小人儒"。
② 这个问题在中国学术界有几派的说法，并没有一致的意见。大体上可分为四种说法。我主张春秋时期奴隶制向封建制过渡，战国时封建制确立。
③ 这个数目后来的人没有提出过怀疑，可能接近真实。在社会大变革时，士这一阶层的人数逐渐扩大，后来战国中期以后，好几个国家的贵族和孟尝君、平原君、春申君，养士风气盛行，甚至一个贵族同时养士二三千人。孔子时代虽较早，一生共收纳弟子三千人，是可能的。

大。战国时期，儒家已成为社会上的显学，只有墨家这一派可以与之相抗衡，并先后分为八派①。这些不同的派别各有哪些特点，现在不可详考。从哲学的观点来划分，主要有两派，一派是唯心主义的孟子学派，另一派是唯物主义的荀子学派。

战国时期，各国已走着共同的道路，即由分散割据封建国家，走向统一的、中央集权的封建国家。各阶级和阶层都为自己的利益而斗争。反映在思想上，即百家争鸣。百家争鸣的实质，即对当时面临行将统一的中央集权封建国家采取什么态度，由哪个阶级和阶层来执行这一历史任务。墨家代表"农与工肆之人"的利益，反对儒家亲亲的宗法制度。儒家骂墨家是"无父"。法家代表军功贵族和官僚阶层的利益，反对孝悌仁义，主张绝对君权的官僚制度。儒家虽然分为八派，有唯心主义和唯物主义的重大区别，但他们对封建制的宗法、等级制度，孟子和荀子没有两样。孟子主张"父子有亲，君臣有义，夫妇有别，长幼有序，朋友有信"（《孟子·滕文公上》）。其中最重要的是孝悌，"尧舜之道孝弟而已矣"（《孟子·告子下》）。以孝道为中心的宗法伦理思想是这种社会政治结构的指导思想。孟子还认为这种社会伦理观念是天赋的本性，从而构造了他的性善说。荀子与孟子处在理论尖锐对立的地位，但他在社会伦理上也主张社会离不开孝悌、忠信、仁义等道德规范，主张维护君臣、上下的等级制。他一再强调维持这封建宗法等级制的必要性，他认为要用人为的手段，即教化的灌输，而不相信这些道德出于人的本性。这是他的性恶论的结论。其他儒家介乎孟、荀之间，其封建伦理思想则是一致的。正因为这一点有它的一致性，所以虽分为八派，毕竟还是儒家。

---

① 《韩非子·显学》称儒分为八派，与墨家并称显学。这八派是：子张之儒、子思之儒、颜氏之儒、孟氏之儒、漆雕氏之儒、仲良氏之儒、孙氏之儒、乐正氏之儒。

孔子这个奴隶主的保守派，后来成了封建社会的圣人，这是不难理解的。因为奴隶制和封建制都是贵族等级制，西周以来宗法制度被保留下来，孔子的孝悌忠信的规范略加改造，即可用于封建制。

　　秦汉统一是中国社会历史上的一大变革。这个变革基本上奠定了中国封建王朝两千多年的格局——即中央集权的封建统一王朝是中国封建社会被中华民族所接受并认为这是正常的状态。遇到暂时的分裂割据政治局面出现，则认为是天下分崩、不正常的乱世，一定把它纠正过来，才算拨乱反正，天下大治。

　　政治的统一，必然伴随着思想上的统一，这是历史所要求的，也是经中外历史所证明了的。秦汉统一后，封建统治者经历了七十多年的探索，终于找到了，也可以说建成了思想统一的精神工具，即儒家。我们要特别指出的是，这时的儒家已不同于先秦时期作为一个学派参与百家争鸣的儒家，而是封建大一统的王权与神权紧密结合的儒家。这个儒家尊奉的代表人物是孔子，但这已不同于先秦时期被人们重视的学者，同时又是被人们嘲笑、讽刺、打击的失意政客，而是具有高度尊严的教主。孔子既是高贵的素王，又是任人摆布的偶像，他成了神和人的复合体。封建统治者的意志，无不需要加上孔子的经典中的一言半句来支撑，才显得有权威。

　　奴隶制社会在欧洲发展得比较完备而典型，欧洲的封建社会则不如中国的完备而典型。中国封建社会的生产力在世界封建社会的历史上发展得很充分。作为统治这个社会的封建地主阶级不断总结统治经验，不断完善它的上层建筑，使它形成一个相当完整的体系，包括哲学、宗教、文学、艺术、法律……各个方面。

　　西汉和东汉统治者为了进一步巩固中央集权，他们把王权与神权进一步合流，为王权神授制造理论根据。但他们又小心翼翼地使神权限制在王权之下，而不允许平起平坐，更不用说教权凌驾王权之上了。

中国封建统治者由于和农民起义打交道的经验多①，他们更懂得自觉地利用宗教来麻痹人民的反抗意志。因此汉代开始采用儒家的经典为政治、法律的措施进行说明。汉武帝时，张汤决狱，要从《春秋》中找根据，其实是捕风捉影，与《春秋》没有关系。东汉以皇帝名义召开的白虎观的会议，更是用政权来推行神权、用神权维护政权的典型例子。这时的儒家的地位已经与先秦的儒家相去更远，孔子地位被抬得更高了。

汉代儒家，先是按照地上王国的模型塑造了天上王国，然后又用天上王国的神意来对地上王国的一切措施发指示。这就是汉代从董仲舒到白虎观会议的神学目的论的实质。天为阳、为君、为父、为夫；地为阴、为臣、为子、为妇。天地自然界的秩序被说成像地上汉王朝那样的社会秩序。自然界也被赋予封建伦理道德的属性。虽然没有西方上帝造人类那样的创世说，但也有类似的地方。儒家定于一尊，儒家的经典成为宗教、哲学、政治、法律、道德、社会生活、家庭生活以及风俗习惯的理论依据。哲学及所有科学虽不像欧洲中世纪那样都成为神学的婢女，但成了"六经"的脚注则是事实。非圣等于犯法。所谓圣的标准，则不能离开儒家所规定的范围。东汉末年的黄巾大起义，动摇了汉王朝的政治统治基础。王权与神权紧密配合的汉王朝崩溃，代之而起的是分散割据的地方封建势力。政治上出现了三国分立的局面。三国时，商业交换基本停止。停止铸造货币，经济上出现了更典型的自然经济。思想上以王权、神权相结合的儒家正统

---

① 中国农民起义规模大，次数多，为世界历史所仅见。

思想神学目的论也受到致命的冲击。这时已出现了魏晋玄学,在民间和社会上层相继出现佛教、道教。这时,我国北方、南方少数民族也纷纷起来反抗汉族的政治压迫,起来造反。他们有时是被卖的奴隶,后来起义成功,建立了王朝①。他们首先冲击的是孔子,儒家内中华而外夷狄的思想。他们信奉佛教。汉族农民则信奉道教。五斗米道、太平道在农民中间广泛流行。

由于中国广大地区已具有高度的封建经济、政治和文化,少数民族掌权以后,也由奴隶制社会很快被带进了封建社会。封建社会的统治和被统治的关系,也很快被接受。具有中国特点的封建宗法专制主义也还得被重视。因为这一套统治人民的经验行之有效,而这一套封建伦理道德规范在儒家有深远传统。当然,起决定作用的是中国封建的经济结构和社会结构。中国封建社会的宗法制度是与中国封建社会相终始的,"三纲五常"被儒家说成为万古不变的规范。说"万世不变",这是古人的局限性,因为古人不知道封建社会以外还有其他生产方式。仅就中国的情况而论,说它是封建社会"万世不变"的秩序也未尝不可。

在魏晋南北朝时期,佛教、道教广泛流行,儒家失去独尊的地位,但统治者并未抛弃它,它仍然是封建思想的正统。梁武帝崇奉佛教,但梁武帝的《敕答臣下神灭论》的主导思想仍是儒教而不是佛教。当时的统治者用佛、道为儒教的补充,三者并用,或交替使用。三教之间有斗争,有妥协,也互相吸收。既然封建宗法制度未变,维护封建宗法制度的伦理纲常就不会被抛弃,"三纲五常"的秩序非维持不可。因此,佛教、道教既然为这个制度服务,它们也要适应封建宗法制度

---

① 如刘聪、石勒等北方民族的起义。

的要求，才能得到地主阶级的支持。农民不是先进的生产关系的体现者。农民的思想随着生产资料、政治权利的被剥夺，也被迫接受统治阶级的王权神授、天命决定论，也被封建宗法制度所束缚。佛教"五戒十善"，采用的善恶道德标准仍然不能超出"三纲五常"的规定范围，否则为十恶不赦。封建地主以造反为罪大恶极，无父无君也是佛教公认的构成入地狱受精神惩罚的罪行。难怪宋文帝发自肺腑地说佛教虽主张出世，但有助于王化。魏晋玄学否定了神学目的论，但未对儒家的宗法制度、"三纲五常"触动一根毫毛。当时名教与自然的争论，反映了玄学家们如何对待"三纲五常"的根本态度。不论哪一派，都不敢说不要名教。玄学影响最大的代表人物如王弼，还是认为孔子比老子高明。①

由于政治上南北的分裂割据，中国历史这一时期从另一方面有所发展。北方和南方在各自的统治范围内有相对安定的政治局面，于是北方和南方各民族在经济、文化的交流中有了进一步的融合。许多落后的氏族部落和奴隶制初期的少数兄弟民族之间，不断交往、了解、通婚、学习，很快赶上来进入封建社会，这就给以后隋唐建立的多民族、繁荣昌盛的封建统一王朝准备了条件。

隋唐时期由于封建经济的进一步繁荣、发展，对世界经济文化交流有过贡献。经济、政治的繁荣发展也带动了哲学、宗教的繁荣发展。南北朝时期分裂割据的影响逐步泯除。佛教结束了南北朝长期分裂的局面，形成了统一的各宗各派；道教也混合南北，形成了统一的唐代道教。佛教、道教各自发展自己的寺院经济和宗派传法世系。儒家的经学也兼采南北经学流派，形成具有唐代特点的经学。儒、

---

① 〔裴徽〕问弼曰："夫无者，诚万物之所资也，然圣人莫肯致言，而老子申之无已者何？"王弼回答说："圣人体无，无又不可以训，故不说也。"（何劭《王弼传》引）

释,道三家鼎立,都得到封建王朝的大力支持。<sup>①</sup> 三家服务的对象却是一家。<sup>②</sup> 朝廷遇有大典,经常让三教中的代表人物在殿上公开宣讲。儒家讲儒家的经典,佛教、道教也各自讲各自的经典,时称儒、释、道三教。<sup>③</sup> 儒、释、道所讲论的内容,也逐渐由互相诋毁而变成互相补充。由政府明令禁止道教攻击佛教和佛教攻击道教的文字宣传。唐初朝廷举行公开仪式中,有时规定佛教徒在先,有时规定道教徒在先;中唐以后,规定佛、道两教徒齐行并进,不分先后。儒家对佛、道有所攻击,主要说他们不生产、不当兵、不纳税、不负担政府的义务、不符合中国传统的风俗习惯,等等。

封建地主阶级的总头目唐朝的皇帝,把三教都看作教徒,而三教的信徒们也自居为教徒。佛教、道教是宗教自然不成问题。宗教都主张有一个精神世界或称为天国、西方净土;宗教都有教主、教义、教规、经典,随着宗教发展形成教派。在宗教内部还会产生横逸旁出的邪说,谓之"异端"。这种状况,佛教、道教都具备。儒家则不讲出世,不主张有一个来世的天国,这是人们通常指出的儒家不同于宗教的根据。

但是我们应当指出,宗教所宣扬的彼岸世界,只是人世间的幻想和歪曲的反映。有些宗教把彼岸世界说成是一种精神境界。在中国的历史上,隋唐以后的佛教、道教都有这种倾向。以影响最大的禅宗

① 唐大足元年(701),武则天当政时,已明白宣示,三教有共同的任务。并令人撰写《三教珠英》(《唐会要》卷三六)。
② 文宗诞日,召秘书监白居易、安国寺沙门义林、上清宫道士杨弘元入麟德殿内道场谈论三教。居易对语中有谓"儒门释教虽名数则有异同,约义立宗,彼此亦无差别,所谓同出而异名,殊途而同归也"(《白氏长庆集》卷六七)。
③ "北魏、后周、隋世,多召名行广学僧,与儒道对论,悦视王道,唐高宗召贾公彦于御前与道士、沙门讲说经义。德宗诞日御麟德殿,命许孟容等登座,与释、老之徒讲论。贞元十二年四月诞日,御麟德殿,诏给事中徐岱、兵部郎中赵需及许孟容、韦渠牟,与道士葛参成、沙门谈筵等二十人讲论三教,文宗九月诞日,召白居易与僧惟澄、道士赵常盈于麟德殿谈论,居易论难锋起,辞辩泉注,上疑宿构,深嗟揖之。"(《大宋僧史略·诞辰谈论》)

为例,禅宗宣称"菩提只向心觅,何劳向外求玄? 听说依此修行,西方只在目前"(《坛经》)。禅宗主张极乐世界不在彼岸而在此岸,不在现实生活之外,就在现实生活之中;所谓出家、解脱,并不意味着离开这个世界到另一个西天。在当前日常生活之中,只要接受了宗教的世界观,当前的尘世就是西天;每一个接受佛教宗教观的众生即是佛,佛不在尘世之外,而在尘世之中。

这种观点给中国的佛教带来了独特的面貌,它也使中国的儒家逐渐成为具有中国特点的宗教——儒教。

从汉武帝独尊儒术起,儒家已具有宗教雏形。但是,宗教的某些特征,尚有待于完善。经历了隋唐佛教、道教的不断交融,互相影响,又加上封建帝王的有意识地推动,三教合一的条件已经成熟。以儒家封建伦理为中心,吸取了佛教、道教一些宗教修行方法,宋明理学的建立,标志着中国儒教的完成。它信奉的是"天地君亲师",把封建宗法制度与出世的宗教世界观有机地结合起来。其中君、亲是中国封建宗法制的核心。天是君权神授的神学依据。地作为天的陪衬。师是代天地君亲立言的神职人员,拥有最高的解释权,正如佛教奉佛、法、僧为三宝,离开了僧,佛与法就无从传播。宋朝理学兴起的时候,恰恰是释道两教衰弱的时候。佛教,为什么衰微了? 因为儒教成功地吸收了佛教。为什么中国没有像欧洲中世纪那样宗教独霸绝对权威? 因为中国中世纪宗教独霸的支配力量是儒教。

宗教世界观要求人们过着禁欲的生活,物质欲望是罪恶之源。安于贫困、以贫为乐的人,才算道德高尚、人品卓越。宋明理学所普遍关心并反复辩明的几个中心问题有"定性"问题、义理之性与气质之性的问题、孔颜乐处问题、主敬与主静问题、存天理去人欲问题、理一分殊问题、致良知问题,等等。这些问题虽以哲学的面貌出现,却具有中世纪经院神学的实质和修养方法。

程颢的《定性书》被宋明理学家公认为经典性的权威著作。这种"定性"与佛教禅宗的宗教修养方法一脉相承,所谓"动亦定,静亦定,无将迎,无内外"(《定性书》),即是禅宗的"运水搬柴,无非妙道"。把人性区别为义理之性与气质之性,人欲又是挟气质以俱来的罪恶,实质上是宗教的原罪观念。程颐的《颜子所好何学论》是一篇典型的宗教修养方法论,是一篇宗教禁欲主义的宣言书。张载的《西铭》也是一篇歌颂"天地君亲师"的儒教宣言,他认为人生的一切遭遇天地早安排定了,享受富贵福泽是天地对你的关怀,遭受贫贱忧戚是天地对你的考验。天地与君亲本是一家人。二程教人主敬,程颐终日"端坐如泥塑人","存天理,去人欲"更是一切唯心主义理学家全力以赴的修养目标。他们所谓"天理",无非是封建宗法制度所允许的行为准则,内容不出"三纲五常"这些儒教教条。儒教除了有一般宗教的共同性,又有它的特点。孔子被奉为教主,具有半人半神的地位。它追求的精神境界更偏重于封建道德修养,巩固宗法制度。比如儒教孝道除了伦理义外,还有宗教性质,如《孝经》。儒教没有入教的仪式,没有明确的教徒数目,但在中国社会的各阶层都有大量信徒。儒教的信奉者绝不限于读书识字的文化人,不识字的渔人、樵夫、农民都逃不脱儒教的无形控制。专横的族权,高压的夫权,普遍存在的家长统治,简直像毒雾一样弥漫于每一个家庭、每一个社会角落。它简直像天罗地网,使人无法摆脱。

宋明理学体系的建立,也就是中国的儒教的完成,它中间经过了漫长的过程。宗教的教主是孔子,其教义和崇奉的对象为"天地君亲师",其宗教组织即中央的国学及地方的州学、府学、县学,学官即儒教的专职神职人员。僧侣主义、禁欲主义、蒙昧主义,注重心内反省的宗教修养方法,敌视科学、轻视生产,这些中世纪经院哲学所具备的落后东西,儒教(唯心主义理学)也应有尽有。在内部也有个别思想家力图摆脱枷锁、正视现实。提出唯物主义观点的思想家,如宋代的陈亮、明代的王廷相、清代的王夫之、颜元、戴震等人,都在不同的领域对儒教的某一方面的问题有所抨击①,他们可称为儒教的异端。这些进步的思想家,都自称得到孔子的正统真传,假借孔子、孟子的衣冠来扮演革新的角色。他们对孔子这样的教主则不敢怀疑。明代的李贽曾提出过不以孔子之是非为是非,这是他敢于突破藩篱的地方。但他竭力抨击那些口诵圣人之言、败坏封建纲常的假道学,他提倡忠孝仁义,维持封建宗法制。他是爱护这个制度的孤臣孽子。他对佛教五体投地。他是儒教异端,而不是反封建的英雄。

儒教限制了新思想的萌芽,限制了中国的生产技术、科学发明。明以后中国科技成就在世界行列中开始从先进趋于落后。造成这种落后,主要原因在于中国的资本主义没有得到发展的机会,而儒教体系的完善和它对人们探索精神的窒息也使得科学的步伐迟滞。上层建筑对它的基础绝不是漠不关心的,它要积极维护其基础。中国封建社会特别顽固,儒教的作梗应当是原因之一。

自从五四运动开始提出“打倒孔家店”的口号,当时进步的革新派指出孔子是中国保守势力的精神支柱,必须“打倒孔家店”,中国才能得救。当时人们还不懂得历史地看待历史人物和历史事件,形而上学比较严重,认为好就全好,坏就全坏。由于他们不善于探索事物发展的规律,因而把春秋时期从事政治活动和教育文化事业的孔子和汉以后历代封建统治者抬出来作为教主的孔子混为一谈。孔子只能对他自己的行动承担他的历史功过,孔子无法对后世塑造的儒教

---

① 他们给“人欲”以合法的地位,主张唯物论,反对唯心论,这都不符合儒教的原则。

教主的偶像负责。作为一个博学的学者、伟大的教育家、政治思想家，先秦儒家流派的创始人，孔子是打不倒的。历史事实不容抹掉，而且也是抹不掉的。孔子这个人在历史上的功过，现在学术界还没有一致的意见。这是一个学术争论的问题，不可能短期取得一致的意见。

儒教的形成曾经历了上千年的过程，孔子的学说共经历了两次大的改造。第一次改造在汉代。它是由汉武帝支持，由董仲舒推行的，这就是中国历史上所谓"罢黜百家，独尊儒术"①的措施。汉代大一统的中央集权封建宗法专制国家需要一套意识形态和它紧密配合的宗教、哲学体系。孔子被推到了前台，董仲舒、《白虎通》借孔子的口宣传适合汉代统治者要求的宗教思想。第二次改造在宋代。宋统治者集团利用机会从唐末五代分散割据的混乱局面中捞到了政权。他们鉴于前朝覆亡的教训，把政治、军事、财政、用人的权力全部集中到中央。宋朝对外可以退让，对内则强化中央集权的封建宗法专制制度，思想文化领域里也要有与它相适应的意识形态相配合。汉唐与宋明都是中央集权的封建宗法专制制度的国家，但中央权力却是越来越集中，思想文化方面的统治方法也越来越周密。为了适应宋朝统治者的需要，产生了宋明理学，即儒教。儒家的第二次改造，虽说从宋代开始，追溯上去，可以溯到唐代。韩愈推重《大学》，用儒教的道统代替佛教的法统。李翱用《中庸》来对抗佛教的宗教神秘主义。到宋代，朱熹则把《论语》《孟子》《大学》《中庸》定为"四书"，用一生精力为它作注解。朱熹的《四书集注》被历代封建统治者定为全国通用的教科书。"四书"从十三经中凸显出来，受到特殊的重视。

---

① 这个看法是否成立，还有待于进一步探讨。有人不承认宋明理学是宗教，不承认董仲舒的天人感应的神学目的论是宗教，认为儒家有功，因为它抵制了宗教。事实上它本身就是一种宗教。

朱熹制造了一个庞大的儒教体系。佛教禅宗曾把僧侣变成俗人，以求得与封建宗法制度配合；儒教则把俗人变成僧侣，进一步把宗教社会化，使宗教生活、僧侣主义渗透到每一个家庭。有人认为中国不同于欧洲，没有专横独断的宗教；我们应当看到中国有自己的独特的宗教，它的宗教势力表面上比欧洲松散，而它的宗教势力影响的深度和广度、控制群众的牢固性更甚于欧洲中世纪的教会。欧洲中世纪设有异教裁判所。中国的儒教不用火烧，不用肉刑，它"以理杀人"。被儒教残害的群众，连一点呻吟的权利也被剥夺干净，丝毫同情、怜悯也得不到。千百年来，千千万万男男女女无声无息地被儒教的"天理"判了死刑，"视人之饥寒号呼，男女哀怨，以至垂死冀生，无非人欲"（《孟子字义疏证》）。"杀人如草不闻声"，精神的镣铐比物质的镣铐不知道严酷多少倍。

董仲舒对孔子的改造，已经使孔子的面目不同于春秋时期的孔丘。汉代中国封建社会正在上升时期，统一的封建王朝继秦朝以后，富有生命力、配合当时的政治要求而形成的儒教虽有其保守的一方面，但它有积极因素。宋朝以后，中国的封建社会已进入后期，有几次资本主义萌芽都不幸没有得到正常发展的机会。宋明封建王朝的统治者推动儒教的发展，朱熹对孔子的改造，与孔子本人的思想面貌相去更远。如果说汉代第一次对孔子的改造，其积极作用大于消极作用，那么宋代第二次对孔子的改造，其消极作用则是主要的。儒教的建立标志着儒家的消亡。这是两笔账，不能混在一起。说孔子必须打倒，这是不对的；如果说儒教应当废除，这是应该的，它已成为阻碍我国现代化的极大思想障碍。

（选自《任继愈学术论著自选集》。原收入《中国哲学》，三联书店1980年第3辑）

# 朱熹与宗教

朱熹(1130—1200)是中国哲学发展史上一个重要的里程碑,是继孔子、董仲舒之后,完成儒教体系的最重要的人物。研究朱熹的思想,既是一个学术问题,也与当前中国人的现实生活有关。在中国学术界一般的看法,认为朱熹的思想体系属于哲学,本文认为朱熹的思想体系属于宗教,他的哲学思想是为他的宗教体系服务的。

## 中国特殊的社会历史条件决定
## 中国宗教的特殊表现形式

宗教,哲学不同于自然科学,它具有鲜明的民族特点。中华民族的文化与其他民族的文化相比,有其共同性[①],又有其特殊性。中国的社会与西方比较,有以下几个特点:

中国封建社会维持的时间长久而稳定;封建宗法制度发展得比较完备;封建的中央专制集权;农民起义次数多,规模大;资本主义没有得到发展。中国有文字记载的历史近四千年,其中有两千多年是在封建社会中度过的。中国古代思想引起全世界注意的部分,也以它的封建文化最为显著。如果想把中国封建文化研究得比较清楚,要调动政治、经济、文化等各方面的学者共同努力才行。本文只是从

---

① 社会发展史表明,人类社会一般必须经历五种社会发展阶段,即原始社会、奴隶制社会、封建制社会、资本主义社会、共产主义社会。也有不同意这五种生产方式的,但社会发展由低级向高级、由不发达向发达的方向发展,则是多数历史学家所承认的。

哲学中宗教这个侧面来接触这个问题。

上面说过,宗法制度是中国封建社会历史的特点之一。宗法制度产生于氏族公社后期。一般在生产落后、劳动不发达、产品数量极为匮乏的条件下,社会制度更大的程度上受血族关系的支配。世界上许多民族随着社会经济生产的发展,冲破了血族关系的束缚,建立了以地区划分的国家组织。在中国却不是这样。国家组织形成后,氏族社会遗留下来的血族关系的旧形式不但没有被摒弃,反而作为一种有效的社会组织形式,对国家、社会的活动继续起着调节作用,甚至是支配作用,成为调整社会关系的杠杆。由于阶级矛盾、贫富悬殊造成的冲突通过宗族关系而得到缓和,宗法制度在阶级社会里,仍然以自然的血缘纽带把社会成员牢固地联系在一起,共同的风俗习惯、心理状态、行为规范,在社会上仍然具有普遍意义。儒家在维护宗法制度方面,不断地利用旧形式,填充新内容。

问题还得从西周说起。

周民族战胜了殷民族,取得了全国统治地位,少数统治者征服多数被征服者,他们有效地利用了血缘关系的宗法制度,按血缘关系,分封了本族及其亲属贵族,把他们分驻在齐、鲁、燕、晋等东方重要地区,建立了国家。这个制度延续了七八百年,秦统一后,分封制才解体。分封制度停止了,但血缘关系的宗法制度却在新的形势下得以保持。秦汉统一后,把氏族社会遗留下来的原始宗教仪式,给予系统地解释,讲出一番道理,这就是汉初的《礼记》。原始宗教没有专职的宗教职业者,氏族的首领就是祭祀的主持者。族内祈祷丰年、禳除疾病、消灭自然灾害等活动,全族成员都要参加。生产活动、社会活动同时也是宗教活动。内部的祭祀、对外的部落之间的战争也是在宗教仪式引导下进行的。古代记载过许多礼仪,是当时社会民俗的记录。如冠、婚、丧、祭、军、宾、燕、飨等活动，都可以在原始宗教中找到它的来历。① 西周的文化，经过长期传播，逐渐形成了超出周民族范围的华夏文化。周王室东迁后，王室失去领导地位，鲁国由于周公的原因，保存了完整的礼乐文物、典章制度。② 儒家创始人孔子、孟子出于邹鲁，绝非偶然。孔子与"六经"的整理，并以"六经"作为教材传授门徒，则是学者们公认的事实。"六经"中，礼乐部分即包括了原始宗教的记录和解释。"六经"中体现了宗法制为核心的天人观、社会观、宗教观等芜杂的内容。儒家经典中的"敬天法祖""尊尊亲亲""敬德保民"的教训，都带着原始宗教的遗迹。后来儒家对所传的"六经"不断给以新解释，注入新内容，使它成为生活的准则。儒家经典始终具有浓重的宗教传统。

秦汉统一，奠定了中国两千多年大一统的政治格局。中国人长期以来，认为统一是正常的，分裂是不正常的。但是封建社会的经济是自然经济，农民的生产品除上交国家外，都为了自己一家一户的消费。经济上是自给自足的封闭的体系，是分散经营的个体。经济上的分散，要维持统一的局面，没有统一的思想工具是不可能的。秦汉统一后，探索思想统一的经验，历时七十年，终于定儒家于一尊，董仲舒的神学目的论取得了支配的地位。东汉《白虎通》把经学神学化、系统化。过去学者讲两汉经学多注意其师承、家法传授，而不大注意其神学意义，是不全面的。

魏晋南北朝时期，统一的国家长期分裂，儒教的势力有所削弱，但封建宗法制并没有削弱，门阀士族势力强大，严孝悌之教，重宗谱

---

① 今天的少数民族地区的调查可以与古代礼书记载相印证。
② 《左传·昭公二年》：晋国韩宣子到鲁国访问，看到鲁国保存的丰富文物典籍，惊叹道："周礼尽在鲁矣。"

之学。当时民族矛盾、战争频繁,给宗教的发展提供了土壤,佛、道二教得以盛行。隋唐统一,儒、释、道并称三教。国家大典,召三教代表人物讲论于宫廷殿上。儒家被公认为宗教,自此时始。

## 中国哲学与中国的宗教

从人类认识史的角度来考察中国儒、释、道三教的鼎立与融合的过程,也可看出人类认识不断前进、不断深化的过程。

中华民族的认识史即中国哲学发展史。先秦时期,人们关心的是天道问题,讨论关于世界构成问题。这相当于人类认识的幼年时期,董仲舒的神学目的论也未超出这一认识阶段的水平。处于宇宙论(Cosmology)的阶段,还没有达到本体论(Ontology)的阶段。经历了几次社会大变乱、政治上的大变革,人们对天道观的兴趣逐渐被更复杂的社会矛盾吸引,兴趣由对世界是什么构成,进而追问社会现象中人们自身的问题,人的本性是怎么构成的。人性论在春秋战国时期已被提出,那仅仅是开始。从孔子的“性相近也,习相远也”到孟子的性善说、荀子的性恶说、董仲舒的“性三品”说、扬雄的“善恶混”说,虽说在认识上不断前进,但在理论上还不深入。像人性善恶的根源、人性与社会关系、人性与生理机能、个人的行为与人性有什么关系、人性有没有变化、规律是什么等问题,都还来不及探索。

佛教传入中国后,大量经典译为汉文,人们看到了所描绘的世界比中国“六经”所涉及的要广大得多。佛书中对人的感情、意志、心理活动描述,也比中国古圣贤相传的人性论丰富、细致、复杂得多。三世因果之说,更是中土人士前所未闻,听到后,莫不爽然若失(此说见袁宏:《后汉纪》)。人类知识也在不断发展。日趋复杂的生活现实强迫人们回答一些带根本性的问题：社会为什么有灾难？人们为什么有富贵贫贱？世界是什么样子的？应当以什么生活态度对待这个世界？人活着为什么？等等。任何一门具体的科学都不能回答这些问题，只有哲学和宗教有兴趣来回答。回答得正确与否，是另一回事，但古今中外哲学家和宗教家都自认为有了正确的答案。只是两者所走的道路不同：哲学采取思辨的方法，宗教走的是信仰的道路；哲学从理性方面做出解释，宗教从感情方面给以满足。就理论上讲，哲学与宗教各有自己的领域，但这种清楚的领域划分，只有当人们从中世纪的长期冬眠中觉醒以后才能认识到，才能获得哲学的完全的意义。中世纪的哲学还没有从宗教中独立出来，只是宗教的附庸。人类认识水平是科学水平的反映。科学水平低下（与近代相比），哲学无力给以合理的解释，不得不借助于宗教。哲学与宗教的界限今天也还有人没有完全划清，何况在古代？

　　"五四"以后的中国哲学家们，接触近代欧洲文化和哲学。他们敏锐地感到中西哲学的性格是那样差异！我的老师熊十力先生一再强调，欧洲哲学只能给人以思辨的知识、逻辑的方法，却不能教人从躬行践履中获得安身立命的精神受用。真正了解中国传统文化的学者们都感到这种差别。差别是客观存在着。现在要指出的是，西方人并不是不要安身立命的地方，每一个有文化的民族，如果没有一个安身立命的精神寄托处，将是不可想象的。西方人把安身立命的境界寄托于宗教，把认识世界的任务交给了哲学。西方经历了产业革命，科学和生产力得到现代化，使哲学、科学有条件从宗教中分离出来。中国没有经历像西方那样的产业革命，长期停留在封建社会，哲学没有条件从宗教中分离出来，宗教仍然统治着哲学，两者划不清界限，这就造成了中国封建时代的哲学与宗教浑然一体的状况。西方中世纪的哲学也是大讲安身立命的。他们也要囊括宇宙，统贯天人，以成圣成贤为目标。正如西方中世纪安瑟伦（Anselmus，约1033—1109）所主张的那样，把信仰看作理解的基础，理解则可为信仰提供论据。其时，相当于中国宋仁宗到徽宗时期，约与周敦颐、二程、张载、邵雍同时。西方的托马斯·阿奎那（Thomas Aquinas，约1225—1274）所处年代相当于南宋理宗到度宗时期，约后于朱熹。西方的经院哲学也讲他们的"天理人欲"之辨、"身心性命"之学，真是东圣西圣若合符节。也有人喜欢把程朱陆王与近代康德、黑格尔相比，"五四"以来相沿成风。不同的社会发展阶段（封建社会与资本主义社会）拿来相比，是不慎重的，不能从中得出什么可信的结果。也有人认为中国理学与印度佛教哲学相近，是由于都是东方人的思想。实际上，中印古代思想相近是由于中国和印度的古代社会发展阶段相仿，印度和中国都没有正式进入近代资本主义社会就沦为殖民地和半殖民地。中印古代文化相近、相似，只是由于这两大民族的文化都带有"古代"特征。

这样讲，是不是抹煞了中国民族文化的特点，完全以社会发展阶段来区别文化的差异呢？完全不是。中国古代文化除了带有中世纪的普遍特征外，还有它自己的特征，即封建的宗法制度。中国的儒教是为封建宗法制度服务的，是封建宗法制的产物，正像印度古代哲学为印度的种姓服务成为它的特点一样。正是由于中国封建宗法制度的强大、顽固、历史长久，所以它对中国的传统文化有着极为重大的影响，其威力之深远，远非西方人所能想象。中国本土的思想固然要受它的支配，就连来自外国的佛教，不向封建宗法制让步，也难以通行。从东晋到唐初，这二百余年间，发生过"沙门不敬王者""沙门不应拜俗"的争辩，均以沙门失败而告终。僧众要求治外法权，也遭到失败。佛经原著与中国宗法伦理制冲突，则删略不译或改译，或增字以迎合封建宗法制度的需要①。对佛教徒来说，"圣言量"是最高准则，倘故意违犯，将堕地狱，受恶报。中国佛教徒宁肯冒堕地狱、受恶报的后果，也不敢触犯封建伦理、"三纲五常"的尊严。

中国的宗教与哲学不得不为封建宗法、纲常名教服务，这种事例到处可见。如佛教的禅林清规，重修《百丈清规》，首先祝君王，然后才祝佛祖，这都表明中国的宗教世俗化程度之深。不止表现在仪式上，宗教理论上也是与当时的封建宗法制度配合的。宗教的核心是宣扬出世，从生活习惯到世界观都要与现实社会的俗人有所区别。但是中国影响最大的佛教宗派禅宗就主张西方极乐世界不在彼岸而在此岸；不在现实世界之外，而在现实世界之中。所谓解脱不是到另外地方，过另一种生活才能解脱，解脱即世界观的转换功夫。所谓出家、解脱，并不意味着离开这个世界去寻找另一个西天，只要接受了佛教的世界观，日常生活中的尘世就是西天②。宗教世俗化是中唐以后佛、道二教共同趋势。到了唐末五代，民生凋敝，战乱频繁，寺院经济遭到破坏，只剩下禅宗这个宗派不但没有衰落，反而遍地蔓延。道教的全真教也是走的世俗化的道路。从唐代的三教分立，到唐末五代的三教合一，已经水到渠成。理学的出现即儒教的完成。理学排斥二氏（佛、道两教），并取得成功，完成了前人排佛数百年未竟之业，这只是一种假象。实际上并没有排尽二氏，而是吸收了二氏的一些重要内容，挂起"儒教"的招牌。宗教不同于政治势力，可以用什么力量去打倒。宗教是意识形态，特别在中世纪有强大的生命力，从历史

---

① 陈寅恪：《寒柳堂集·莲花色尼出家因缘跋》，第719页；日本中村元：《儒教思想对佛典汉译带来的影响》，《世界宗教研究》1982年第2期。
② "菩提只向心觅，何劳向外求玄？听说依此修行，西方只在目前。"（《坛经》）

上抹掉它是不可能的。中国历史上的几次大的"毁法"①运动都未成功，毁法之后，信佛群众反而更加炽烈，即是明证。

理学产生于中国封建社会后期。《宋元学案》的学者以孙复、石介、胡瑗为理学创始人，这一说法没有被正统的理学家所承认。理学家自己认为周敦颐、二程才是理学的创始人。后一学说占了上风。北宋五子②所处的时代，正是王安石变法几经反复的时代，这是北宋的一件大事。直到北宋灭亡，这一政治斗争才算终止。变法失败并不能只归咎于人谋不臧，它是封建社会后期不可避免的困境。变法没有出路，不变法也没有出路。与此相适应，则是哲学上的北宋理学的建立。哲学上也遇到了危机，不改变就没有出路，危机来自佛教和道教的威胁。不论孙复、石介、胡瑗，还是周、程、张、邵，他们个人的思想体系不尽相同，都以批判二氏相号召。也可以说，这是儒家哲学面临的思想危机，和变法的形势一样迫切，非解决不可。他们努力获得了结果，建立了儒教。到南宋朱熹，正式完成了这一历史使命。

## 朱熹理论体系剖析

朱熹继承周敦颐的《太极图说》的"无极而太极"的思想并有所发挥，建立"理一分殊"的学说，论证事物的多样性与统一性的关系，比较完整地阐发他的唯心主义本体论。继承程氏"性即理"的命题，突出了"理"的客观性及普遍性，并吸收了张载的太虚即气的学说，改造了张载的哲学体系，使"气"从属于"理"，理为气的主宰。这就使朱熹

---

① 北魏太武帝、北周武帝、唐武宗、后周世宗都曾用行政手段灭佛，史称"三武一宗"。
② 北宋五子：周敦颐（1016—1073）、程颢（1032—1085）、程颐（1033—1107）、张载（1020—1077）、邵雍（1011—1077）。

把宇宙论的框架建造得比过去任何一个哲学家都完整。在人性论方面，朱熹吸取了前人关于人性的成果而又有新的发挥。他说："人之有生，性与气合而已。即其已合而析言之，则性主于理而无形，气主于形而有质。"（《朱文公文集·答蔡季通》）这是说天命之性通过气质之性才形成具体的人。区分天命之性和气质之性，是要在理论上解决中国哲学史上长期存在的性善性恶的争论。朱熹认为，孟子主张性善，是指天命之性，但孟子不知道人还有气质之性，因而不能很好地解释人性既善，恶从何来的问题，所以说他对人性的解释不够完备；荀子主张人性恶，扬雄主张善恶混，韩愈主张性三品，都是指气质之性而言，他们不懂得极本穷源的天命之性是善的，所以他们对人性的解释也不透彻。朱熹认为只有严格区分天命之性和气质之性，才能做出圆满的解释。所以他对张载、二程的人性论给以极高的评价："故张程之论立，则诸子之说泯矣。"（《朱文公文集·答蔡季通》）讲天命之性是人的本性，即可以为性善说找出本体论的依据。照朱熹的体系，万事万物都是太极的体现；太极体现在人，叫作性。太极是最完美无缺的本体，一切事物都分享了太极的光辉。太极完美无缺，它体现到人性上，也应当是完美无缺的。既然本性是善的，即使气质上有缺陷，经过努力是可以把差距缩小的。

朱熹的人性论的重点在于论证封建道德规范（如仁、义、忠、孝等）是天命之性，人人都有这些道德品质，只是由于气质的偏蔽，使得有些人没有很好地把这个天命之性（道德）充分实现出来。经过朱熹的论证，孟子的性善说得到了本体论的证明，才确立起来。它给人以努力的方向，又给目前还不尽符合封建道德标准的人以信心。所以朱熹说划分天命之性与气质之性"有功于圣门"。朱熹还认为天命之性的内容包含着"仁、义、礼、智"。仁、义、礼、智不只是人的本性，甚至也是宇宙的本性(天地之德)。在天"曰元、亨、利、贞,在人曰仁、义、礼、智"(胡居仁:《居业录》卷八),既从理论上论证人人接受封建道德的必要性(吸收荀子性恶说对人民改造的思想),又从理论上指出改造成为圣贤的可能性(发挥孟子性善说的思想)。

在心、性、情的关系方面,朱熹也有新的发展,他说"性者心之理,情者性之动,心者性情之主"(《朱子语类》卷五)。用比喻来说,"心如水,性犹水之静,情则水之流"(《朱子语类》卷五)。性中有仁、义、礼、智,发为情,则为恻隐、羞恶、是非、辞让。"仁、义、礼、智根于心",是从性上见得心。恻隐之心,仁之端也,这是从情上见得心。性只是理,故无不善;发而为情,则有善有不善。本体的心是"道心",为情所累的心,是"人心"。与"道心""人心"相适应的是"天理"与"人欲"。朱熹说"只是一人之心,合道理底是天理,徇情欲底是人欲"(《朱子语类》卷七八),朱熹比二程不同,二程认为道心即天理,人心即人欲;朱熹认为道心即天理,人心不尽同于人欲,人心有为善、为恶两种可能,人欲则一定是恶的。战胜人欲恢复了天理,便是"仁"。

人的最终目的,是求仁。"克己复礼为仁,言能克去己私,复乎天理,则此心之体无不在,而心之用无不行也。"(《朱文公文集·仁说》)"仁"为"心之德,爱之理"(《朱文公文集·仁说》)又说:"盖仁之为道,乃天地生物之心,即物而在……诚能体而存之,则众善之源,百行之本,莫不在是。此孔门之教所以必使学者汲汲于求仁也。"(《朱文公文集·仁说》)

以上是说朱熹把人的普遍原则贯彻到天(自然)的普遍原则,同时,朱熹又把自然的普遍原则推广到人的普遍原则。朱熹在《大学章句·补格物传》说:

所谓致知在格物者,言欲致吾之知,在即物穷其理也。盖人心之灵莫不有知，而天下之物莫不有理。惟于理有未穷，故其知有不尽也。是以大学始教，必使学者即凡天下之物而益穷之，以求至乎其极。至于用力之久，而一旦豁然贯通焉，则众物之表里精粗无不到，而吾心之全体大用无不明矣。

格物就是"即物穷其理"，教人们从认识具体事物入手。穷理的对象既包括穷究一草一木的理，也包括哲学上最根本的原理。朱熹虽说穷究天下万物之理，而着力于教人穷究封建道德原则，"且穷实理，令有切己工夫。若只泛穷天下万物之理，不务切己，即是遗书所谓'游骑无所归'矣"（《朱子语类》卷一八）。可见他的格物说虽然包含求知于外物的因素，但重点不在于认识自然界并发现其规律，而是一种封建道德修养方法。他要的不是一件一件的事物的理，而是要达到"众物之表里精粗无不到，吾心之全体大用无不明"的境界。这种思想境界是一种顿悟的境界，是全知全能的精神境界。"知至，谓天下事物之理，知无不到之谓……要须四至八到，无所不知，乃谓至耳。因指灯曰：亦如灯烛在此，而光照一室之内，未尝有一些不到也。""格物是零细说，致知是全体说。"（《朱子语类》卷一五）又说："心包万理，万理具于一心。不能存得心，不能穷得理；不能穷得理，不能尽得心。"（《朱子语类》卷九）

从自然界到人，朱熹把它们打通了。天人共理，天人一贯，天人相通。他比秦汉的天人合一的神学目的论前进了。董仲舒讲天人合一，讲天有意志，有喜怒，能赏罚，人若违天，必遭谴责。朱熹沿着这条路线前进，却在道理上讲得更加圆通。朱熹的"天""理"不是那么露骨的人格化，而更多的地方表现为理性化、人性化、合理化。朱熹说：

太极只是个极好至善底道理。人人有一太极，物物有一太极。周子所谓太极，是天地人物万善至好底表德。（《朱子语类》卷九四）

自然界的事物，按其存在而言，只有"如何"，而不存在善恶的价值。人们不说山河大地如何善，如何有德性。天地人物"万善至好"，这个天地人物已被赋予道德属性。所以朱熹又说：

天地以生物为心者也，而人物之生又各得夫天地之心以为心者也，故语心之德，虽其总摄贯通无所不备，然一言以蔽之，曰仁而已矣。（《朱文公文集·仁说》）

天地和人一样，都以生物为心，这个"生物之心"贯彻、显现于万事万物，显现于一草一木，也显现、贯彻到社会、政治各个方面。朱子喜欢用"月印万川"的比喻来说明这个道理，同一个太极（众理之全）体现到各个事物，各个事物都分享到"太极"的光辉。如果一定要形容这个太极性质，那么它就是"仁"。朱熹说"天地之心，其德有四，曰元、亨、利、贞，而元无不统""人之为心，其德亦有四，曰仁、义、礼、智，而仁无不包"，又说"仁之为道，乃天地生物之心，即物而在……诚能体而存之，则众善之源，百行之本，莫不在是。此孔门之教所以必使学者汲汲于求仁也"（《朱文公文集·仁说》）。这个"心"，"在天地则块然生物之心，在人则爱人利物之心，包四德而贯四端者也"（《朱文公文集·仁说》）。

朱熹又批评了程门学者传授二程的"仁"说走了样，出现两种偏差：一种偏差认为物我一体是仁之体，以杨时为代表；一种偏差认为

"心有知觉为仁"，以谢良佐为代表。朱熹本来认为天人一贯，天地和人都要贯彻、体现以"生物为心"的仁。以"物我一体"为仁，又有什么不对？朱熹担心其蔽"或至于认物为己"，使人误认为"仁"不须努力去求，本来现成，人含糊、昏缓而无警切之功；如以"知觉言仁，其蔽或至于认欲为理"，这种偏差危害性更大。这是明目张胆的禅家思想。朱熹多次批评禅宗以知觉为性。他们说"在目为视，在耳为闻，在手执捉，在足远奔"，朱熹认为这种脱离封建伦理价值的言行活动不是性。人和禽兽的差别恰恰在于人有价值观，视、听、言、动要合于道德规范，才是"仁"——没有道德内容的视、听、言、动是禽兽，不是人。

虽然朱熹的哲学体系从天地万物说起，从格物致知入手，说到底，落脚点却回到人伦日用之常规，归结到封建道德修养，归结为求仁。格物以致知，只是为穷理以尽性。知命，即知天。朱熹的眼中，天地万物充满了一片生机，充满了和谐，宇宙万物原来是仁的显现，只是人们缺少修养，不去体察，看不到罢了。元、亨、利、贞，是天地的四德①，而元无不统。仁、义、礼、智是人性的四德，而仁无不包。心的本质即天的本质（心之即天德）。朱熹随时随地有意贯通天和人的关系。这是宋儒共同的、基本的世界观。周敦颐不除窗前茂草，曰"和自家生意一般"。二程说"观鸡雏可以观仁""仁者与物同体"。张载"民吾同胞，物吾与也""为天地立心，为生民立命"。朱熹教人保持"中心恻怛之怀"。

一种在社会上发生广泛影响的学说，都不是无病呻吟，皆有感而发。北宋立国之初，局面就比较迫促，内忧外患一直不断。王安石变法，牵动北宋的政局，反反复复，直到北宋的灭亡。这是当时政治危

---

① 朱子和宋儒说事物的德即本质、属性；仁者之德，犹言"润者水之德，燥者火之德"（《二程全书》卷一五）。

机的反映。北宋经济凋敝，民不聊生，变法也不是，不变法也不是，统治者进退两难。"北宋五子"与王安石政治上的变法同时出现。"北宋五子"在学说上却是成功的，从周、程、张、邵到南宋朱熹，逐渐把这个宗教思想体系完善化。南宋小朝廷的日子比北宋更不好过，经济更困难，民气更萧索，"中兴"不过是幻想，恢复只是空话。无论北宋或南宋，社会现实不是那么令人鼓舞的，但是当时的宋儒的言论却看不出这种苦难和不安。他宣扬的是天机活泼，生意盎然。宋儒所从事的精神修养也是从容中道、睟面盎背、徐行缓步的圣贤气象。这恰恰说明宗教的世界观是现实世界的歪曲的反映。唐末五代，民不聊生，甚至人相食，而禅宗大盛，到处教人立地成佛。不看经，不坐禅，却能保证人成佛作祖。

两年前，我在《论儒教的形成》[①]一文曾说过，宗教都宣扬有两个世界：一个是超世间的精神世界，即天国、西方净土、彼岸世界；另一个是现实世界。有的宗教把彼岸世界说得活灵活现，十分具体，几乎是现实世界一切幸福的无限夸张。也有的宗教把彼岸世界说成是一种主观精神境界。我国隋唐以后的佛教、道教都有这种倾向。出家并不意味着教人离开这个世界，到另一个西天去寻求安顿。在日常生活之中，只要接受了宗教世界观，当前的尘世也就是西天极乐世界（《坛经》），每一个参悟佛教教义、接受宗教世界观的众生即是佛。佛不在尘世之外，而在尘世之中。

宋明儒教也正是这样，它给人指出一个精神境，所谓"极高明而道中庸"；不用改造世界，只要改造自己的世界观，即可成为圣人。而佛教的这种不脱离世间而能出世的理论，本身又破坏了佛教的理

---

① 见《中国社会科学》1980 年第 1 期。

论的完整性。人们不免要问，既然"运水搬柴，无非妙道"，那何必硬要出家呢？事父事君不也是妙道吗？而中国封建社会遇到的最大的社会危机，恰恰是在于"三纲"的秩序从政治措施到思想意识如何加强和巩固的问题。这个大问题，佛、道两教虽然也都愿尽力帮忙，但提倡"出家"，总不免隔了一层。从运水搬柴可以见性成佛，到事父事君可以成圣成贤，中间只隔着一层纸，只要戳破这层纸，道路就打通了。儒、释、道三教也就融合起来了。从历史上看，不止儒教有三教合一的行动，佛、道二教也都讲三教合一。这是文化发展的总趋势，不是哪一个人可以决定的。理学成为儒教，敬天、法祖的老传统被添入了新内容。

## 朱熹与新中国

朱熹自称远绍洙泗正统，近接伊洛渊源，他是孔子以后影响最大的哲学家。当然，朱熹影响大，这是历史条件造成的，不完全是朱熹个人的能力。"五四"时代，提出"打倒孔家店"的口号，实际上孔子是代人受过。"五四"时代要打倒旧的习惯势力，与其说是针对孔子，不如说是针对朱熹。因为"五四"时代人们声讨的孔家店的罪状，几乎都是朱熹和儒教的，和孔夫子没有什么直接关系。

中国社会几乎没有经历资本主义阶段，就由半封建半殖民地而一步跨进社会主义了。由于缺少西方约四百年的反对中世纪教会神权的统治势力的斗争的传统，给我们的社会主义建设带来了不少麻烦。"五四"时期提出两大口号，"科学"与"民主"。三年前纪念"五四"六十周年，人们还提到"五四"的两大任务，还要继续完成。欧洲反封建反了几百年，我们才几十年。中国的封建文化、思想，与封建制度结合得很紧密的宗教（儒教），十分顽强，过去我们对此估计不足。衡量一下近百年中国走过的道路，再上溯到朱熹以后九百年来走过的道路，对我们每一个中国人，研究中国哲学史的人，不能无所感受。哲学、宗教，看起来高高在上，讲的问题、提出的范畴好像远离人间，实际上心是现实世界的一面镜子。

儒教是中国封建社会后期产生的适应当时情况的宗教，是具有中国特点的宗教。这一点，清代颜元也指出过，二程"非佛之近理"，乃程颐之理"近佛"；又说"其辟佛老，皆所自犯不觉，如半日静坐，观喜怒哀乐未发气象是也"（《存学编》）。颜元讲的仅仅是程朱儒教的一部分。朱熹认为天地之大德曰生，天地有生物之心，人也有从天得来的爱物之心——仁。没有"仁"的人不成为人，没有"仁"的天地不成为天地。朱熹为学，不仅在于纯知识的探求，他确实用实践来体验古代圣人的教导。以朱熹对《论语》"观过，斯知仁矣"理解为例：

> 观过之说……似非专指一人而言，乃是通论人之所以有过，皆是随其所偏，或厚或薄，或忍或不忍，一有所过，无非人欲之私。若能于此看得两下偏处……便见天理流行……故曰"观其过，斯知仁矣"。言因人之过而观其所偏，则亦可以知仁，非以为必如此而后可以知仁也。（《晦庵集·观过说》）

朱熹不但对原文作了如上的解释，而且还切身体会圣人的教导，他接着说：

> 若谓观己过，窃尝试之，尤觉未稳。若必俟有过而后观，则过恶已形，观之无及，久自侮吝，乃是反为心害而非所以养心；若曰不俟有过而预观平日所偏，则此心廓然本无一事，却不直下栽

培涵养,乃预求偏处而注心观之,圣人平日教人养心求仁之术,似不如此之支离也。(《朱文公文集》卷六七)

可见朱熹的为学,不是口头讲论,确实从体验中得来,它不是纯思辨之学,而是指导行为的学问。它是宗教而不是哲学。宗教不是教人会说,而是教人去做的。与汉代董仲舒的学说以及《白虎通》的儒教神学相比,汉代的"天"是人格化的神,它反映两千年前人类认识的水平。朱熹的"天",不是活灵活现的人格神,而是封建宗法化的理性之神,它不具有人形,而具有人性,有"蔼然生物之心"。儒教崇拜的对象是"天、地、君、亲、师",好像是多元的,其实这五者即封建宗法社会的异化物。其中"君"代表封建政权,"亲"代表族权,是中国封建宗法制度的核心。"天"是君权的神学依据,"地"是"天"的陪衬,"师"是代"天、地、君、亲"立言的神职人员,握有对封建制度最高的解释权。正如佛教奉佛、法、僧为三宝,离开了僧①,佛和法就无从传播。

儒教不同于其他的宗教,甚至打出反对宗教的旗帜。儒教以气质之性为恶的起源,即宗教的"原罪"说。儒教宣传禁欲主义,教人轻视物质生活,教人屈服于"天理";不去改善外部世界,而教人涵养省察内心的一念之差。朱熹的学说出于一时的不被谅解,曾遭到禁锢,但不久即解禁,历元、明、清,得到国家的提倡,朱熹的著作成为知识分子应付考试的教科书,朱熹的观点也灌输给广大知识分子。

生产力和经济发展要求冲破封建主义的束缚,为资本主义开辟道路,从明朝万历(1573—1620)时期,及清朝乾隆(1736—1795)时期,工商业在个别地区有相当发展,如果不受干扰,可以和当时世界

① 儒教的"师",相当于佛教的"僧"。

步调相一致，走向资本主义。可是中国的封建势力十分顽固、强大，新生力量几次萌发，几次被抑制。历史家们常说鸦片战争以后，中国的科学、技术才被迫落后，事实上从明中叶以后，中国的科学、技术已开始失去领先的地位。中国发明火药，但明朝要买西方的大炮；航海事业，中国本来是先进的，明以后落后了，航海周游世界的不是中国人。天文历法，中国是世界上先进国之一，明以后历法推算也不及西方准确了。中国科学技术落后，有多种原因，而宋代儒教思想对人民的禁锢的作用决不能低估。

朱熹的格物说，决产生不了科学家，它只能为封建宗法制度服务；朱熹的仁说，训练不出改革家，更不会有革命家。他的格物穷理、身心性命之学，是为了保卫封建伦理秩序。照通常情况，社会主义前身是资本主义。新中国没有经历发达的资本主义社会，而是在半封建半殖民地旧址上建立的。在人民民主的政权下，很容易地改革了封建的土地私有制，但对封建宗法主义的影响估计不足，没有来得及详细区别哪些是封建文化的优秀传统，哪些是封建文化的糟粕。每一民族的文化，精华部分是人民群众长期积累、创造的文化财富，它代表民族文化的优良传统；糟粕部分是少数特权剥削者假借全民的名义以谋私利，它是民族文化的赘疣。中国十年"文化大革命"，许多罪恶的行动就是用封建主义冒充马克思主义得以畅行无阻的。

中国封建主义的核心是封建宗法制度"三纲"说。"三纲"说与社会主义民主是不相容的。儒教的中心思想即"三纲"说。君权、族权、神权的压迫下，农民没有民主，群众如果不从族权下解放出来，只听张姓、王姓一族一家的支配，就谈不上民主。青年男女婚姻自主、婚姻自由的权利，还不断受到家长及旧势力的干扰，现在的新婚姻法就是用法律形式保障青年男女民主权利的。家长制、一言堂，也是封建宗法制的残余。这些问题,在西方社会已不成问题,在新中国却还在起作用,妨碍社会的前进。

西方世界有自己的困难,比如家庭关系的不巩固,老年人没有归宿。有人对东方的家族制说了许多优点。社会主义的尊老爱幼,平等互助的新的家庭关系,子女有赡养父母的义务,与封建宗法制的家长的绝对统治是有区别的。封建制的孝道与社会主义下的尊敬父母的孝是不同的,因为封建宗法制度下子女是父母的附属物,子女为父母而活着。同样,我们也要看到,一种学说在不同的社会环境中会发生不同的作用。朱熹、王守仁学派传到日本,起了进步作用。在西方,中国的文化也在不同的时期,不同的民族、国家起了不同的影响。但是,一个民族的存在、发展,要靠它自己的传统文化作为支柱,外来的文化只起着借鉴和催化的作用。朱熹的思想,无论它的积极部分或消极部分,对外国文化都不能起决定性的作用。朱熹的思想在中国经历了近千年的官方提倡、强制灌输,"三纲说""天地君亲师"的崇拜已深入人心,积重难返。作为一个新中国的学者的切身感受,和站在这个文化圈以外的学者的印象是不同的。

我们谈论的是哲学问题,我这里涉及的似乎不属于纯哲学问题。这正是朱熹的思想。朱熹教人要从格物、致知入手,进而正心、诚意、修身、齐家,以至于治国平天下。建设社会主义的国家,也正属于"治国平天下"的范围。照朱熹的方案是不行的。朱熹的学说讲了近千年,并没有解决人民的温饱,并没有使中国人民真正站起来。朱熹的思想体系中有可取的地方,但朱熹建立的儒教体系是不可取的。

(选自《任继愈学术论著自选集》。原刊于《中国社会科学》1982年第5期)

# 继承传统文化精华，迎接文化建设新高潮
## ——在"儒学、儒教与宗教学学术研讨会"上的讲话

今天我们开儒学与儒教问题讨论会，和儒教相比，儒学的名称要早一些。讲到"儒"这个名称，一般人都会把它和孔子联系起来。但是儒家或者儒教这一套学问，却不是孔子发明的。中国有五千年的文明史，孔子到现代不过两千多年。孔子的学问，继承了此前两千多年的文化成果。不是有了孔子，有了儒学，儒家或儒教的名称，这套学问才存在；而是儒学继承了以前的优秀文化成果，包括神话传说时代的文化成果，以后又不断丰富、发展。所以儒学或儒教有个发展过程，代表了五千年的文化成果。

中国古代神话与西方不同。在西方的神话中，人类创造的文明成果都被说成是外来的，是从另一个世界来的。比如用火，西方神话说是普罗米修斯从天上偷下来的，造福人类。中国神话也讲用火的起源，但说的是燧人氏发现的，不是从天上偷来的。这是一个例子吧。这个例子说明，中国古代在没有文字前，在神话传说时代，已经把能源的发现说成是由人类自己的双手发现的，说成是人实践中得来的。实践出真知，中国上古的人们已经开始懂得这个道理。

在没有文字以前，神话传说中的人物，也都带有人类实践活动的痕迹。伏羲氏、燧人氏、有巢氏、神农氏，都不是人名。那时候的人们没有名字，不知道姓什么、叫什么，就把他们对人类的贡献作为名字。伏羲是游牧时代的英雄，教人们驯养家畜；燧人氏发明用火；有巢氏教人们建造房屋；神农氏是农业的发明者，教人们定期种植、收获。

这些例子说明，中国古代神话已经带有很多的人类社会实践的内容，说明中国文明一开始就从实际出发。从人类认识的起源来说，的确是从实践开始的。中国文化的这个传统，一直延续下来。

从实践出发的中国传统文化，一个基本的、核心的观念，就是敬天法祖。这里效法的祖先，既是人，又是神。要敬的天，既是神，也是祖。祖先，也是重大文明成果的发明者。因为有创造发明，后人纪念他们，把他们尊奉为神。也就是说，中国文化从原始宗教开始，就有了一个重实践、从实际出发的传统。这个传统一直传到今天，是中国文化的核心精神。

敬天法祖延续下来，表现于道德观念，就是"忠""孝"。"忠""孝"是儒家或儒教道德观念的核心。今后人民不必为皇帝个人及政权效忠，但对国家、对中华民族还是要尽忠。古代农业生产的小农经济社会的"孝，晨昏定省""父母在不远游""不孝有三无后为大"，现在社会结构与古代不同，但对父母的爱护、关怀还是必需的。对"孝"要充实以新的内容。

中华民族的发展，是从多民族共存的涣散状态向多民族统一的国家迈进的过程。春秋战国时代的百家争鸣，各家说法不同，但目的都是要建立一个统一的、和谐的国家，包括各个民族在内。秦汉统一，实现了这个理想。以后虽然也有分有合，但向往统一，并且最终实现了统一，是中国古人数千年来的共识。统一是个长期的过程，其中以孔子为代表的儒家起了积极的、核心的作用。这一点是谁也无法否认的。道家的影响也很强，但比起儒家还是要差一点。在中国文化的进程中，道家的贡献仅次于儒家。到了辛亥革命，帝制被废除了，儒教的国教地位、独尊地位也被消灭了。一般意义上的宗教信仰是不可以消灭，不可以通过人为的、政治权力的干预加以消灭的。但是某一种宗教，某一个教派，是可以消灭的；某一种宗教信仰也是可以改变的。玄奘取经时代，我国新疆一带都是信仰佛教的。但是从10世纪开始，也就是我国的宋代，新疆一带就逐渐信仰了伊斯兰教，原来的佛教在当地就消灭了。印度一带原来信婆罗门教，后来出现了佛教。但是后来佛教在印度曾一度消失，伊斯兰教则发展起来，并且普及到巴基斯坦等非常广大的地区。

儒教也是这样。经过辛亥革命，儒教的教皇，也就是皇帝，被取消，儒教也就归于消灭。中国境内的其他宗教，比如佛教、道教等，也受到了革命的冲击，但不如儒教遭受的打击厉害，所以还保持着他们的存在。儒教没有了，但是它的思想影响还在，以儒教为核心的传统文化的影响还在。儒教典籍中保留了大量的宝贵文献资料，不仅属于儒教一家，也是中华文化的共同财富，如"十三经"等。我们要建设新文化，传统文化是重要的资源。继承传统文化优秀成果的历史责任要我们担当。改革开放以来，世界影响着我们，我们也影响着世界。对传统文化，需要认真研究。为了实现这一目标，弄清儒教是不是宗教还不是最重要的，虽然这也是继承传统文化优秀成果的一个方面。最重要的是，要弄清哪些是精华，应该继承发扬；哪些已经过时，需要更正修改。这个工作，五四时代就在做，但只能算是开头。

随着经济建设的发展，这个文化高潮可能五十年以后才能出现，现在是过渡时期。我们对传统文化研究得愈透彻，对建设新文化就愈有利。"文革"时期我们走过弯路，搞什么"评儒批法"，走回头路，这是倒退。现在我们走上了正轨，前途一定是光明的，大家要努力。

（原刊于《国际儒学研究（第十五辑）——2006 国际儒学论坛论文集》，2006 年 12 月）

# 佛教与东方文化

　　佛教发生在印度次大陆，以后沿着海上与陆上两条通路向外扩展它的影响。沿着海上路线，受到影响的有斯里兰卡、柬埔寨、泰国、缅甸、老挝等地，形成所谓"南传佛教"。沿着陆上路线，一经中亚、西域各国，由丝绸之路传到中国内地，形成所谓"北传佛教"。还有一条路由印度北部经尼泊尔到达我国西藏，与西藏地方文化相结合，形成藏传佛教。藏传佛教流行的范围不限于西藏地区，随着西藏的民族、政治、文化的影响，传播到云南、四川、甘肃、蒙古等地。藏传佛教不限于藏族，蒙古族及一些少数民族也有信奉的。

　　佛教传入中国，并没有停止它的继续发展，而是随时修正它的内容，以求适应当时中国社会的要求；配合中国的封建传统文化，逐渐形成中国佛教，它是封建社会的上层建筑之一。

　　公元七八世纪隋唐时期，中国的政治、经济、文化正处在发展的高峰时期，中国佛教随着先进的中国文化向邻国朝鲜、日本、越南等地传播。

　　八九世纪以后，印度次大陆的政局发生了大的变化，本来就不甚兴旺发达的佛教，受到致命的打击，濒于灭绝。今天人们在印度次大陆看到的佛教圣迹、古建筑，都成废墟。佛教传入中国以后，特别是汉地佛教，不但没有衰退，反而更加兴旺发达，中国佛教文化构成了东方文化不可缺少的组成部分。不了解佛教文化，就不能了解东方的历史和社会，应当承认这一事实。

# 佛教的产生、发展与传播

　　佛教与基督教、伊斯兰教号称世界三大宗教。三大宗教中，佛教的历史最长，它起源于公元前6—前5世纪；基督教起源于公元前后；伊斯兰教起源于公元7世纪。世界三大宗教，并不是说这三大宗教人数最多，势力最大；而是说这三大宗教都是超越于一国一地的界限，其影响不限于一个国家、一个民族，它们有国际影响。

　　佛教在印度的发展，国内外学术界一般认为大致可以分为四个时期：

　　一，原始佛教。释迦牟尼创教到他逝世后二百年。

　　二，部派佛教。由教义与戒律的解释，产生了分歧，分为上座部、大众部。这两大部派又进一步分化为十八派（或二十部），大众部分化为九部，上座部分化为十一部。

　　三，大乘佛教。约在佛逝世后五百年，出现了大乘空宗。大乘把它以前的佛教一切流派贬称为"小乘"，自称为"大乘"。

　　四，7世纪以后，大乘一部分与婆罗门教混合，形成密教。13世纪，佛教在印度趋于消亡。

　　佛教在中国的遭遇与印度的佛教大不相同。不但没消失，反而更加兴旺。它兴旺的一个主要条件是经过中国文化的改造，符合中国封建宗法制的需要。结合中国的三纲论（特别强调忠孝观念），与封建正统思想相配合，形成中国佛教。

　　佛教由中亚经西域各国，再到中国内地，经历了漫长的道路，传入中国内地以前，曾在中亚一带传播，包括睹货罗、焉耆、回鹘、且末语系，中国内地一般称为"胡语"。早期汉译佛经，多数是由"胡语"译出的。佛教学者道安屡称"译胡为秦",有"五失、三不易"之说。后来,与印度交往增加,才有大量的梵文、巴利文的佛经译为汉语。

佛教教义的重点和信仰随着地区、民族而有所差异,不是一成不变的,如玄奘的《大唐西域记》一书所记的他在印度当时所见到佛教传播情况,大小乘的势力、范围,各地差别很大,有的王国小乘多,有的王国大乘多,也有大小乘并行的。小乘占多数的地区为西域诸国,大乘占多数的地区在中印度、北印度。

佛教传入中国,开始遇到抵制,认为佛教为夷狄之道,对中国文化不利。从佛教与中国传统文化的接触的历史看,中国文化反对佛教的主要理由,是佛教违背君臣大义,破坏纲常名教。佛教徒辩护,则力图表明佛教的传播,有益于维护忠孝、纲常名教,出家为了更有益王化,出家是"大孝"。它是治国的有力助手。

## 佛教在中国的传播

佛教从两汉之际传入中国内地,到它被中国人完全接受,先后经历了南北朝和隋唐四五百年。它越来越能够配合中国封建社会的需要,佛教著作越来越被广大群众所接受。释迦牟尼已不再被看成外国人。南北朝到隋唐,佛、儒、道并称"三教",孔子、老子与佛被认为三教的教主。佛教不再被看作外来宗教。把佛教看作外来异端的是少数;绝大多数,上自宫廷贵族,下至平民百姓,都相信佛教的轮回报应学说。到隋唐时期,佛教典籍数量超过儒家典籍百十倍。

佛教在中国最早奉外国僧人为权威,佛书也以翻译的经典为主要依据。南北朝以后,中国人创立了"佛教经学",以注释的方式解释汉译佛教经典的大意,用汉儒解经的方式发挥佛教的思想。佛教的理论发挥,教义传播,已不再从经典词句中找根据,而是阐发其中的"微言大义",有的任意发挥。中国佛教的创造性得到充分发展。像隋唐以来中国建立的佛教宗派如天台、华严,禅宗等,都是中国的,而不是印度的。有的外国学者认为中国佛教不同于印度佛教,走了样,其实,这正是中国佛教的高明之处。我们从文化交流的原则来考察佛教,可以看出,中国佛教改变了印度佛教,符合文化历史发展的规律。因为宗教是上层建筑,它要为它的基础服务,文化的作用在于维护其赖以产生的基础。我们不是用宗教说明历史,而是用历史说明宗教。

佛教在中国的传播,表明它与每个历史时期的社会流行思潮密切配合,而且配合得很好。汉代,与黄老信仰、祠祀相配合。魏晋南北朝,又与玄学相配合,以佛教理论发挥玄学思想,或者说以玄学思想解释佛教原理。佛教徒也全力投入当时哲学思想界的本末、有无、体用的大辩论,从而与中国当时主流思潮玄学共同发展了中国哲学史。南北朝中后期,佛教提出了"佛性论",与当时哲学界讨论的中心问题"心性论"互相配合。中国哲学从秦汉以后,经历了宇宙生成论(或称为宇宙结构论),发展到魏晋时期的本体论,又由本体论发展为"心性论",是符合人类认识规律的。佛教哲学也是从本体论进入心性论的,而且在心性论领域内做出了很大的贡献。佛教除了在一般群众中进行的宣传外,在上层知识理论界,几乎与中国哲学发展史在同步前进。隋唐以后,在佛教各宗派中没有不讲心性论的,心性论成为各宗派共同关心的主要课题。中国哲学发展史表明,玄学本体论之后,已进入心性论的领域。

## 佛教文化传播的"势差"现象

文化是一定社会经济的产物,文化水平有高有低。古人说"水性趋下"。水性趋下，由高趋下造成势差，是由于重力的缘故。文化的传播，也有"势差"，文化势差现象也有由高趋下的现象。高度发展的文化往往影响低度发展的文化，而低度发展的文化，处在被影响的地位。只有由高向低产生影响，而不能使低度发展的文化反过来影响高度发展的文化。中国历史表明，不同民族的文化接触，都是高水平文化影响或改造了低水平的文化，有时高水平文化的民族在军事上被征服，低水平文化的统治者在政治上一时占支配地位，但过不了多久，征服者不得不接受文化高的民族的思想意识，反而成了被征服者。这是文化势差现象在我国历史上的表现。我国以完备的封建制度不断消融前封建文化的落后制度，使它们迅速封建化，从而不断丰富中华民族的封建文化。

隋唐以来一直到鸦片战争以前，中国封建社会在亚洲一直处在领先地位。当时与中国邻近地区，文化、科技比较落后，有的还没有自己的文字，它们对较高的文化没有抗拒能力，所以很容易地接受过去，不曾有过像中国发生的那种"夷夏之争"。

再回头来看中印文化交流，可以看出，当时中、印两大民族的文化水平很难分出明显的高下，文化势差不太明显，不能构成一方完全影响另一方的势差。因而，中印文化交流曾经历了几百年的长期相持，经过长期对峙、交融，互相吸收，最后形成带有中国特色的佛教体系。它是中国的，即封建宗法制的，同时又有佛教的某些内容。因为当时的中印文化水平不相上下，才出现了相持、交融几百年的局面。

## 发展社会主义文化优势

文化势差，有如水之就下，由高向低流动。所谓高低，不是任意的，自有其客观标准，那就是历史唯物主义所揭示的社会发展的五种生产方式（五种社会制度），原始公社—奴隶制—封建制—资本主义制—社会主义、共产主义。这五种制度一个比一个高，随着社会历史的前进，将一个代替一个，后一种社会制度高于前一种社会制度。文化势差的作用，就在于后一种社会制度必然影响前一种社会制度（而不是相反），后一种社会制度的文化必然批判地继承改造前一种社会制度的文化（而不是相反）。

佛教，作为一种宗教意识形态，已有两千年以上的历史，拥有众多的信徒，迄今仍然有世界性的影响。但从社会发展的角度来观察，佛教起源于奴隶社会，繁荣昌盛于封建社会。三大宗教都是在封建制社会中成为世界性宗教的，只有封建社会为宗教发展提供了最丰沃的土壤。进入资本主义社会以后，社会上仍然有不平等，有苦难，宗教仍有存在的土壤，在特定的条件下，有时还有所发展，但是也应当看到，资本主义社会已孕育着社会主义。当前世界上已有了若干社会主义的国家存在。也就是说，当前有代表资本主义的文化，又有代表社会主义、共产主义的文化。资本主义、封建主义、社会主义三种制度的文化同时存在。我们可以看到社会主义的文化建立在马克思主义辩证唯物主义世界观的基础上，辩证唯物主义是无神论，佛教的世界观是唯心主义的。社会主义的新中国对佛教文化要给予高度的重视，因为它曾是中国传统文化的一部分，深入研究佛教文化是了解中国传统文化的一把钥匙。研究佛教文化和信仰佛教不是一回事。信仰佛教和信仰任何宗教是每个公民的自由，他们的信仰要受到法律的保护。研究佛教，可以有佛教信仰，也可以没有。信仰宗教是个人的私事，研究佛教文化则不仅仅是个人的私事，它是历史学者、社会学者、心理学者、宗教学者必须涉及的一个领域。我们社会主义国家,最有条件摒除任何宗教成见,客观地、实事求是地对待历史,对待文化,对待一切传统文化。从文化的角度来考察佛教(及一切宗教),才能更好地摆脱某种偏见或主观情绪的影响,还它以历史的真面目。这里要重申,我们是以历史说明宗教,而不是以宗教说明历史。

佛教信仰仍将长期存在,但佛教作为一种信仰思潮,将不会出现像古代那样繁盛的局面。因为时代不同了,寺院不再是社会的文化中心、经济中心,寺院再也不会成为学者辈出、人才荟萃的中心。对于佛教的研究必将随着文化的发展越来越深入,将达到前辈学者未曾到达的领域。

中国近代的历史有它独特的经历,它是在没有完成资本主义发展阶段,沦为半殖民地半封建地位,又在中国共产党领导下走向社会主义的。资本主义的社会机制并不成熟,封建主义的旧包袱很重。社会主义的历史还不过三十多年,封建文化、资本主义文化与社会主义文化三者并存。随着开放政策的推行,外来资本主义影响不断渗入。这种情况和今天全世界的情况是一致的。今天世界范围内也差不多是三种制度并存。在不同地区有不同的表现。

按照历史唯物主义原则,资本主义文化比封建主义文化先进,社会主义文化又比资本主义文化先进,这一原则终会为历史所证实,也将会被多数人所承认。由于文化势差的缘故,封建文化与资本主义文化冲突时,必然吃败仗。怀着善良愿望的人们力图用传统的封建主义文化来抵挡腐朽的资本主义文化,是抵挡不住的。当务之急是积极发展社会主义文化,只有社会主义能救中国,只有社会主义文化可以更全面继承人类文化遗产(包括优秀的封建文化和资本主义文化)。

(选自《任继愈学术论著自选集》)

# 我与《中华大藏经》

一

佛教起源于印度次大陆,传播地区包括今天的尼泊尔、印度、巴基斯坦、斯里兰卡、缅甸、泰国等地,传入中国时间约有两千年。因为宗教传播不同于某一政治事件,可以有确切年月和时间。文化传播是渐进的,有它的群体性、社会性,传入须有一段被接受的过程。开始传播,虽然只有少数人,由少数人的传播到拥有一定数量的信徒,绝非一朝一夕的事。因此不能说出佛教传入中国确切年代为某某年。

佛教传入中国,有三条途径。一条在云南西部边境,经缅甸接壤地区传入;一条经尼泊尔传入西藏地区;一条经中亚细亚传入新疆,至长安、洛阳。

这三条途径传入中国的佛教都有相应的影响,并形成了中国佛教的三个支派。传入云南的一支形成"云南上座部",传入西藏地区的一支形成藏传佛教,传入黄河流域的一支形成汉传佛教。由于各地区的文化、人口、社会生活的差异,这三大支派发展的形势也有差别。信徒最多、影响最大的是汉传佛教这一支派。"云南上座部"人数最少,传播地区局限于云南省西部边沿地带。藏传佛教,传播较广,从西藏开始,沿中国西北到内蒙古、外蒙古以及俄罗斯远东地区,都有影响。这两大支派自成体系,本文暂不论,只谈汉传佛教这一支派。

汉传佛教以汉文化为主体,以佛教汉文译本及汉文阐述系统地介绍了佛教历史、经典、教义。传播地区首先从黄河流域开始,随后扩展到长江、珠江流域。此后又以汉文佛教译著向东部邻国扩散,经过朝鲜半岛,东到日本,南到越南。

中华民族自古以来就是一个有高度文明的大国。它有深厚悠久的文化传统,对外来文化有鉴别、择取的能力。佛教传入时,并不是很顺利地被接受,而是经历了一段长期的交流、冲撞,才逐渐吸收其中的一部分,与中国传统文化相结合,从而形成了中国佛教。这一特点汉传佛教表现得最充分。中国藏传佛教及"云南上座部"也有类似的情况,这里不具论。

佛教传入开始是介绍性的翻译著作,这是第一阶段。第二阶段是相互沟通、理解。这一时期的佛教典籍多为注疏类著作。第一阶段的著作人为翻译家,是佛教典籍传译的主持人。第二阶段为该经典的传播者的著述,内容为中国佛教信徒关于该佛教典籍的理解、阐释。这一时期的作者已由外国佛教学者转移为中国佛教学者。著作的内容也从介绍、转述到阐发、发挥,继承了中国古代著作传统,以述为作,以述代作。名为佛经的注疏,其内容主要是注疏者自己的体系。

中国佛教不同于印度的佛教,可以分四点来谈:

## (一)中国佛教随着中国社会历史前进而前进

佛教初传入时,与中国的黄老神仙方术结合,成为汉代道术的一种,首先流行于上层社会,在皇室、贵族中传播。汉桓帝在宫中立"黄老浮屠"之祠,与当时祠祀信仰同等看待。到了魏晋南北朝时,佛教与玄学配合,得到当时学术界的接受,形成了玄学化的佛教。以后,佛教随着中国社会思潮的变迁,由本体论进入心性论,佛教也以心性论为阐发重点。北宋以后,儒教取得统治地位,佛教开始儒教化。中国社会历史随时间变化，出现新学说、新学派，佛教遂有与之相适应的学说、学派。不停顿，不断前进，这是第一个特点。

## （二）中国佛教的协调性

秦汉以来，中国是个多民族的统一大国，这是两千多年的基本国情。多民族，需要互相协调，取长补短，共同进步。多民族共同生活在一个共同体中，必然要求发扬协调精神。中华民族是从众多的部族融合而来，历史上至少有四次民族大融合①。这些融合，并不限于血统上，而在于文化上，血统融合反倒是次要的。

融合广大地区人民文化生活、风俗习惯，以至生活方式、生产方法，都有各地区的特点。在中央政府统一领导下，可以开展物资交流、人才交流。在同一中央政府领导下，集中南北各地人才，进行全国范围的经济建设、文化建设，必然经过协调才能发展。

佛教原来有早期、晚期，地区语言的差异形成的许多流派，古代印度曾引发过不少矛盾。中国佛教，即以判教的方法，来调和、消解佛教内部教义分歧，认为各种不同的学说都有道理，都是佛教主张，只是由于听众不同，说教的时间、地点不同，听众的理解水平不齐，才有不同的佛教典籍为听众解答疑难。经过判教的处理，看来水火不相容的教派，统一了步伐，协同前进。

中国佛教除了消除佛教内部的分歧争论，还进而协调了与道教、儒教理论纷争。如汉传佛教认真吸取了儒家的忠孝思想，把它纳入佛教的基本教义理论体系，显然不同于印度原产地的佛教，成了崭新的中国佛教。佛教与儒、道两教都讲忠孝等纲常名教，后来汇为三教合一思想。

---

① 西晋末期、南北朝、辽金元、清朝。

藏传佛教也有类似情况,印度佛教与当地宗教(苯教)相协调,形成了藏传佛教,这里不详论。

### (三) 中国佛教的创造性

中国佛教有两千年历史,大致分为三个阶段。第一阶段为译述阶段,从初传入到南北朝,历时约五百年。这时期的重要代表人物是外国译经僧人。他们的任务是介绍佛教的基本内容。由于中华民族有相当高深的文化素养,即使在介绍中也有所创造。如佛教般若学,是佛教理论中的重要流派。中国学者也十分看重般若学,但他们有独特的看法,如"六家七宗",即中国玄学的不同学派对佛教般若学的理解。"六家七宗"的出现,是中国佛教学者力图摆脱依傍,提出自己解释的成功尝试。

中国佛教第二阶段是创造发展阶段,历时约三百年。前一阶段的主要人物是外国僧人,这一阶段的创造发展者几乎都是中国僧人。隋唐以前介绍佛教典籍原著要借重外国僧人,隋唐以后,介绍翻译外国典籍比重减少,因为印度佛教的重要经典已基本有了汉译本①。中国人的汉文著作比重急剧增加。佛教传播中心已转移到中国。印度所有大小乘各种流派都可以在中国找到传承者。中国佛教离开佛教词句,注重发挥佛教的微言大义。有些发挥可以在印度佛教的某些经典中找到凭借而赋予新义;也有中国人著作脱离依傍完全阐发自己的理论体系。隋唐以来的几个大的宗派,如天台宗、华严宗多有新创的理论体系。禅宗的理论在印度几乎找不到什么根据,他们自称"教外别传",得自佛祖的"心印"。南北朝中期以后,不断出现"伪经",这些"伪经",是当时时代思潮的反映,有很重要的思想史料价

---

① 有的佛教典籍有两种及多种译本以及编译本。

值，丰富了中国佛教内容，开创了佛教理论研究的新局面。从人类认识史、文化史的角度看，佛教史也等于中国文化史、中国思想史。

**（四）中国佛教的会通性**

中国佛教发展的第三阶段是儒、释、道"三教合一"阶段，也可称为"佛教儒化"阶段。

佛教与中国传统宗教儒、道两教进一步结合，潜移默化，深入到中国文化的中枢部分。这一糅合过程，充实改造了儒教的世界观，把佛教长期发展的心性之学渗透到理学内部，在佛教心性之学的参与下，逐渐形成了中国的儒教。从此，佛教与儒教同命运，共兴衰，佛教得儒教而广，儒教得佛教而深。

三教合一，儒教居中，佛、道两教为辅，从此中国的佛教与儒教同命运。学术界一致认为朱子（熹）近道、陆子（九渊）近禅，王守仁（阳明）近狂禅。事实上，没有佛教就没有儒教，以反佛教自命的宋明儒，没有不受佛教洗礼的，骨子里是佛教的嫡系传人。

以上四点都是中国佛教的特点。这些特点与多民族的统一大国有关，与中国传统的忠、孝、三纲学说有关，与中华民族善于熔铸外来文化的传统有关。佛教传入中国经历了几千年的发展，积累了丰富的思想资料，这些资料，既是中华民族的精神财富，也是人类共同的财富。这些可贵的原始资料用"大藏经"的形式很完整地保存下来。

二

佛教经典初传入时，多凭传译者的记忆，口述原文，由译者笔录。这本来是印度传统教学方式。5世纪时，法显到天竺寻求律藏写本，他见北天竺诸国皆师徒口传，无本可写。据《付法藏因缘传》：

阿难游行,至一竹林,闻有比丘诵法句偈:"若人生百岁,不见水老鹤,不如生一日,而得睹见之。"阿难语比丘:"此非佛语,汝今听我演:若人生百岁,不解生灭法,不如生一日,而得了解之。"尔时比丘即向其师说阿难语。师告之曰:"阿难老朽,言多错谬,不可信矣。汝今但当如前而诵。"

　　这种口耳相传的教授法,一直延续到 20 世纪。抗日战争时期,我在昆明西南联大时,辅导一位印度留学生(中文名许鲁迦),他说:"印度农村,学生围绕教师环坐。教师念一句,接一句。学生一个接一个地接着念。都是向左边传着念,逐个念一遍,环绕一周,又传到老师耳边,老师可以知道学生是否念错了。"

　　中国发明造纸,传写方便得多,不像印度把典籍写在贝叶上那样艰难。中国印刷术未普及以前,造纸业已相当普及。现存手写佛教经卷,在敦煌千佛洞保存的唐以前的手写本,经编纂过二十余种经录,可以用《开元释教录》为代表。共入藏一千零七十六种,五千零四十八卷。千字文编次,由天字至英字四百八十帙。

　　北宋开宝年间开始有木版雕印的"佛教全集"——"大藏经"。在"大藏经"正式定名以前,没有统一的名称,最早晋道安时称"众经",后来唐朝称"一切经"。宋代开始称"大藏经"。宋以后,历代雕版"大藏经"共有十九种不同的版本,其中《开宝藏》《辽藏》散失殆尽,元代的《弘法藏》有目录,可能未刻印。现存的尚有十六种,其中国内版本十二种,国外版本四种。

　　国内有:

　　1.《崇宁藏》,1080—1104 年刻印。全五百八十函,千字文编号为"天"字至"虢"字号。共一千一百四十部,六千一百零八卷,国内已无全藏。

2.《毗卢藏》，1112—1151 年刻印。全五百九十百函，千字文编号为"天"字至"颇"字号。共一千四百五十一部，六千一百三十二卷，国内已无全藏。

3.《圆觉藏》，1132 年刻印。全五百四十八函，千字文编号为"天"字至"合"字号。共一千四百三十五部，五千四百八十卷，国内已无全藏。

4.《资福藏》，？—1175 年刻印。全五百九十九函，千字文编号为"天"字至"最"字号。共一千四百五十九部，五千九百四十卷，北京图书馆藏有五千三百余卷。

5.《赵城金藏》，1139—1173 年刻印。全六百八十二帙，千字文编号"天"字至"几"字号。共一千六百部，现存五千六百余卷，现藏北京图书馆及民族文化宫。其中杂有明清版本及抄补本(共二百卷)。

6.《碛砂藏》，约 1225—1322 年刻印。全五百九十一函，千字文编号为"天"字至"烦"字号。共一千五百三十二部，六千三百六十二卷，陕西及山西均存，略有残缺。1931—1933 年，据陕西所藏本影印，五百部，缺佚者以《资福藏》《普宁藏》《永乐南藏》、陆道源本、亦里迷失本补，影印六十函，五百九十三册，仍缺失不全。

7.《普宁藏》，1277—1279 年刻印。全五百五十八函，千字文编号为"天"字至"感"字号。共一千四百三十部，六千零四卷，后又有增补，共五百八十七函，近一千五百部，六千余卷，云南、山西、陕西均存。

8.《洪武南藏》，1372—1398 年刻印。全六百七十八函，千字文编号为"天"字至"鱼"字号。共一千六百部，七千余卷，版片于 1408 年焚毁，印本仅存一部，略有残缺，杂有部分坊间刻本及抄补本，现藏四川图书馆。

9.《永乐南藏》，约 1408—1419 年刻印。全六百三十六函，共一千六百一十部，六千三百三十一卷，此书国内现存颇多，北京地区估计五部以上。

10.《永乐北藏》，1421—1440 年刻印。全六百九十三函，千字文编号为"天"字至"史"字号。共一千六百六十二部，六千九百三十卷，此书保存，全国各地多有，北京地区不下十部。

11.《径山藏》，又称《嘉兴藏》，1589—1678 年刻印。正藏二百一十函，为《永乐北藏》的复刻本。《续藏》九十函，约三千八百卷，《又续藏》四十三函，约一千八百卷，总计三百四十八函，二千零九十部，一万二千六百余卷，北京、云南、浙江共约有八部。

12.《清藏》，1335—1738 年刻印。共七百二十四函，千字文编号为"天"字至"机"字号。共一千六百六十九部，七千一百六十八卷，经版现存，并印刷发行。

国外雕版本有四种：

1.《高丽藏》，共刻印过三次，前两次版焚毁，第三次刻于 1256 年，底本为北宋《开宝藏》本。全六百三十九函，千字文编号"天"字至"洞"字号，共一千六百二十四部，六百五十五卷。

2.《弘安藏》，日本最早雕印本。1287 年造，现仅存少数印本。

3.《天海藏》，1637—1648 年活字版。据元代《普宁藏》有所增减。六百六十五函，千字文编号"天"字至"税"字号，共一千四百五十三部，六千三百二十三卷。

4.《黄檗藏》，1669—1678 年刻印，以《径山藏》为底本有所增补，七百三十四函，共一千六百一十八部，七千三百三十四卷。

以上为木刻本及活字本。铅字排印本汉文大藏经共六种（国内两种，国外四种）。

国内排印本：

1.《频伽藏》，1909—1913年，上海排印。四十函，千字文编号"天"字至"霜"字号。一千九百一十六部，八千四百一十六卷。

2.《普慧藏》，1943年编印，未完成，共印出一百册。

国外排印本：

1.《弘教藏》，1880—1885年印，四十函，千字文编号"天"字至"霜"字号，四百一十八册，入经一千九百一十六部，八千五百三十八卷。

2.《卍字藏》，1902—1905年印，共三十七函，三百五十七册，共一千六百二十二部，六千九百九十卷。被焚毁，流传甚少。

3.《卍字续藏》，1905—1912年印。收入前未收录的入藏的佛教典籍。全一千六百五十九部，七千一百四十三卷，一百五十一函，七百五十一册，民初商务印书馆，影印五百部发行。

这是日本军国主义为在我国旅顺口纪念日俄战争阵亡将士、超度侵略军死者亡灵印行的佛经。这部书的出版缘起记载着日本侵略者的罪行，记录着中华民族被列强宰割的耻辱。

4.《大正藏》，1924—1934年编印。共一百卷，现在流行最广的一种汉文大藏经。因卷数浩大，编者人数杂，匆忙出书，错误很多。是学术界广泛采用而又普遍不满意的一种版本。

# 三

1982年，国务院恢复古籍整理出版规划小组，在成立大会上，邀集国内专家、海外学者共同商讨整理古籍大计。这是由政府按计划、有组织地整理中国古籍，应当说是自清乾隆纂修《四库全书》二百年来的最重要的一次。《四库全书》贯彻以儒家为正统，推行种族歧视政策，在纂修过程中，把大量典籍存目而不入选，还开列了一大批有违统治集团利益的"禁毁书"，不使流传。号称"全书"，其实并不全。当然，自从发明印刷术，又有今天的电子信息时代，出书条件十分便捷，书是永远编不全的。乾隆时期的《四库全书》则有意使它不全，这是不能原谅的。

古籍整理规划会议期间，我提出有必要编辑一套"佛教全书"《中华大藏经》。不同于过去的编者，主持者都是佛教文化的爱好者、研究者，而不是佛教信奉者，把"大藏经"看作古代典籍的宝贵遗产来整理。

现在国际通行的"大藏经"是日本出版的《大正藏》。《大正藏》的错误很多，断句错误几乎每一页都不止一处。至于版本选取也不完善。我国三十年代山西的《赵城金藏》相当于世上仅有的古宋本。《房山石经》也是五十年代出土的世上唯一的石刻珍本。以上两种珍本，日本编辑《大正藏》时还没有见到。我们有条件也有能力编辑一套比过去都完整的"大藏经"，为建设社会主义新文化提供可信资料。

这一倡议，得到国务院古籍整理出版规划小组的批准，于1982年正式启动。在开始编辑以前，我们先作了一次现存各种汉文佛经版本普查，走遍了国内外各大图书馆。

《赵城金藏》，刻于金熙宗天眷二年（1139）至金大定十三年（1173）。我们原来估计自"天"至"机"共六百八十二帙，每帙十卷，实数六千九百八十卷。

据题记：

昔潞州长子县崔进之女法珍，年一十三岁，断臂出家。发大誓愿，雕藏经版，垂三十年，方刻有成。大定十八年（1178）始印，藏进于朝。敕旨迎经于大圣安寺，建坛受具为比丘尼。仍赐钱千万，洎内阁施钱五百万起运经版。至二十一年至京师。其所进经版凡一十六万八千一百一十三面，为卷六千九百八十。敕命有司选通经沙门道遵等五人教正。二十三年赐法珍紫衣，敕号弘教大师。时永乐九年岁次辛卯仲秋吉杭州仙林讲寺祀殿谨题。

《赵城金藏》本来刻印于山西解州（今山西解县）的静林山天宁寺。正确定名应作"解州天宁寺金藏"。由于赵城县广圣寺首先发现印本，元世祖忽必烈中统年间（1160—1264）在燕京印刷后，散页运到赵城，由庞家经坊黏合装裱成卷，每卷首页加印释迦说法图一幅。因此名《赵城金藏》。

从印本保存的题跋看，应为山西省解州静林山天宁寺。雕版年月从经卷多处题跋看，应在金皇统九年（1149）到金世宗大定十三年（1173）。

据《永乐大典》辑出《析津志》赵沨撰碑记，刻经发起人为崔法珍。

每卷约七千至一万字，全部《赵城金藏》约计六千万字。经卷为轴式装帧，每轴由若干版黏合成卷。行十四字，有上栏单线。版头刻经名、卷次、版次和千字文编号小字一行，为了黏卷时不致错乱。首次使用此种装轴式印版的大藏经为北宋初年的《开宝藏》。《赵城金藏》是以《开宝藏》为依据的覆刻本。部分经卷尚留有"开宝""咸平""天圣""绍圣"等北宋年代雕造、印刷的题记。此外，还杂有少数其他版本。开宝本每版二十三行，行十四字。但咸平以后入藏的宋代新译经、律、论、疏释等也有每版十五至二十三行，每行字数十至十六字不等。

"金藏"雕印完成后，共计印刷过四十三部。现在保存下来的记载，有崔法珍本一部，普照寺照公本二部，兴国院本一部，天宁寺本一部，元宪宗蒙哥六年大宝积寺本一部，元世祖中统年间广胜寺本一部。元世祖后期，印送国外三十六部。

"金藏"共印行四十三部，流传下来只有由不同版本集合而成的一部（广胜寺本八百一十三卷，大宝积寺本五百四十卷，兴国院本及天宁寺本各十余卷），共五千三百八十卷，比原来六千九百八十卷尚缺一千六百卷。这已经是世上仅存的卷帙最多的"金藏"佛经全集，也是稀世之珍。原存广胜下寺，1928 年移贮于广胜上寺。

1931 年冬，朱庆澜、叶恭绰等人发起影印宋元刊本《碛砂藏》，开始收集佛教古刊印本。1932 年夏，僧人性空提供山西赵城广胜寺有大批卷轴装佛经。1932 年秋，南京支那内学院专家根据《赵城金藏》零本，勘定为金元故物。为了考察清楚，派蒋唯心前往考察。经蒋唯心的逐卷核实，写成《赵城金藏简目》并写成《金藏雕印始末考》，1934 年发表于《国风》第 5 卷第 12 期，次年南京支那内学院又自行刊印《赵城金藏》介绍。蒋文发表后，引起海内外学术界的普遍关注。1934—1935 年间，由北京图书馆、三时学会（佛教团体）与影印宋版藏经会，共同选择其中四十六种二百四十九卷影印成集，名曰《宋藏遗珍》，还照原书影印过《楞严经》（十卷）四百部流传。现存底本已缺佚，这个影印本已成为珍本了。

1936 年夏，我在北大哲学系，选了汤用彤先生的佛教著作选读。课余，汤先生问我照相技术如何，他想去山西广胜寺查阅《赵城金藏》，选些重要的拍照下来。因事，未能成行。第二年"七七"事变，日军侵华，学校南迁，汤先生在昆明度过了九年，未能去山西看到《赵城金藏》。

1937年，日本发动全面侵华战争。华北广大地区陷于敌手。1942年春季，日军对太岳地区发起"扫荡"，4月间，日军要抢夺广胜寺这部闻名世界的"大藏经"。太岳司令员陈赓、政委薄一波、党委书记安子文等同志上报延安党中央，得到指示，同意抢救这一批重要文物[①]。4月27日夜，安排数百名战士及地方民兵配合，全力抢救经卷。我们的战士抢运时，立下誓言"人在经卷在，与经卷共存亡"。因游击战，行踪不定，为避免战斗中经卷损失，把它藏在废弃小煤窑里，指定专人保管，每年前往察看，晾晒一次。虽然尽力维护，还是有些压在下层的经卷受潮，有霉点，有的卷轴纸张与卷轴结成纸棒，难以打开。

抗战胜利后，《赵城金藏》移交当时北方大学保管，从矿坑搬到通风的阁楼上。范文澜任北方大学校长，对此十分重视。1949年4月30日，把全部经卷由河北邯郸运到北京，移交北京图书馆收藏。北图为此召开一次座谈会。范文澜同志谈了此项珍贵文物抢救、保护的经过。北图版本专家赵万里，史学家向达、晁哲甫等专家要求北京图书馆提出修复预算，政府拨专款抢救。修复经卷不同于一般书画装裱，要求有高等技术，保持原物原貌，有的经卷凝成一团，要用蒸气熏蒸，然后一点一点揭开。集中北京琉璃厂手艺最高的老技师，花去

---

① 1986年初，《中华大藏经（汉文部分）》出版一至十五册后，李一氓同志给当年主持抢救《赵城金藏》仅存的负责人之一薄一波同志写了一封信："一波同志：金朝所刻佛经，原藏赵城广胜寺，是极为珍贵的佛教典籍和历史文物。抗日战争时期，日寇企图掠夺。当时您和陈赓同志命令所属从敌伪碉堡丛立间奋勇抢运至安全地带。全国解放后，由中央人民政府拨交北京图书馆保存。嗣经北京图书馆用十七年时间精心整理，灿然恢复旧观。1982年，国务院古籍整理出版规划小组委托任继愈同志主持，即以《赵城金藏》为基础，编成《中华大藏经》，共约七千卷，将分装二百二十册，由中华书局影印出版，现已出十册，特检送第一册，藉留纪念。一九八六年一月二十日。"

整整十七年的功夫,终于使几百卷的《赵城金藏》重新与读者见面。现在参加修整的韩占魁等四位老师傅早已逝世,他们修整的《赵城金藏》成为他们劳绩的纪念碑。

《赵城金藏》重见天日,列为国家最珍贵的善本,不对一般学者开放,借阅者须经特别批准。图书本来是为读者阅读的,有书不能发挥其社会效益,未免美中不足。学术界特别是有志研究佛教文化思想的学术工作者,希望能把这份国宝变成更有活力的精神财富,世界级的宝库应为全人类有所贡献。

1982年,国务院古籍整理出版规划小组决定成立"中华大藏经编辑局",由我负责主持这一工作,重新编辑《中华大藏经(汉文部分)》,旨在编辑出版一部迄今为止版本最精、搜罗最全、代表新中国科研水平的《中华大藏经》。

我们没有把佛经整理看作是宗教界的少数佛教徒的事,而是看作中华民族共同的文化遗产之一。这正如中国文化界、学术界把敦煌莫高窟佛教艺术当作全民族的文化宝库而不把它仅仅看作佛教徒的宗教遗迹的道理一样。凡是有价值的文化遗产,理应为全人类所共同享有,共同关心,共同爱护,共同研究,而不能视为少数信奉者的私事。中国的佛教典籍,内容浩繁,它不只是佛教的经典,既是佛书,也是涉及哲学、历史、语言、文学、艺术、天文、历算、医药、建筑以及保健气功等领域的包罗万象的古籍,对中国和世界文化都曾产生过深远的影响。

中国历代刊印佛教大藏经,都不外为国家祈福、为国君增寿、为刊印者祈求带来好运气。唯独《中华大藏经(汉文部分)》的编辑宗旨与过去不一样,它是作为中国古籍整理工作的一部分而上马的。编辑者是为了建设中华民族的新文化,才下决心彻底整理中国佛教的传统文化遗产。

为避免过去刊印的许多种大藏经的缺失,《中华大藏经(汉文部分)》力求做到版本要精、内容要全。编辑《中华大藏经(汉文部分)》共用了八种版本与《赵城金藏》对校①。《赵城金藏》三十年代初被发现后,引起国内外学术界的重视。它是《开宝藏》的覆刻本,装帧、版式保留着《开宝藏》的基本特点。在《开宝藏》几乎散失殆尽的情况下,它不论在版本方面,或在校勘方面,都有无可比拟的价值。在我国现存"大藏经"中,未经传世的孤本还有《房山云居寺石经》《辽藏》《元官版藏经》《洪武南藏》《武林藏》和《万历藏》六种。这几种"大藏经",除残缺严重者外,多为《碛砂藏》和《永乐南藏》的覆刻本,所收经籍少于《赵城金藏》,不宜作为底本使用。《赵城金藏》所收经籍近七千卷,现存五千三百八十余卷,虽有缺佚,可用《高丽藏》补入。《高丽藏》和《赵城金藏》同属《开宝藏》系统的覆刻本,版式完全一致,用《高丽藏》补《赵城金藏》可谓"天衣无缝"。

《中华大藏经(汉文部分)》以《赵城金藏》为底本,与上述八种版本的大藏经对勘,逐句校对,只刊出几种版本的文字异同,不加案断。我们采用这种办法,有以下几方面的原因:

校勘版本学界习惯于崇信古本,我们经过实际勘察,发现任何版本都不是十全十美,都有不足之处。善本中(包括《赵城金藏》在内)各有优缺点,因此,我们要求集诸版本之长,不主张"定于一尊"。

《赵城金藏》以外的八种版本都有其特点,有的属于海内珍本,有的是世界孤本,都可称为善本。众多善本不但专家学者个人无力备留,即是国家大图书馆也不能八种善本具备。我们借这次编辑整理

---

① 《高丽藏》《碛砂藏》《资福藏》《径山藏》《永乐南藏》《普宁藏》《房山石经》《清藏》。

《中华大藏经(汉文部分)》的机会,集诸善本于一编,有了这一部《中华大藏经》,等于同时拥有九种版本的"大藏经",为庋藏者和使用者、研究者提供了方便。

我们校勘的目的,不在于勘误而在于会同。经过检查,这些不同版本出现的文句异同,多半不涉及义理,往往各有道理(当然也有明显错误的),如果一定由编辑者决定取舍,难免失之武断,徒耗人力,并不科学。还应指出,每一种善本的特殊价值并不是由于它的至美至善,而在于它体现了各自时代的某些特征,这些特征是别的版本不能取代的。如《房山云居寺石经》可谓善本,其中有些石刻佛经体现了《辽藏》的面貌,但其中也有刻工贪图省工,出现许多上下文不相连属的"一"字。从一般校勘原理看与字形、字音、字义或上下的错简毫无关系,只是由于刻工按版计酬,为了省力,又能占满版面,才出现了许多不应出现的"一"字。汉字中只有"一"字笔画最少,刻起来又省力,用来充字数最方便。像这类缺点,并不能动摇《房山云居寺石经》的历史地位,瑕不掩瑜。这里只是说明中国过去雕印的众多版本的"大藏经",没有一种是尽善尽美的,《中华大藏经(汉文部分)》的出版,博取众本之长,避免众本之短,会同诸本合校,标出异同,不下案断,正是极端负责的客观精神。

《中华大藏经(汉文部分)》编定《赵城金藏》为底本的上编以后,还将编辑过去未入藏的许多佛教典籍为下编。为此,我们一开始就从最大数量的手写卷子本中进行了普查。敦煌卷子写本中佛经所占比重极大,比世俗的经史文书多得多。半个世纪以来,敦煌学者集中注意于搜求写本中关于社会、经济、民族文化等方面的资料,研究者利用的多为世俗文书,而对其中占绝大多数的佛教典籍注意得不够。手写卷子一则数量大,二则内容专业性比较强,其中断裂的、残缺的,要找到它的归属;有的卷子分裂成几段,有的上段在某国,下段在另一国,也有头尾不全,不易判断归类,这都是很艰巨而又必须做的工作。我们几年来已经一篇一篇地逐件审查,现已初步有了眉目,确实可以从中找出应当收入大藏经的佛教典籍。我们还可以从佛教手写卷子中推断出佛教在河西走廊传播的基本状况和唐代佛教经典大体流行的状况。我们在编辑中务期不发生遗漏,使《中华大藏经》上下编完成后,成为名副其实的"佛教全书",成为超过前人的最完备的版本。

为了使我们的编辑工作做到心中有数,我们花了两年的时间,在国内外开展了一次版本普查。国内走遍九州,并远及海外。

《中华大藏经》体现了中华民族对外来文化的高度融化吸收能力。华人著述在《中华大藏经》中所占比例越到后期越大。汉传佛教如此,藏传佛教也有同样现象①,如宗喀巴的著作在原有的佛教理论基础上有所建树,有所创造,不但丰富了佛教文献,也丰富了中华民族的文化宝库。以上只是举几个例子说明《中华大藏经》汉传、藏传可以互补,相得益彰。

人们习惯地认为,佛教来自古印度。从地下挖掘资料和文献记载来看,中国的佛教最初来源不在印度,而在中亚(古称西域)。新疆地下发掘文物中,有不少残存佛经,文字也多为当地语文。晋朝名僧、翻译家道安指出"译胡为秦"的种种困难。胡语不等于梵语,当时

---

① 佛教文化不限于汉族。佛教大藏经除了汉文部分已开始工作了六年,藏文部分也由藏学研究中心负责着手编辑。这也是《中华大藏经》,由于中华民族包括多种民族成分,不同文种的大藏经将会给中华民族的文化建设带来新的繁荣昌盛新局面。比如佛教汉译本中,有关因明的部分比较薄弱,而藏文大藏经则保留较多,因明在藏传佛教中有所发展。将来随着研究工作的开展,汉藏两种大藏经得以互相补充,必将使中国的因明研究有所突破。

译经僧人都明白这一点。他们多自西域来华、用口诵记忆来提供译文。后来中印交通条件有所改善，才有较多的梵夹携来，供中国僧人笔译。

当我们今天看到以《赵城金藏》为底本，编辑成《中华大藏经（汉文部分）》上编一百零六册全部出版之际，我们自然想到当初支持这部重要文献编辑工作的李一氓同志。他前半生从事革命军旅生涯，解放后，从事外交工作。他晚年承担了古籍出版规划工作，这是一项为子孙后代建立基业的大事。如果不是李一氓同志的远见卓识，大力支持，这部《中华大藏经》也许要拖延到21世纪才能启动。到那时，物质条件会比现在好，但人力条件将更困难。这部佛教资料总集早一天问世，就能早一天对社会产生效益。《中华大藏经》在历代大藏经中增加了一个新版本，丰富了佛教文献资料宝库。

# 四

我考入北大哲学系时，北大哲学系的教授们专重讲佛教哲学的比较多。高年级同学向我介绍，熊十力先生讲《新唯识论》，马叙伦先生用佛教唯识宗的观点讲《庄子》。汤用彤先生讲佛教课，也讲佛教以外原著选读如《金七十论》《胜论》《入阿毗达磨论》，从最基本处打开了阅读佛教典籍的大门。后来又选修熊十力先生《佛家名词浅释》（此书正式出版时改称《佛家名相通释》）。他以古代《百法明门论》《五蕴论》为基础，用他自己的语言加以发挥。他的发挥虽不尽符合佛教原旨，但这个基本训练对我后来自学佛教典籍打下了基础。选修课有周叔迦先生讲"天台宗"，林宰平先生讲"中国哲学问题"，也经常涉及佛教问题。外系周作人讲散文，选的有《杂譬喻经》。周讲课口才欠佳，但佛经文学颇能引发学生兴趣。特别是古代汉译佛经的一些惯用语，既非印度的，又不同于中国传统的古汉语，而是一种独特的佛经汉译文体。

大学毕业时正当抗战，我的毕业论文是关于朱熹的哲学。朱熹的哲学用大力批判二氏（佛、老）。他反对二氏，却处处透露出他身上二氏的影子。我开始注意到，要研究中国的理学必须上溯其源头。在读研究生时，即有意关注宋以前的社会思潮。宋以前，五代上溯到南北朝，首先碰到的是佛教。佛教思想成了打通中国哲学发展的一道隘口。隘口不打通，中国哲学史就通不下去。我的研究生论文为《理学探源》，重点放在魏晋隋唐这一段。这也许是我与佛教文化若干年前的一段因缘吧。国家委托整理、编辑《中华大藏经》，我虽知困难大，人手不足，但还是勇敢地承担下来了。

照我国当时的惯例，有要报告上级、要编制、要分配大学生、要成立机构等一系列的程序。我们没有走这一条路，而是采用现在正在推行的人才聘任制。人才公开招聘，试用上岗，一年一聘。这样，我们根据工作需要、任务的难易缓急，在北京招聘离退休的中学教师和机关干部。这些应聘者都是愿意干这一行的，有责任心。人员少的时候有五六个人。开始打基础，定规模，我和几位研究生、世界宗教研究所佛教研究室的少数骨干参加。后来，工作开展起来，聘用人员多达五六十、六七十。其中老年人有七八十岁的，青年人有二十来岁的。文化程度较高的，从事校勘；青年人眼明手快，从事照片修整。制订了作业流程，流水作业。上下工序交接时要签字，责任分明。每年按成绩评奖。春秋季节，组织旅游。十年来，这个工作集体总人数约二三百人，人员不断更新。编辑工作结束时，大家依依不舍，十分留恋这个松散的集体。

面临 21 世纪,是摆脱贫困、走向富强的时期,是进一步推动祖国现代化的时期。每一个爱国的知识分子,都要给自己的专业定位,看看自己应当做什么,能做什么。从文化建设、精神文明建设这个任务来看,我们这一代人正处在为文化、精神文明建设积累资料、整理资料的时期。社会主义文化高潮必将到来,那是 21 世纪后半段的事,因为文化工作、精神文明建设只能走在经济建设的后面,而不可能超前,这是古今中外的通例。

真正反映社会主义新文化的辉煌成果、传世的伟大思想体系的出现,要有三个条件,缺一不可:

第一,有经济繁荣、社会安定的环境;

第二,有充足的资料(中外、古今)积累;

第三,有卓越的思想家群体。

以上三个条件,第一、二两条正在发展前进中。当一二两条形成规模后,才有可能产生卓越的思想家群体。我们这一代知识分子,自己给自己定的任务是做文化资料积累工作,培养青年人,为后来人做些必要的准备工作。

自知无经天纬地之才,尽个人有限能力,做成一两件事,免得让后人再行返工,问心无愧,就算不错了。

(选自《学林春秋》初编,朝华出版社 1999 年版)

# 道家与道教

　　世界有三大宗教，即佛教、基督教、伊斯兰教；中国也有三大宗教，即佛教、道教、儒教。中国的佛教与世界三大宗教有交叉。

　　佛教与道教主张出世，宗教职业者、专一的信奉者要出家，不过世俗人的生活。儒教主张入世。儒教、道教是中国自己的土壤里生长起来的，具有中国特色，佛教为外来宗教，其生活习惯、服装、礼仪与儒、道不同。儒、释、道三教并称，并得到社会广泛认可，那是在隋唐时期。南北朝已有三教的说法，但不普遍。国家每逢重大节日，诏三教公开辩论，北周已开始，唐代成为制度。大文学家白居易有好几次在三教辩论中代表儒教发言，《白氏长庆集》还保留有他参加辩论的发言提纲。佛教的著作和教义比较明确，唯独对道教的意义的理解比较含混，道教内部和反对道教的人士也没有讲清楚。

　　先说道家。学术界长期流行一种见解，认为老子、庄子为道家，这是一种误解。春秋战国时期，只有老子学派、庄子学派。老子与庄子没有直接的传授关系。老子或庄子从未自称为"道家"，只在儒家自称为儒，墨家自称为墨。儒墨两家各有自己一派的传承关系。孔子、子思、曾子、子夏、孟、荀均有传授关系，墨家有巨子相袭制度。儒墨两家，系统清楚，号称显学。汉代司马谈《论六家要旨》第一次提出"道家"名称。司马谈的道家反映了汉朝政治统一后，思想界趋向统一的思潮趋势。秦及汉初有许多学派反映统一的趋势，秦朝有《吕氏春秋》，汉初有《淮南子》，后来有董仲舒的哲学思想。汉初道家是吸收儒、墨、阴阳、名、法各家思想的长处而创立的新体系。老子、庄子都是阴阳、名、法出现以前的人，前人怎能吸收他们死后的人的思想？这个"道家"乃是黄老思想的一个分支，与先秦老子、庄子关系不大。

老子是哲学家，不是宗教家，也未创立宗教，与古印度的释迦牟尼一开始就是宗教家，创立佛教的情况不同。老子的著作是学术性的，不是宗教性的，也与佛教经典不同。老子被拉进道教，并奉为教主，那是很晚的事了。东汉末年，汉中张鲁信奉五斗米道，令信徒们念《老子》五千文。念《老子》的也只是巴蜀的五斗米道，影响地区仅限于汉中地区。中原广大地区的道教徒信奉《太平经》，这是一百多卷的大书，内容庞杂，没有多少老子的思想。

道教是中国本土的宗教，它形成于东汉末年，方术、巫术是它的前身。神仙方术信仰由来已久，古代巫、史、祝、卜是与神打交道的专家，他们处在国家的领导层。民间巫术用符水治病，借卜筮占吉凶。战国以后，神仙方士宣传不死之药可以长生，投合上层贵族要求长期享乐的欲望，得到他们的支持；广大群众缺医少药，方士们用符水治病，驱鬼祭神，在下层群众中也得到推广。早期道教还没有系统的理论。到了东汉末年，天下大乱，民生困苦，于是出现了《太平经》。此书成书时间约在东汉安帝、顺帝统治时期，此书为集体创作，书成于于吉、宫崇等人之手[1]。

关于老子如何被道教捧上教主的地位，现在还无法做出准确的说明。从时间推断，应在东汉时期。首先出现在宫廷和上层贵族阶层。光武帝儿子楚王刘英，"晚节喜黄老，学为浮屠斋戒祭祀"。明帝诏书也说"楚王诵黄老之微言，尚浮屠之仁祠"（《后汉书·光武十王列传》）。到桓帝时（在位时间是147—167），延熹八年（165）正月遣中常

---

① 见熊德基：《〈太平经〉的作者和思想及其与黄巾和天师道的关系》，载《历史研究》1962年第4期。

侍左悺赴苦县祠老子，十一月使中常侍管霸赴苦县祀老子，九年（166）在濯龙宫祠老子。桓帝"好神，数祀浮屠老子。百姓稍有奉者，后遂转盛"（《后汉书·西域传》）。这里透露老子被道教奉为神，与先秦的老子无甚关系，而是与西方的佛教与本土的黄老信仰搭伴，以教主的形象出现的。求神佛保佑，祈福延年，是少数上层贵族享有的奢侈品，然后再普及到下层社会，"后遂转盛"。

道教建立后，沿着两条路线传播。上层路线与历代朝廷、官方相配合，可以称为正统的官方道教。还有在社会下层广大群众中传播的道教，它与民间巫术、符咒结合得比较紧。农民起义也往往利用道教这个组织形式。黄巾起义就是第一次道教与农民运动相结合的例子。宋代的方腊、清末的义和团也大体归为这一类。

理论研究，典籍著作，教义发挥，与佛教之间长期互相争辩，也属于官方道教。从北宋开始编辑道教全集《道藏》，多达七千多卷。

官方道教与民间道教并不是绝对对立。如符咒、炼丹、气功等，民间与官方的道教都很重视。佛教到后期，大乘兴起，崇拜的偶像越来越多，引出了许多佛，不止释迦牟尼一位。道教到了南北朝时，老子已不占重要地位，老子这个形象也被塑造得更加神秘，演变成"太上老君"。道教的神也越来越多，有等级品位。道教的神与佛教不同处，还在于除了男神之外，还有许多女神，女神也不像庄子寓言中的藐姑射之山的不食人间烟火的女神，更多的神是结了婚的某某夫人。

历代反对道教的学者，对作为思想家的老、庄和作为宗教组织的说教不甚区别。唐朝的韩愈反对佛老，"佛"是宗教的佛，明显无误；"老"是太上老君，还是《道德经》作者老子，他没有讲清楚。宋代的大哲学家朱熹，直接继承了韩愈的道统说，崇儒家，排佛老，佛老并称

"二氏"。朱熹驳斥佛教也指明是释迦氏之教,他驳斥的道教更多的情况下指的是老庄。这种长期的误解,连清代大思想家王夫之也未能避免。他批判"二氏",涉及道教系统时,重点没有放在道教上,而是指向老庄哲学。老子哲学讲无为、清静、抱一,与道教的宗教修养有关,但老子的哲学思想体系,与道教毕竟有所不同。"道家""道教"长期混用,成为习惯,如近人陈垣先生搜集历史道教碑刻,汇编成集,名为《道家金石略》。陈先生是研究宗教史的专家,老庄哲学与东汉以后的道教,他是清楚的,他也把"道教"写作"道家"。可见积重难返。为了避免长期积累下来的观念含混,有必要把道家与道教严格区别开来。总括起来,有以下四点值得注意:

一,先秦无道家,只有老子哲学、庄子哲学,以及与他们的哲学相应的老子学派、庄子学派。

二,汉代的道家代表西汉时期融合各派的一种思潮,它以黄老清静无为思想为基础,包括儒、墨、阴阳、名、法各家的部分内容。

三,学术界习惯把老庄学派称为道家,是后起的一种学派分类观念。东汉时期严君平《老子指归》开始有了以老庄为道家的倾向。魏晋玄学早期"老庄"联称,后期"庄老"联称。魏晋以后,以老庄为道家的分类法得到承认。这个"道家"不同于司马谈的道家,仍属于哲学。

四,道教是宗教。它有团体、教派、教义、宗教规范仪式、宗教组织、固定数量的信徒、固定的教派传授系统、共同信奉的经典、固定的传布地区等。以上这些特点,使它区别于道家,与儒、佛并称为三教[1]。

---

[1] 三教中儒教算不算宗教,学术界有争论。我在1980年《中国社会科学》第1期有专文论述,这里不重复。

以上四点是用来区别道家与道教的标志。

道教是中国土生土长的宗教,不像佛教那样有广泛的国际影响。但也不能说道教作为宗教的影响只限于中国,道教对日本影响就很大。日本的神道教与日本天皇及朝廷的制度,有不少道教的影子。最近日本道教研究专家指出:(1)日本天武十三年(685),为行使中央集权,制定"八色之姓",八姓中"真人"列为第一等级,"真人"为道教术语。"天皇"一词也源于道教。(2)象征天皇的两种神器,镜和剑,都是道教的法器,用以照妖降魔,天皇传位时,以镜和剑授予新天皇。(3)天皇宫廷尚紫色,道教称上帝居紫微垣,天皇宫殿门称"紫门"。推古女帝即位第十一年(603),圣德太子制定六色十二阶冠位,大化三年(647)制定七色十三阶冠位,只有最高官位阶得用紫色。唐宋规定紫色为高级官员的服色,和尚、道士中有声誉、地位的得赐紫衣。唐文化习尚,也影响到日本宫廷贵族。(4)祝天皇长寿的祝词,据《延喜式》载:"谨请皇天上帝,三极大君,日月星辰,八方诸神,司命司籍,左东王父,右西王母,五方五常,四时四气,捧以银人,请除灾祸。捧以金刀,请延帝祚。咒曰:东至扶桑,西至虞渊,南至炎火,北至弱水,千城百国,精治万岁,万岁。"这完全是抄自道教的祠祀词句。只有在中国方位才好说东至扶桑,日本即扶桑,不必称东至。(5)天皇拜四方仪式,据《江家次第》载,圆融天皇天禄四年(974)元旦拜四方仪式,天皇朝北遥拜北斗七星中的本命星,并念咒文曰"贼寇之中,过度我身,毒魔之中,过度我身……魔魅之中,过度我身,万病除愈,所欲随心。急急如律令"。这咒文也是照抄道教的。(6)神道教。《日本书纪》在《孝德纪》中"惟神也者,随神道也","天皇信佛法,亦尊神道","佛法"与"神道"对置。从奈良到江户,把天皇家族的始祖天照皇大神当作国家神祭祀,立伊势神宫。日本是神国,天皇是神的子孙,是人间神。①

  道教的宗教影响,除日本外,朝鲜及越南也有经过改变的道教信仰。近三十年学术界道教研究的风气遍布全世界。北美洲、澳大利亚、法国、意大利、西德、英国,都有研究道教的学者及研究组织,也出版了不少有价值的著作,日本学者的研究成绩尤为显著。

  (选自《任继愈文化学术随笔》。原刊于《文史知识》1987年第5期)

---

① 参见福永光司教授《日本文化与道教》,该文发表于1982年中日学术座谈会《世界宗教研究》1982年第2期,有中文本。

# 《道藏提要》序

　　1978年中国社会科学院正式成立,世界宗教研究所根据国家建设需要,制定社会科学发展规划,《道藏提要》是其中的一项。《道藏》卷帙浩繁①,内容芜杂,有珠玉,也有泥沙。② 况且《道藏》有许多典籍撰者不明,时代不详,书上标明的撰者有真有假,难以分辨。在人力不足的情况下,仿《四库提要》体例编制《道藏提要》,困难很大。我们深知《道藏》这部道教典籍丛书是研究道教的主要资料库,如能早日把它整理出来,将有利于道教研究工作的开展。

　　自从新中国建立后,举国上下都在进行基本建设,文化学术的基本建设离不开资料的汇集与整理,而且资料工作必须先行。我国历代在开国之初,偃武修文,必先从事资料汇集整理工作。明初有《永乐大典》,清初编《古今图书集成》《四库全书》。法国资产阶级上升时期有百科全书派。只有资料充实、齐备,才有可能孕育新建国家的文化高潮。没有充足的资料为依据,谈论学术文化,势必流于空谈。

　　中国三大宗教(儒、释、道)是中国传统文化的三大支柱。学术界对儒教典籍研究得较多,对佛教典籍研究得较少,对道教典籍研究得就更少。造成这种状况的原因甚多,由来已久。按照封建正统观点,认为只有儒家的经史子集才有资格代表中国传统文化,佛教、道教典籍属于旁支,文化价值不大。这是长期流行的一种偏见。清朝编纂《四库全书》是中国封建社会最后的一次文化丛书结集,共收书三千

---

① 共千余种,四千余卷。
②《道藏》中涉及医学、化学、生物、体育、保健、天文、地理等内容,引起近代一些研究者的重视。

四百六十一种，七万九千三百零九卷，存目的有六千七百九十三种，九万三千五百五十一卷。两项共计一万余种。其中所收佛教典籍，属于《子部·释家类》，共十三部三百一十二卷，所收道教典籍归于《子部·道家类》，共收四十四部四百三十卷。何以收得这样少？《四库全书·道家类·总叙》说：

> 后世神怪之迹，多附于道家，道家亦自矜其异，如《神仙传》《道教灵验记》是也。要其本始，则主于清净自持，而济以圣忍之力，以柔制刚，以退为进。故申子、韩子流为刑名之学，而《阴符经》可通于兵。其后长生之说，与神仙家合一，而服饵、导引入之，房中一家，近于神仙者亦入之。鸿宝有书，烧炼入之。张鲁立教，符箓入之。北魏寇谦之等，又以斋醮入之。世所传述，大抵多后附之文，非其本旨，彼教不能自别，今亦无事于区分。然观其遗书，源流变迁之故。尚一一可稽也。

《四库全书》的编者把佛道两教的典籍归类于"子部"，取消了佛教和道教与儒教平列的位地。孔孟之书归为"经部"，佛道之书归于"子部"。被选入《四库全书》的佛教典籍仅二十四种，不收经典。道教典籍收录较多于佛教，所收的都是与《老子》《庄子》《周易》注疏有关的典籍。对道教内外丹法、图箓、斋醮等具有道教特点的均未收，这是按照当时皇帝的指示办的。

> 释道外教，词曲末技，咸登简牍，不废搜罗。然二氏之书，必择其可资考证者，其经忏章咒，并凛遵谕旨，一字不收。（《四库全书总目凡例》）

《四库全书》的编辑原则并不是清朝首创的。《隋书》载王俭《七志》以道佛附见，合为七门。阮孝绪《七录》以佛录第六、道录第七。《隋志》则于四部之末附载道经、佛经总数。《唐志》以下，有经目而不详。

儒家学者总是怀有偏见，认为佛道两教的典籍价值不大。我们从中华民族传统文化的整体来看，佛道两教的文化与儒家传统文化同样重要，同样影响着中华民族的文化生活、家庭生活、社会生活以及政治生活。佛教、道教的影响，其深远程度当不在儒家经史子集之下。三教交互融摄，构成唐宋以来中国千余年的文化总体。不研究中国佛教就无从了解中国文化和中国历史，这一点已逐渐被学术界人士所承认，但对道教研究的重要性似乎还没有像对佛教那样重视。事实上道教典籍中可供发掘的东西非常丰富，人们已看到它在医药、保健、化学、音乐、艺术等方面的有价值的内容，深入发掘，当不止这些，像关于道教的哲学内容，研究得就很不够。道教典籍在中国文化宝库的地位决不下于佛教，甚至更为重要。

"三教"（儒、释、道）各有自己的典籍。佛教、道教经历了南北朝的大发展，典籍数量由少到多，急剧增加。这两教对于他们拥有的众多书籍还没有一个统一的名称，当时称为"众经""一切经"。如僧人玄应、慧琳分别编纂了两部佛教名词检索的工具书，两书都命名为《一切经音义》。这里讲的"一切经"不包括中国汉唐时儒家的"六经五经"，它专指佛教经典。如果该书成于宋代，就可能叫作《大藏经音义》，现在编纂这样的书就叫作《佛教大辞典》了。

道教生长在中国本土，约与佛教同时活跃在舞台上。但道教的命运不济，错过大发展的时机，让佛教占先了一步。一步落后，步步落后，两千年间一直没有能超过佛教。唐朝道教得到皇室的支持，受到特殊的恩宠，可谓极盛。而道教信徒人数及天下道观的数量也只有佛教的二十分之一。

汉末魏晋天下大乱,老百姓在走投无路的情况下往往投靠宗教。由于黄巾起义打出道教旗帜,黄巾失败后,道教也受牵连,统治者对道教存有戒心,有很长时期对道教不敢信任。这时佛教接受了中国封建宗法思想,乘机宣传三世因果报应轮回之说,扩大了地盘,在帝王贵族支持下,招纳了大量信徒。

南北朝时期,北朝道教经过寇谦之的改造,南朝道教经过陶弘景的改造,都取得上层统治者的支持,才有了较大的发展。这中间已比佛教的发展落后了若干年,错过了大发展的时机。关于道教典籍的搜集整理方面,道教也落后于佛教一步。道教整理典籍的做法是从佛教那里学来的。佛教最先称自己的全集为"一切经",道教编辑道教全集也称"一切经",由于"一切经"这个名称被佛教占用在先,后来道教的"一切经"则称为"一切道经",以区别佛教的"一切经"。唐玄宗时曾令编纂《一切道经音义》,等于当时的"道教大辞典"。唐武后时出现过"道藏"一词,但未能通行。"道藏"一词正式确立是在宋代佛教"大藏经"出现以后的事。

宗教的存在和发展要靠群众,为了更大地发展则须依靠政府当权者的支持。佛教名僧道安深刻懂得"不依国主则法事难立"。道教的发展也离不开这一条经验。有上层支持,可得到充分的物资供应,为寺院建设创造经济条件;有下层广大群众信徒才能壮大宗教的声势,有了声势更能引起上层统治者的重视。只有上层而下层信徒不足,则缺少存在的基础,难以发展;有下层群众而没有上层支持,也不能长久。[1] 佛教、道教在中国都有悠久的历史,历久不衰,除了社会的

---

[1] 隋唐的三阶教,下层流传颇广,后被政府取缔;明清民间秘密宗教,不能取得合法地位,活动也困难。

客观原因外,与两教的主观努力也有极大的关系。他们推行宗教宣传,既要结交上层权贵又要俘虏下层群众,针对不同信教者的需要推行宣传内容。

道教初创是从下层群众宣传开始的。东汉的黄巾是内地道教,张鲁是巴蜀的道教,都以农村群众为对象。中国农村长期愚昧落后,缺医少药①,以符水治病,驱妖捉鬼,祈福禳灾,与民间巫术、占卜、星相图谶迷信行动相结合,成为道教传教活动的一部分内容。道教典籍中也保存了这一部分内容。

道教为了取得上层统治阶层的信赖和支持,也尽力满足他们的需要。地主阶级自南北朝始形成世袭特权阶层,即门阀士族。他们生活优裕,希望长远享受富贵,即使不能永生,也想长寿。道教为了迎合他们的身心各方面的需求,向他们推销养生、服食、炼丹、房中等宗教内容。道教外丹教法在南北朝隋唐盛行不衰,即得力于上层贵族特权阶层的信奉和支持。炼丹要耗资财,费人力,不仅穷人不敢问津,中产人家也无力试验。只有特权大贵族对此道有兴趣。这些内容在道教典籍中也有记载。

道教和其他宗教一样,着重宣传神的启示,自称他们的经典为神仙颁赐。他们善于制造文书以宣达神意。道教信徒中多有书法家,最有名的王羲之手写《黄庭经》向道士换鹅的故事流传甚广,王羲之是世代信奉天师道的道教徒。

道教宣传的重要内容在《道藏》中都能找到,从中可以窥见道教发展变迁的各个侧面。汉末到明清,社会思潮不断变化,与社会思潮相适应的佛教、道教、儒教也在变化。三教之间又有相互影响、相互

---

① 农村落后,目前尚且如此,两千年前的农村状况可以想见。

渗透的关系。这种相互融通、渗透的关系在《道藏》中有表现。

综观道教的发展史，大致可分为四个阶段，或称为四个发展时期。

南北朝时，道教得到帝王贵族的支持，跻身于社会上层，这是它发展的第一个时期。唐朝皇族与老子攀亲，自称李耳后裔，大力推行道教，这是第二个发展时期。北宋真宗、徽宗先后崇奉道教，用道教麻痹人民，陶醉自己，借以遮盖北方强邻压境造成的耻辱，这是道教发展的第三个时期。明中叶帝王迷信道教，妄图长生，道士受到宠遇，出入宫禁，干预朝政，以致参加政府上层的权力斗争，这是道教发展的第四个时期。

元朝初年个别道士曾受到皇帝的重视，如丘处机[①]，但元朝统治者不专重某一种宗数，如佛教、藏传佛教也都受重视，中间还发生过一次焚毁道经的劫难。

与道教发展的这四个阶段相适应，道教典籍也经历了四次大规模的结集活动。

南朝道士陆修静撰《三洞经书目录》，这是当时编纂的道教全书目录。"三洞"是洞真部、洞玄部、洞神部。"四辅"是太玄部、太平部、太清部、正一部。

道教全书目录起于南北朝，经历隋唐宋元不断编集、补充，但基本未出陆修静最初创立的规模。按"三洞""四辅"的分类原则一直沿袭到今天。

佛教经录有按大小乘流派分的，也有按经典内容分的。道教的典籍也有同样的情况，如道经的十二类，即按内容分为：本文类、神

---

① 道教为了给自己的教派壮声势，有意把元朝皇帝说成道教信奉者的样子。正如印度佛教徒把阿育王说成佛教的信奉者一样。阿育王除了保护佛教外，也保护其他宗教。

符类、玉诀类、灵图类、谱录类、戒律类、威仪类、方法类、众术类、记传类、赞颂类、章表类。十二类的分类法，跟佛教一样，是为了便于庋存、便于检索、便于图书管理的一种办法。道经数量日渐众多，遇到举行宗教活动，如斋醮仪式，同类的典籍放置一起，便于取用，也便于归类。

"四辅"这一名称最早见于南朝刘宋时期，应在道教风行、流派出现以后。《正一法文经图科戒品》认为：

> 太清经辅洞神部，金丹以下仙业；太平经辅洞玄部，甲乙十部以下真业；太玄经辅洞真部，五千文以下圣业；正一法文宗道德，崇三洞，遍陈三乘。

这种分类方法显然是根据道教流派自己的观点，模仿佛教判教方法的产物。佛教判教，往往给其他流派以应有的地位，把自己信奉的流派放在最高、最重要的地位上。正一派自认为本派教理可以"宗道德，崇三洞，遍陈三乘"[①]，境界最高。

统观道书编辑的过程，可以看出随着历史的发展，道教典籍逐渐增多的趋势。第一阶段的道教典籍一千余卷。第二阶段的道教典籍，唐玄宗令道士史崇玄等搜集道书约二千卷，并编纂了《一切道经音义》。玄宗后来又继续搜求道书，编辑总目曰《三洞琼纲》，数量增至三千七百余卷[②]。道教发展的第三阶段在北宋，真宗时搜集道书总集名曰《宝文统录》，增至四千三百余卷。这时已采用佛教《开元释教

---

① "三乘"这里指"仙业（洞神部）、真业（太平部）、圣业（太玄部）"，与佛教的"三乘"内容不同。
② 后又有五千卷、七千卷、九千卷之说，于史无征，均不可信。

录》的分类编目法,按千字文分帙编号。宋徽宗时,崇宁、大观年间,刊行雕版《道藏》①,道书增至五千四百余卷。金元时期,北方也有雕版《道藏》,旋成旋毁,没有保存下来。元世祖至元十八年(1281),道藏经版全毁,经典也丧失殆尽。道教发展的第四阶段在明朝,英宗正统九年(1444),雕版刊印,次年完成,名曰《正统道藏》,共五千三百余卷,较宋雕版《道藏》略少。万历三十五年(1607)又续补一百八十卷,合计起来,比宋《道藏》略增。明以后,道教与佛教均被儒教排挤到不重要的地位。因佛教势力本来大于道教,在佛道两教一齐衰败的情势下,道教的势力显得更弱一些。

明中叶以后,国力衰竭,内忧外患相仍,朝廷自顾不暇,对道教不能从财力上支持。清朝当权者及上层贵族起自关外,承袭萨满教传统,对道教不感兴趣,道教历代享有的特殊宠遇有所裁抑。道教的发展在上层社会受阻,势力转入民间,转变成秘密宗教团体。这些民间宗教也有自己的经典,但不被政府承认,不能公开传播。日后重新编辑"道教全书"(或称"新道藏")时,流传于民间的这部分道教典籍应当收入。

《道藏》中所保存的若干思想资料在中国思想史上占有重要的地位。它与佛教一样,各个时代的重要哲学思潮,在这里都有所反映。这些资料丰富了中国哲学史的内容。如魏晋以后,哲学界关心和讨论的中心问题是本体论。以本体论取代两汉的宇宙构成论,这一变化,说明中华民族理论思维的深入和提高。从本体论转入心性论的讨论,是中华民族理论思维的又一次提高。隋唐时期,佛教各大宗派如天台、华严、禅宗等都各在自己学术领域里有所建树,佛教的心性

---

① "佛藏"雕版刊印,始于北宋开宝年间,世称《开宝藏》。《道藏》踵"佛藏"之后,也是从北宋开始雕版刊印的,只是比《开宝藏》迟了百余年。

论处在时代思潮的领先地位。道教的理论也适应这一时代思潮。世人论道教内丹之学，多认为它由外丹发展而来，这种说法不为无据，但还不能算全面地说明了问题。内丹说，实际上是心性之学在道教理论上的表现，它适应时代思潮而生，不能简单地认为内丹说的兴起是由于外丹毒性强烈，服用者多暴死，才转向内丹的。"内丹说"在道教、"佛性说"在佛教、"心性说"在儒教，这"三教"的说法有差异，三教探讨的问题的实质没有两样，都属于心性论。道教的《抱朴子》的"道"的理论已偏重于本体论，但不纯熟。唐代司马承祯的"坐忘"学说则是典型的心性论。当时道教与佛教相呼应，各自从自己的立场阐发心性之学。佛教、道教倡导于前，儒教反而显得落后，后来韩愈、李翱等人也跟着探索这一领域。这种理论兴趣和思维到唐末、五代更加成熟，成为学术界的中心议题。宋代理学兴起，心性论与治国平天下的封建政治学说相结合，形成理论完备的儒教体系，成为心性论的主力。佛、道二教没有继续发展，仍停留在原来的水平上，反而落后了。

金、元时期出现的全真道及其相关的教派，与以前的及后来的许多道教流派不同。这些特异的道教的政治背景，前辈学者已有很好的论述①。应当指出，金、元时期的全真教把出家修仙与世俗的忠孝仁义相为表里，把道教社会化，实际上是儒教的一个支派。儒教在宋代形成后，成为中国封建社会后期的思想支柱。南宋灭亡，儒教并未受到损伤。朱熹建立起来的儒教体系几乎全部在元代得到继承。政统虽然转移而道统赓续。皇帝换了姓氏，中华民族的传统文化反而凭借元朝强大武力推广到更边远的地区②。儒教势力强大，体系完

① 见陈垣先生《河北新道教考》等有关著作。
② 云南省各县的孔庙是元朝建立的。

整，超过佛、道二教。其实，它已包含了佛、道两教有关心性修养的内容。

　　研究道教不能离开佛教，也不能离开儒教。佛教与道教看起来长期有争论，事实上这两教基本上同兴衰、同荣辱、同命运。佛、道两教都受过政治压迫和迫害，佛教所遭受的政治打击的次数比道教还要多些①，原因在于佛教势力强大到与国争利的地步，政府就出来干预。佛、道两教互相吸收，道教吸收佛教的东西更多于佛教吸收道教的东西。唐代"三教"鼎立，唐中叶以后的总趋势为三教合一。宋以后，儒教形成自己的庞大体系，以釜底抽薪的方式，吸取佛、道两教的修炼方法，如静坐、养神、明心、见性等。这些都是孔、孟不曾讲过的。

　　中国的佛教早已中国化，佛、道两教相比较，道教似不及佛教机巧。试举聚讼千载的《老子化胡经》为例，老子化胡本属无稽之谈，佛教徒中不乏有识之士，并非看不出此说的荒谬，但他们任凭《化胡经》广为流布，并不进行反驳。佛教显然是利用道教为自己开路②，虽可以认为双方互相利用，毕竟佛教利用道教的成分更多。等到佛教势力强大到足以自张一军时，则发动教徒利用一切手段攻击《化胡经》。有关这个问题最后一次大辩论发生在元朝。假借元朝统治者的干预，连《道藏》的经版都销毁了。当然，流传了千百年的《化胡经》，山陬海隅，所在多有，光靠一次行政禁令是毁不尽的。

　　我们编写的《道藏提要》，仿《四库全书》提要体例，介绍《道藏》每一部书的时代、作者、内容，并附有目录索引、道书撰人编者的简介，

---

① 佛教所谓"三武之祸"。
② 汤用彤先生说："汉世佛法东来，道教亦方萌芽，纷歧则势弱，相得则益彰。故佛道均藉老子化胡之说，会通两方教理，遂至帝王列二氏而并祭，臣下亦言黄老、浮屠为一，固毫不可怪也。"（《汉魏两晋南北朝佛教史》，中华书局1983年版，第43页）

力求成为一部较完整适用的工具书。我们尽量利用前人研究成果。中国学者如刘师培、陈垣、陈寅恪、汤用彤、陈国符、王明、陈撄宁、翁独健诸先生的有关著作，日本学者吉冈义丰、大渊忍尔、福永光司等教授的有关著作，都用来作为参考、借鉴。

道教典籍多自称降自天宫，具体作者难以确定。我们除了采用传统考订、训诂方法，如从文字、音韵、版本目录等方面寻求证据外，还充分利用佛、道二教相互影响、相互渗透的关系，与佛教发展的情况对比，利用中国哲学发展思潮的总趋势来判断某一作品的时代，划出大范围作为标志。我们根据时代思潮的特征、人类认识史的一般规律，结合中国佛教、儒教不同时代所讨论的中心问题，多方衡量，力求把一些难以确定年代的典籍给它们找出比较接近实际的时代断限。

我们力求对祖国文化建设有所贡献。我们的时代要求这一代人从资料整理开始，为下一时期文化高潮的到来准备条件，做些铺路奠基的工作。如果能起一点铺路奠基的作用，乃是我们编写者共同的心愿。

（选自《念旧企新：任继愈自述》，山西人民出版社 1999 年版。原刊于《世界宗教研究》1989 年第 4 期）

# 为发展马克思主义的宗教学而奋斗

## 一

宗教学是社会上层建筑的一个重要部门，它渗透到人们的社会生活的各个方面。

马克思主义诞生前，人类对社会历史领域的一切研究，其指导思想是唯心史观。过去关于宗教的研究，包括历史上的无神论，都不可能是真正科学的。马克思主义的奠基人用辩证唯物主义和历史唯物主义的科学世界观对宗教问题进行了大量的研究，总结了前人关于宗教研究的成果，批判地继承了历史上各种无神论的遗产，奠定了马克思主义宗教学的基础，从此宗教学成为一门科学。马克思主义宗教学是马克思主义整个科学体系的一个重要方面。

马克思主义宗教学是在辩证唯物主义与历史唯物主义指导下，研究各种宗教的产生、发展及其走向消亡的规律的科学；宗教学既要研究各种宗教的历史、现状、教派、教义、经典以及宗教在社会历史上的作用，也要研究科学无神论、马克思主义宗教学原理、无产阶级对待宗教的政策等方面。

马克思主义诞生之前的旧唯物主义的无神论者，在自然观上是机械唯物论和形而上学，在社会历史观上则是唯心论，他们对宗教不可能做出真正科学的说明，他们的无神论总是不彻底的。人类进入资本主义社会，有了近代科学作为支柱的旧唯物主义无神论，其成就尚不过如此，由此上溯到封建社会、奴隶制社会，由于生产规模狭小和科学水平低下，那时的无神论当然更不足以降伏神通广大的宗教神学。只有马克思主义宗教学应用辩证唯物主义和历史唯物主义的科学世界观来分析和研究宗教问题，才是最彻底、最科学的无神论。

马克思主义宗教学在无神论问题上的彻底性，并不在于它主张科学无神论的坚决性，而是在于它科学地揭示了宗教的本质及其发生、发展和走向消亡的客观规律，论证了宗教这一社会现象历史地产生和消亡的必然性。与此相比较，其他一切宗教学说，或者由于阶级的偏见而拒绝承认这种客观规律的存在，或者由于世界观的局限而不能认识这种客观存在的规律，因而，它们都不是科学的宗教学，只有马克思主义的宗教学才是真正的科学。

马克思主义宗教学的内容是非常丰富的。它既要揭示宗教发生、发展和走向消亡的规律，就必须具体研究各种宗教产生的根源和发展的历史；它既要说明宗教的本质及其在社会历史中的作用，就必须具体研究各种宗教的历史、教义、教派、经典、理论及其社会意义，具体研究宗教与社会上的阶级斗争和其他意识形态（哲学、伦理、法律、文化、艺术、科学）的关系。就是说，马克思主义宗教学除了对一切宗教的共同本质和发展的共同规律进行一般的研究以外，还要对各种不同的宗教的特殊规律进行具体的研究。因此，原始宗教、佛教、道教、基督教、伊斯兰教、宗教心理、宗教艺术等方面，都应该是马克思主义宗教学研究的一个组成部分。

马克思主义宗教学的内容不仅包括各种具体宗教的研究，而且还包括与宗教神学相对立的无神论的研究。马克思主义宗教学本质上是一种科学无神论，它是在批判性地总结和继承历史上的无神论的优秀成果的基础上发展起来的。如果我们不研究中外无神论的理论和历史，就不能深入地把握马克思主义宗教学和科学无神论的内容。

除此以外，马克思主义宗教学的内容还应包括宗教与历史、宗教与民族、宗教与政治、宗教与哲学、宗教与道德伦理、宗教与文学艺术、宗教与科学等问题的研究，因为宗教在社会历史上的实际作用主要就体现在这些领域之中，而正是这些实际作用具体体现了宗教的本质与特性。

<h2 style="text-align:center">二</h2>

马克思主义宗教学在我国是一门发展较晚、基础较薄弱的学科。研究人员很少，大学里至今没有设立专门系科来培养这方面的人才，用马克思主义的科学世界观来研究宗教问题的著作和文章为数不多。这种落后的状况，就使得社会上有不少人对这门科学的性质和意义缺乏了解。有人问："现在是搞四个现代化，研究宗教学干什么？"为了使宗教学得到应有的发展，就必须向社会作必要的宣传，说清楚研究宗教学的意义，在当前条件下，特别要说清楚它在我国实现新时期的总任务，实现四个现代化的伟大事业中的重要作用。

就我个人粗浅的认识，研究宗教学的意义和作用，似乎可以归纳为以下四个方面：

**（一）批判信仰主义和蒙昧主义，为实现社会主义现代化扫除障碍**

华国锋同志在五届人大的政府工作报告中，提出了新时期的总任务，规划了在 20 世纪内把我国建设成为现代化的社会主义强国的宏伟蓝图，对各项事业都提出了明确的奋斗目标，其中提到要"积极开展……宗教学"的研究。这表明以华国锋同志为首的党中央关怀、重视宗教在社会生活中的地位和作用。我们从事宗教学研究的同志，热切希望在实现四个现代化的伟大事业中贡献力量。我们可以通过批判神学、破除迷信，扫除新长征路上的某些障碍。

近代中外历史表明，任何一次推动现代化的社会革命和社会变革，总是高举科学与民主两大旗帜。而批判神学，破除迷信，打破各种形式的蒙昧主义、专制主义的束缚，则是它必不可少的重要内容。历史上批判宗教神学和信仰主义的思想斗争，常常是变革旧制度的政治革命的先导。在中国近代，不少先进的人士都曾进行过批判宗教迷信的启蒙宣传，为资产阶级民主革命作舆论准备。

从欧洲文艺复兴时期以来，新兴资产阶级在进行反对封建制度的革命时，他们的先进思想家长时期地进行了反对中世纪神学和信仰主义的启蒙宣传，并与基督教教会作了激烈的斗争。15 至 16 世纪，西欧资本主义刚刚兴起，资产阶级为了论证追求资本主义利润的合理性，他们的思想家开展了以批判中世纪的宗教禁欲主义为中心的人文主义运动。这个思想运动从意大利波及全欧，为资本主义的发展起了开辟道路、扫除障碍的作用。17 世纪尼德兰资产阶级在欧洲取得了第一次资产阶级革命的胜利。当时为争取革命的胜利和巩固革命的成果，便出现了以斯宾诺莎为代表的唯物主义无神论思潮，对基督教和犹太教神学进行了批判。17 世纪英国资产阶级革命过程中，英国出现了自然神论思潮，这个思潮用理性和科学来改造和对抗传统的宗教神学，反对神学宣扬万能上帝凭其自由意志左右自然事物和社会生活，通过这种批判来反对君主专制制度，为英国资产阶级在 1688 年政变后建立的君主立宪制度，奠定了思想基础。18 世纪法国的唯物主义和无神论反对信仰主义、蒙昧主义的斗争，更是直接为法国资产阶级政治大革命鸣锣开道的一场深刻而广泛的思想革命。这场思想革命的中心内容则是宣扬科学、反对神学，提倡理性、反对迷信,主张人权、反对神权,其政治目的则是用资产阶级民主制取代封建君主的专制主义和神权统治。19世纪德国资产阶级也在反对封建专制制度的同时,掀起了具有德国特点的批判宗教神学的思想运动。康德哲学和黑格尔哲学与当时的德国资产阶级一样,都具有明显的两面性。在对待宗教神学的态度上,既有保守的一面,也有进步的一面。康德用不可知论的形式,从理性的王国中否定了上帝的地位和神学的权威;黑格尔则用"绝对观念"这种纯粹理性的实体来改造基督教神学中三位一体的上帝。最后,费尔巴哈彻底否定了康德的不可知论和黑格尔的绝对唯心论,干脆宣布上帝不过是人的本质的虚幻的映像,建立了人本主义的唯物主义。19世纪的德国资产阶级思想家对宗教神学的批判为1848年的德国革命作了一定的思想准备。

总之,欧洲各国资产阶级革命的历史事实清楚地证明,各国的资产阶级革命几乎都是通过对传统的宗教神学的批判,通过无神论的宣传,通过提倡科学与民主的启蒙教育来清除前进道路上的障碍,为革命的胜利创造条件的。西方资产阶级的先进思想家们为此进行了长期的、艰苦的斗争,不少人甚至为此付出了生命。西欧资产阶级反封建制度的民主革命进行得比较彻底,资产阶级民主制度得到了比较高度的发展,残留的封建专制主义和神权政治的影响比较少。今天,西方世界的科学技术之所以发展得比较快,当然有各种原因。但是,我们应该承认,资本主义上升时期的先进思想家们所进行的启蒙宣传、他们对传统的宗教神学和神权政治的批判,也是一个非常重要的因素。当然,我们也要看到,西方资产阶级在变成社会的统治阶级以后,转而利用宗教来维护自己的统治权。但是,人类历史总是向前进的,谁也不能使历史退回到中世纪封建神权的专制统治时代,谁也不可能重新把科学和哲学变成神学的婢女。

马克思主义的产生和发展，也是和反对宗教神学的斗争分不开的。马克思、恩格斯是在费尔巴哈批判宗教神学的影响下，从青年黑格尔左派转变为唯物主义者的。恩格斯是这样来说明费尔巴哈对他与马克思的影响的："这时，费尔巴哈的《基督教的本质》出版了。它一下子就消除了这个矛盾，它直截了当地使唯物主义重新登上王座。自然界是不依赖于任何哲学而存在的；它是我们人类即自然界的产物本身赖以生长的基础；在自然界和人以外，不存在任何东西，我们的宗教幻想所创造出来的最高存在物只是我们所固有的本质的虚幻反映。魔法被解除了；'体系'被炸开了，而且被抛在一旁，矛盾既然仅仅是存在于想象之中，也就解决了——这部书的解放作用，只有亲身体验过的人才能想象得到。那时大家都很兴奋：我们一时都成为费尔巴哈派了。马克思曾经怎样热烈地欢迎这种新观点，而这种新观点又是如何强烈地影响了他（尽管还有批判性的保留意见），这可以从《神圣家族》中看出来。"①

马克思、恩格斯从费尔巴哈那里继续前进，由对宗教的批判进一步发展到对政治的批判，由对神的批判进一步发展到对法的批判，得出了无产阶级革命的结论，对国际工人运动起了推动作用。

列宁在1905年俄国民主革命失败以后，针对当时革命队伍中出现的悲观失望情绪、寻神说、造神说等反动思潮以及其他形式的信仰主义和僧侣主义，写出了《唯物主义和经验批判主义》等著作，用辩证唯物主义的科学世界观武装了布尔什维克党。

毛泽东同志在我国新民主主义革命时期，十分重视对人民群众

---

① 《马克思恩格斯选集》第4卷，人民出版社1972年版，第218页。

进行无神论的启蒙教育,启发人民群众打碎封建神权的政治枷锁和宗教迷信的精神束缚。

无产阶级的伟大导师们在领导无产阶级推翻资本主义的革命斗争中,写了一系列关于宗教问题的专门著述。他们用辩证唯物主义和历史唯物主义的科学世界观,阐述了宗教的本质及其在社会历史上的作用;揭示了宗教存在的根源及其发生、发展和走向消亡的客观规律;全面批判了宗教神学和各种形式的信仰主义,奠定了马克思主义宗教学和科学无神论的基础;制定了无产阶级政党对待宗教问题的路线和政策。

一百多年来,马克思主义对宗教神学的批判和对无神论的科学理论的宣传,教育了广大的无产阶级和人民群众,使许多人从宗教迷雾中清醒过来。他们在革命导师的指引下,摘去了"装饰在锁链上的那些虚幻的花朵",砸碎反动统治阶级套在自己脖子上的锁链,"伸手摘取真实的花朵"。[①] 他们抛弃了对于虚幻天堂的幻想,为在现实人间建立真正的天堂——实现社会主义和共产主义而斗争。

历史告诉人们,批判宗教神学和信仰主义以及尊重理性、提倡科学的启蒙教育,在革命斗争中,对进步的阶级和进步势力都是必不可少的课题。它不仅为新兴资产阶级的反对封建主义斗争以及其他进步势力反对保守势力的斗争作了必要的思想准备,而且对于在马克思主义指导下的无产阶级革命的胜利也是必不可少的思想条件。

现在的问题是:在我国当前实现社会主义现代化的进程中,我们宗教学研究应当起什么作用?

实现四个现代化,并不是一项单纯的经济建设任务,而是性质极

---

① 《马克思恩格斯选集》第 1 卷,第 2 页。

为深刻、内容非常广泛的一次社会革命。它不仅要改变我国的整个经济面貌，而且也必然要改变我们的精神生活和上层建筑各个领域的面貌。

从我国三十年来进行社会主义革命的历史实践，特别是从1974年周恩来总理在四届人大的报告中提出四个现代化以来的历史实践，我们看到，要在我国建成一个现代化的社会主义国家，不会是一帆风顺的。不仅会受到敌人反对，而且也还会遇到来自人民内部的各种各样的保守势力方面的阻力。其中，宗教神学思想、各种形式的信仰主义，严重地阻碍了四个现代化的实现。

十多年来，林彪、"四人帮"疯狂反对实现四个现代化的伟大目标。他们不是宗教徒和神学家，也没有公开宣传宗教神学，但是，他们为了篡党夺权，却继承了天命论的传统宗教观念。林彪说他们一伙是"既受于天，且受于人"的"天才"；"四人帮"则在唐山大地震时，宣传什么"地转实为新地兆，天旋永立新天朝"，用封建帝王的"奉天承运"的天命论，为自己鼓劲，替帮派壮胆。

为了愚弄人民，把人民变成俯首听命、盲目顺从的工具，林彪、"四人帮"很长时期以来就有计划、有目的地歪曲和篡改马列主义、毛泽东思想的革命性质，妄图把其变成为一种僵死的宗教神学。他们别有用心地把领袖的一言一语，都说成是绝对真理；他们反对实事求是，宣传盲目迷信、"句句照办"；他们反对人民群众改善物质文化生活的一切合理要求，鼓吹苦行、苦修的禁欲主义；他们仇视科学和文化，贬低理性与知识，说什么"知识越多越反动"，贩卖蒙昧主义。不仅如此，他们还把这一套信仰主义货色，用新的宗教仪式装潢起来，强加给革命人民。他们在全国强制推行所谓早请示、晚汇报，一举一动都要念念有词，在像前请罪，对着语录检讨……所有这一切，和宗教的祈祷、祭祀、忏悔等仪式几乎没有区别。这是一种特殊形式的新宗教。

这种新宗教和现代迷信，给我们的事业带来了深重的灾难，一个好端端的社会主义国家几乎被他们拉回到中世纪去。人民本来是社会主义的主人，却变成靠忏悔过日子的罪人；迷信代替了科学实践，哲学社会科学变成了烦琐僵化的章句之学；研究科学有罪，发展生产有罪，实事求是、坚持真理更是有罪。国民经济濒临崩溃的边缘，科学文化日趋衰落。这些触目惊心的现实是全国人民有目共睹的。

现在，大家不禁要问：林彪、"四人帮"的新宗教为什么长期通行无阻，在许多人中煽起如醉如狂的宗教感情？这个问题值得我们理论工作者严肃对待。原因显然是多方面的，而其中一个重要的历史原因就是我们在民主革命时期对封建神权和宗教迷信的批判还不够深入彻底。五四运动时期，提出过"科学"与"民主"的口号，搞过一点启蒙宣传。但是，中国资产阶级的软弱性决定了这种宣传的深度和广度都不够，破得不深，立得不牢。几千年流传下来的封建宗法观念和信仰主义、蒙昧主义思想并未从人们的思想深处扫除干净，落后的小生产经济又为这些封建余孽提供了存在的社会土壤。正是由于中国的社会条件有不同于西方的特殊性，就决定了中国的修正主义必然有不同于西方的修正主义的特点。西方修正主义骨子里是资本主义，而中国的修正主义骨子里是封建主义。林彪、"四人帮"用小生产经济的封建宗法观念和信仰主义、蒙昧主义来冒充马克思主义，政治上变无产阶级专政为封建宗法的专制统治；经济上反对现代化；思想上把马克思主义修正成一种化了装的中世纪的经院哲学。

现在，林彪、"四人帮"虽然被打倒了，但他们这一套东西的流毒并没有完全肃清，现代宗教迷信赖以存在和发生作用的社会条件也还没有完全改变。从 1978 年理论界关于实践与真理问题的讨论中，我们看到，有些人就坚决反对"实践是检验真理的唯一标准"这一马克思主义的根本原理。他们一听到要从实际出发，实事求是，就高喊这是什么"砍旗"。他们继续主张：凡是领袖的话，"句句是真理"，字字要照办。这些同志并不是"四人帮"，甚至其中有些人还受过"四人帮"的打击迫害，但他们的思想与"四人帮"的封建主义、信仰主义，却有某些共同之处。

历史和现实都教训了我们，使我们进一步认识到深入批判宗教神学、批判封建主义和信仰主义的必要性和迫切性。

要实现四个现代化，我们必须用马列主义、毛泽东思想作为我们事业的指导思想。但是，要使马列主义、毛泽东思想的科学世界观在全国人民头脑中完整地、准确地扎下根来，我们必须深入批判一切形式的修正主义，特别是要批判以林彪、"四人帮"为代表的以"左"的革命词句装潢门面，实际具有封建主义、信仰主义、蒙昧主义特点的中国式的修正主义，教育我们的广大人民以科学的态度，而不是以宗教迷信来对待马列主义和毛泽东思想。这样，就能帮助我们防止将来再出现新的林彪、"四人帮"式的阴谋家和骗子，防止宗教神学和信仰主义以新的形式再次出现。在实现四个现代化的过程中，必然要碰到许多新问题、新事物，这只有靠我们在马克思主义的科学世界观的指导下，用科学的态度和方法、从实际出发来解决。虽然马克思主义给我们指出了普遍原理，但是中国在实现四个现代化中所遇到的许许多多新情况却不可能从马列主义经典著作中找到现成的答案。为了发展马克思主义的宗教学，我们必须付出艰苦的劳动。那种宗教徒式的虔诚，死守字句和条文，不仅不能把社会主义事业推向前进，而且相反，将要断送我们的党和国家。

要实现四个现代化,科学技术的现代化是关键。科学文化是在和宗教迷信的斗争中发展起来的。不破除信仰主义和蒙昧主义,不清除人们头脑中的迷信思想,要提高整个民族的科学文化水平,实现四个现代化是不可能的。

实现四个现代化是全民族的事业,只能依靠亿万群众的积极性和革命首创精神。要做到这一点,就必须批判宗教神学的"救世主"思想,批判封建神权和家长制观念,充分发扬社会主义民主。人民只有生活在高度的民主空气之中,才能充分发挥其聪明才智,才会以主人翁的精神来致力于实现四个现代化的伟大事业。

我们在宗教学研究战线上从事理论工作和实际工作的同志们,在批判宗教神学和信仰主义方面,负有义不容辞的责任,我们应该行动起来,从各方面深入批判宗教神学和一切形式的信仰主义,宣传马克思主义,宣传科学与民主,破除迷信,解放思想,为实现四个现代化的伟大革命做出我们应有的贡献。

**(二)正确认识宗教发生、发展和走向消亡的客观规律,为党和国家制定宗教政策提供理论根据**

马克思主义是彻底科学的无神论,根据历史发展的规律,我们说宗教必然消亡。但是,宗教怎样逐渐消亡? 我们对宗教应采取什么样的政策和措施? 这就必须认真研究宗教发生、发展和走向消亡的客观规律。不按照客观规律办事,必然要碰壁。

恩格斯早就指出,宗教存在的最深刻的根源在于异己的自然力量和社会力量对于人们的统治。"当社会通过占有和有计划地使用全部生产资料而使自己和一切社会成员摆脱奴役状态的时候(现在,人们正被这些由他们自己所生产的、但作为不可抗拒的异己力量而同自己相对立的生产资料所奴役),当谋事在人,成事也在人的时候,现在还在宗教中反映出来的最后的异己力量才会消失，因而宗教反映本身也就随着消失。原因很简单，这就是那时再没有什么东西可以反映了。"①

这就是说，宗教只能是在私有制和剥削制度的最后消灭和人们成为自然力量和社会力量的真正主人之后才能最后消亡。因此，马克思主义政党的根本任务是团结和教育包括信教群众在内的劳动群众为消灭资本主义、建设社会主义而斗争。我们党当然要对信教群众进行科学世界观和无神论的教育，但这是为了启发他们自觉地起来批判宗教，而不是对他们大声疾呼地向宗教宣战。列宁指出："1874 年，恩格斯谈到当时侨居伦敦的公社布朗基派流亡者发表的著名宣言时，认为他们大声疾呼向宗教宣战是一种愚蠢的举动，指出这样宣战是提高人们对宗教的兴趣、妨碍宗教真正消亡的最好手段。恩格斯斥责布朗基派不了解只有工人群众的阶级斗争从各方面吸引了最广大的无产阶级群众参加自觉的革命的社会实践，才能真正把被压迫的群众从宗教的压迫下解放出来，宣布工人政党的政治任务是同宗教作战，那不过是无政府主义的空谈而已。"②

恩格斯、列宁的这些教导是在他们对宗教的根源及其发生、发展和消亡规律的科学认识的基础上提出来的。建国以来，我们的党和国家基本上就是根据这些教导来制定和执行一系列的宗教政策的。当然，由于我们对我国的各种宗教发展和起作用的具体规律认识还有一个过程，所以在具体的宗教工作中还有一些错误，但是总的说来，我们在宗教战线上的基本政策是遵循马克思主义宗教学所揭示的客观规律的。因此，我们在宗教战线上取得了很大的胜利。

---

① 《马克思恩格斯选集》第 3 卷，第 356 页。
② 《列宁选集》第 2 卷，人民出版社 1962 年版，第 376 页。

林彪、"四人帮"在"文化大革命"中，为推行"乱中夺权"的阴谋，以极"左"的面目出现，全盘否定"文化大革命"前十七年宗教工作的成绩，破坏党的宗教政策，取消宗教工作的机构，迫害宗教工作的干部。他们不仅"大声疾呼地向宗教宣战"，而且向普通的信教群众宣战，禁止一切正常的、合法的宗教活动，不分青红皂白，把宗教界爱国人士，甚至信教群众统统当作牛鬼蛇神予以"横扫"，叫喊要在一个早晨彻底消灭宗教。林彪、"四人帮"这一套做法，伤害信教群众的感情，混淆两类不同性质的矛盾，给一小撮坏人利用宗教从事反动活动以可乘之机。因此，我们在宗教工作战线上必须拨乱反正，清算林彪、"四人帮"对宗教工作造成的流毒，贯彻我党行之有效的以马列主义、毛泽东思想为指导的宗教政策。为了正本清源，我们必须正确认识宗教发生、发展和走向消亡的规律。正确地认识这个规律并运用它去改造客观世界，是我们在宗教工作战线上的同志的共同任务，也是马克思主义宗教学所要研究的根本内容。当马克思主义的宗教学正确反映了这个客观规律时，它就能在实践中发生巨大的作用，为我们党和国家制定正确的宗教政策提供理论根据，武装宗教工作者和革命群众的头脑，在实际工作和理论工作中有更大的自觉性，避免盲目性，做好我们的工作。

**（三）了解世界各国宗教的历史与现状，为增进国际交往、加强国际团结做出应有的贡献**

当今世界上有四十二亿人口，其中有宗教信仰的约占二十五亿，各种宗教影响着广大人口。在许多国家的政治生活和精神生活中，宗教仍然发挥着强大的影响，其中还有一部分国家的宪法规定了某一宗教是他们的国教。宗教界的动向常常对这些国家的政治形势和国际政策起相当的作用。为加强我国与各国人民，包括宗教徒在内的友好往来，我们需要研究与各国历史、文化有密切联系的宗教，并把宗教研究活动作为文化思想交流的桥梁之一。如果我们对宗教的各种情况缺乏具体的、深入的了解，就难以采取正确有效的方针，顺利地进行国际交往。

当前，国际上有些政治力量和政治思潮往往通过宗教形式表现出来，但它们的政治倾向和阶级特性并不完全一样，我们应该透过其宗教形式把握其不同的政治倾向，作具体的阶级分析。恩格斯在分析欧洲历史上多次革命运动与宗教的关系时为我们提供了光辉的范例。他指出："中世纪把意识形态的其他一切形式——哲学、政治、法学，都合并到神学中，使它们成为神学中的科目。因此，当时任何社会运动和政治运动都不得不采取神学的形式；对于完全受宗教影响的群众的感情说来，要掀起巨大的风暴，就必须让群众的切身利益披上宗教的外衣出现。"[①]

欧洲中世纪的反封建的革命反对派大多是以宗教运动的形式出现的。近代欧洲资产阶级早期的几次大的革命运动（16 世纪德国资产阶级革命的序幕，17 世纪尼德兰、瑞士、苏格兰、英格兰等国的资产阶级革命）都是以马丁·路德派或加尔文派的宗教改革作为其意识形态的外衣。类似情况在中国历史上更是屡见不鲜。从东汉末年的黄巾起义到清朝末年的太平天国革命，多次农民革命运动也是利用宗教形式作为其动员群众、组织群众的一种手段。这些历史事实都表明起决定作用的因素是革命阶级的经济地位和政治要求，而采取宗教形式只是在当时条件下的一种外衣。在当今世界上，在那些宗教势力对社会政治生活和精神生活依然发生强大影响的地区和国家，

---

[①]《马克思恩格斯选集》第 4 卷，第 251 页。

各种政治力量和不同阶级之间的斗争往往仍在意识形态上表现为不同的宗教形式。至于不同的政治力量对他们宗教教义信仰虔诚的程度,那是无关重要的,对此不必过于认真。我们对具体情况必须进行具体分析。宗教从本质上说当然是保守的,以至是落后的,但隐藏在各种宗教形式背后的社会政治倾向并不完全相同,我们不能因为其具有宗教的形式而一概否定、一律反对。事实上,国际宗教人士中也的确有一些人怀有反殖、反帝、反霸的进步要求,而又一些人甚至怀有利用某些教义来进行社会改革的善良愿望,还有一些人对我们社会主义中国有着友好的感情。我们和他们有不同的信仰和不同的世界观,但这并不妨碍我们之间在反殖、反帝、反霸事业中有着共同的语言,更不妨碍我们国家与国家之间、人民和人民之间的正常交往、友谊与合作。我们应该对国际上这些复杂现象有清醒的认识和具体的分析,团结国际宗教界中一切友好进步人士,加强反殖、反帝、反霸的国际统一战线。

### (四) 不批判神学,就不能写好哲学史、世界史和文学史

1963 年,毛泽东同志在一个批示中谈到研究宗教、批判神学的重要意义时,曾具体指出,不批判神学,就不能写好哲学史,也不能写好世界史和文学史。这个论断是很深刻的。宗教在历史上对社会生活各方面都有巨大的影响,所以各个社会阶级常常利用它来作为阶级斗争的武器。历史上的许多阶级斗争,常常离不开宗教,甚至直接表现为各种宗教或不同教派之间的斗争,有时则表现为宗教与各种无神论思潮的斗争。中外历史上多次农民起义、群众运动以及一些国家的民族解放运动,曾利用某些宗教教义和宗教组织形式作为动员群众、组织群众的一种手段,对于宗教在这些历史事件中所起的具体作用以及它和民族问题的关系,我们必须用历史唯物主义观点做

出具体的历史分析，否则，要想写出一部科学的中国史和世界史是很困难的。

上层建筑、意识形态各个领域往往是互相影响，宗教与哲学、伦理、文学、艺术等意识形态更是经常相互渗透。哲学上的斗争常常与围绕宗教问题的斗争有密切的关系。拿中国哲学史来说，它与欧洲哲学史一样，也是唯物主义和唯心主义、辩证法和形而上学的斗争史。唯心主义和形而上学不过是宗教神学的哲学表现，所以，唯物主义和辩证法便经常在反对宗教神学的斗争中得到发展。我国的宗教神学溯源于商周以来的"天命观"，及至两汉则发展为董仲舒的神学目的论。从魏晋到隋唐，是佛、道（特别是佛教）广泛传播的时期，成为封建统治阶级的一种重要思想武器。宗教神学渗透到了人民生活的各个方面，影响着风俗习惯和文学艺术等各个领域。荀况反对"天命观"的斗争，王充反对谶纬迷信的斗争，范缜反对佛教灵魂不死说的斗争，一浪高过一浪地推动着朴素唯物主义向前发展。与此相对立，哲学唯心主义则从佛教中汲取营养，形成了以程朱陆王为代表的宋明理学唯心主义体系。宋明理学唯心主义这个儒佛的混血儿，在封建社会后半期，起着维护君主专制主义、"以理杀人"的极端反动作用。从宋代的陈亮、叶适到明清的王夫之、颜元、戴震，这些战斗的唯物主义者，对于这种儒佛合流的理学唯心主义进行了尖锐的斗争，也从不同的方面触动了封建主义的神圣教条，这为促进工商业的发展、保护市民的利益和支持资本主义的萌芽，起了积极的作用。

在西方，由于基督教的精神统治，宗教神学对于哲学的影响更为直接。在西方哲学史上，上帝存在、灵魂不灭、意志自由三大神学问题，一直是唯心主义和唯物主义论战的中心内容。如果我们不具体把握哲学与宗教的关系，就不能真正懂得哲学发展的规律，也就写不好哲学史。我们要善于理解毛泽东同志这一指示,它所包括的意义,应当不限于哲学史、文学史、世界史,而是指的要充分认识真正重视宗教与一切上层建筑之间的密切关系。要看到宗教这种意识形态已经成为过去遗留下来的全部文化中的一部分。

随着四个现代化的逐步实现,我国必将出现一个文化建设的高潮,哲学社会科学必然会有很大发展。哲学、历史学、伦理学、文学艺术的发展都面临着前所未有的深刻的变革,要求我们对宗教进行更深入地研究,对神学进行更彻底地批判。我们要估计到哲学社会科学的这种发展趋势,积极开展宗教学的研究。当然,研究宗教、批判神学并不单是我们宗教学工作者的任务,而且是有关学科的共同任务。我们希望与广大哲学社会科学工作者一起来开展宗教学的研究,共同参加批判神学的战斗。

# 三

若干年来,林彪、"四人帮"的文化专制主义把我们的科学文化事业弄得到处是禁区,造成百花凋残、万马齐喑的局面。科学研究是老老实实的学问,是对客观真理的探索。从事科学研究的人,只有生活在能够独立思考、自由讨论的学术民主的空气之中,才有可能充分发挥自己的聪明才智和首创精神,攀登科学文化的高峰。为了发展马克思主义的宗教学,在这个领域内取得高水平的成果,写出高质量的学术著作,我们必须彻底清除林彪、"四人帮"文化专制主义的一切恶果,努力创造一种在学术上能够独立探索、自由讨论的民主空气和敢于坚持真理、勇于改正错误的革命学风。这就要求我们认真贯彻"百家争鸣"和"百花齐放"的方针,不折不扣地执行"三不"主义。要全面实行"双百"方针和"三不"主义，还可能遇到阻力。粉碎"四人帮"以后，党中央做了大量的工作来肃清文化专制主义的流毒，大力提倡社会主义民主，因此，我们应该理直气壮地阔步前进，解放思想，打破科学研究领域中的一切禁区，为真理而斗争。当然，对于真理的认识，不可能是一次完成的。在追求真理的过程中，犯这样那样的错误，对任何人说来都是难以避免的。毛泽东同志说："谁不犯一点错误呢？无论是谁，总要犯一些错误的，有大有小。"①科学研究中犯错误是常见的事，并没有什么可怕，发现错误改了就是。科学研究的过程，也就是不断克服错误继续前进的过程。我们欢迎在百家争鸣的民主空气中认识和发现客观真理，不断攀登新的科学高峰。

我们按照三中全会的精神，要继续破除科学文化领域的一切禁区。这个问题对全面贯彻"双百"方针至关重要，大家都应该查一查，看看在我们宗教研究领域中还有没有禁区？还有哪些禁区？然后大家一起来彻底打破。我初步想了一下，觉得在我们这个领域内有形无形的禁区还是有的。例如关于原始基督教的评价问题，在我们许多同志中是有明显的分歧意见的。但始终没有充分展开讨论。主张原始基督教有进步性的人，怕别人给扣上为宗教辩护的帽子。反对这种看法的人，又怕别人说自己与恩格斯的主张唱对台戏。这种两难情况，就是双方都有禁区的明显表现。与此相关，对于宗教在社会历史上一般地有无进步作用问题，也因类似的原因而没有展开自由的讨论。还有我们宗教学领域的百家争鸣的参加者的范围究竟有多大？这也是一个值得讨论的问题。在马克思主义者和无神论者内部，各种不同观点的争鸣，这是不成问题的。但是是否应该允许有神

---

① 《毛泽东选集》第 5 卷，人民出版社 1977 年版，第 207 页。

论者来和我们无神论者争鸣呢？有些人有顾虑。我们是无神论者，不赞成宗教有神论的世界观，但我们不能用强制的手段去强迫人们放弃宗教信仰，只能用民主讨论的办法、说服教育的办法，使他们自觉地逐步树立科学世界视。为此就必须让他们放心大胆地把自己的主张和道理讲出来，然后才能展开认真的讨论，用真理去说服别人，在宣传无神论的刊物上可以发表有神论者的文章，在民主的空气中进行理论上的辩论。这种辩论对于我们发展马克思主义宗教学的研究，只会有好处。我这个主张也许有人不同意，我这是一家之言，讲出来是为了以实际行动参加"百家争鸣"。

总之，我们要解放思想，破除禁区，切实贯彻"百家争鸣""百花齐放"的方针，造成浓厚的学术民主的空气，使马克思主义的宗教学的学术研究繁荣起来，顺利地发展，不断地向新的水平前进。

（原刊于《哲学研究》1979 年第 4 期）

# 从王充到熊伯龙

王充与熊伯龙都是中国重要的无神论者,熊伯龙的无神论思想直接继承了王充。我们将王充和熊伯龙的无神论思想进行比较,对中国无神论的研究无疑是有益的。

## 无神论思想与唯物主义世界观的关系

无神论同唯物论是一致的,无神论经常与唯物论并肩前进,成熟的无神论总是以唯物主义世界观为基础,唯物主义世界观在鬼神观念方面必然表现为无神论。如先秦的荀子、韩非等,都是唯物主义者,又是无神论者,这种无神论,既反对鬼神给人以祸福,也反对天命决定论。汉代的王充,反对董仲舒的神学目的论,主张元气自然论。王充自称反对儒家,赞成道家。① 在唯物主义思想指导下的无神论,其战斗性坚强,体系也严谨。也有另一类半截子无神论者,不具有唯物主义世界观,只是对鬼神或天命持有存疑态度。如尊天信鬼的墨子,反对天命论,有人认为这也属于无神论。还有所谓宗教徒的"无神论",如佛教徒为了抬高自己的地位,也自称为"无神论"。又如儒教信徒,也有不少反对民间迷信、巫术,利用政治权力拆毁、禁止一些不见经传的祠祀的,像朱熹、陆九渊、王守仁等都属于这一种"无神论"。这一种"无神论",虽自称不信鬼神,实际上他们是站在一种有

---

① 《论衡·自然篇》:"虽违儒家之说,合黄老之义也。"

神论立场去排斥异端信仰。因此,他们根本不是无神论者,而是有神论者。儒教的假无神、真有神的面目,比之佛教更不易为人们所识破。

## 王充时代与熊伯龙时代对比

王充(27—100?)活动的时代是中国封建社会上升时期,处在汉代两次动乱之间最安定的时期。王充自己常说他写《论衡》的目的是"疾虚妄"。王充痛斥当时社会上流行的迷信,像风水、相面、占卜等。对自然灾害、风雨雷电、日蚀月蚀等现象,他都有科学的解释,对锢蔽人们思想的天人感应神学目的论,提出了尖锐的批评。王充在战斗中发展了中国古代的唯物论和无神论,创立了元气自然论。王充在理论上取得了胜利。这里要提出的是"在理论上",而不是事实上,王充不能凭借政府力量推广其无神论学说。王充的著作当时没有得到公开流传的机会,直到汉末天下大乱,汉王朝的思想控制减弱,《论衡》才得以流传,并引起重视。王充的清新的思想方法,使人们从长期定于一尊的儒家经学中解放出来。王充的无神论对两汉官方神学的扫荡,实为魏晋时期的玄学唯心主义本体论的出现,提供了必要的前提。

自从有了阶级,宗教也打上阶级的烙印。在远古时期,人们也有宗教迷信,但那时的"神"和人和睦共处。传说的开天辟地的盘古,炼石补天的女娲,还有有巢氏、燧人氏、伏羲氏、神农氏,以及保卫了华夏民族的部落领袖黄帝,都是造福人群的英雄,他们还没有对人间赏善罚恶的特权。这是自发宗教和神话的特点。到阶级出现,宗教也发生了相应的变化,天上的神被赋予人间帝王的特权,神对人间善恶有赏功罚罪的特权。人间善恶标准完全是按照统治者的利益来划分的,对统治者有利的行为是善,受到鼓励;对统治者不利的行为是恶,受到制裁。人世间王权对人民的统治赏罚、刑德并用,天神对人间也用赏罚两种工具。王权神授,王就是天子。

熊伯龙(1617—1669)的活动时期正当封建社会的衰落时期。上距王充已千余年。这千余年间中国封建社会内部发生了许多变化,出现了新的情况、新的问题,而这些新情况和新问题,是王充没有遇到的。清初社会上流行的封建迷信,如风水、相面、占卜,对自然灾害、风雨雷电等怪异现象不理解而产生的宗教迷信依然存在,阴阳灾异、天人感应之说虽不似汉代盛行,但仍然在流传。王充所没有见过的佛教①、道教从三国以后广泛流行,隋唐以后,释、道居然与儒并称、并行,成了封建社会的官方认可的合法宗教。宗教思想也比王充遇到的社会上流行的迷信提高了一个等级,有了比较系统的人为的宗教,它有教义、教规、教主、经典、教派,等等。它比两汉神学精致得多,这就给无神论者带来了更为艰巨的战斗任务。

还值得提出的是儒、释、道三教经历了长期的互相斗争、渗透、融合,宋以后经过儒家大思想家的改造,形成了儒教。儒家把佛道两家的宗教修养方法、屈从现实的奴化思想与儒家封建伦理、纲常名教相糅合,形成儒教②。儒教不像其他宗教提倡出世、出家,把宗教生活与世俗生活对立起来,儒教教人在现实世界之内去完成精神解脱。它不是叫人成佛、成仙,而是叫人成"圣人"。儒教认为圣人与凡人不同

---

① 佛教传入虽在王充以前,但当时没有在社会上广泛流传,没有发生广泛的社会影响。
② 儒教,在国内外早已有人认为它是存在的,但也有人认为它不是宗教,只是一种学说。本人认为儒教是中国封建社会中特有的一种宗教,见《中国社会科学》1980年第1期《论儒教的形成》。

处在于他有与凡人不同的精神修养境界。许多宗教都宣传灵魂的堕落，人陷于罪恶不必出于行为的过失，人类罪恶更深刻的根源是与生俱来的"原罪"。宋儒也说，人的恶是来源于气质（人的生理结构），这就是中国式的"原罪"说。

熊伯龙所面临的封建社会，已进入衰落阶段，社会上增加了成体系的、更有迷惑力的宗教。王充没有看到过佛教和道教，"疾虚妄"的内容不包括佛教、道教。董仲舒对儒家已进行了第一次改造，把孔子装扮成神，他已经把儒家向儒教的方向推进，但还没有把儒家完全变成宗教。王充全力应付的是社会上流行的一般粗浅的宗教迷信。天人感应的神学目的论还没有提出两个世间的神学学说。那时的神学比较粗糙。

经过王充的批驳，神学目的论已站不住脚。汉末三国时期，战争的变乱造成广泛的社会动荡，人民生活极端困苦，这给佛教、道教的滋生提供了土壤和气候。经历了隋唐两代，佛教、道教有了更大的发展，形成具有独立寺院经济的许多宗教派别，出现了僧侣地主阶级。僧侣地主阶级本来是世俗地主阶级扶持起来的，但僧侣地主阶级过分壮大将影响到世俗地主阶级的土地收入和劳役剥削，引起利益上的矛盾，这时统治者经常利用儒家学说与佛、道两教对抗，以取得平衡，当时称为"三教"（儒、释、道）。后来三教的理论都趋于调和，互相承认对方的存在，而以自己为主体。儒家变成儒教是经过朱熹对儒家第二次改造的结果。熊伯龙对佛教和道教的认识是清醒的，斗争也很坚决。因为佛教、道教以及西方传来的天主教都具有明显的一般宗教特征，而儒教是一种具有中国特点的宗教，与中国传统文化、民族习惯有很深的联系，它不带有明显的出世的特征，反而以"无神论"反宗教的姿态出现，大力攻击那些异端邪说。熊伯龙对佛教、道教做了大量驳斥，比王充有所前进，熊伯龙却没有能够认识儒教也是宗教迷信。他受儒教的影响，常常站在儒教的立场上反对儒教以外的宗教迷信，因此他的无神论的地位就不及王充重要，他的战斗业绩也不及王充辉煌。

作为封建正统神学思想的儒教，是以巩固封建伦理、"三纲五常"为内容的一种新宗教。这种宗教统治着几乎全部的知识分子，是中国封建社会后期赖以维持残局的精神支柱，也是为了防止人民造反而制造的精神武器。儒教信仰天、地、君、亲、师，它广泛流行于上层社会，对于下层群众也有较深的影响。主要流行于下层社会的是风水、相面、八字、推背图、成仙成佛，偏重于讲个人解脱。还有一些民间秘密宗教，有的与封建三纲五常的说教对立，统治者生怕他们越出正常的轨道，明令禁止传播。

熊伯龙的时代，孔子已被奉为教主，儒教已经形成了几百年，并已取得巩固地位，具有支配人们思想行动的绝对权威。它提倡的纲常名教严密地束缚着广大群众的思想和行动。中国封建社会各地区发展很不平衡，从明中期以后，有的地区如长江下游太湖流域，已出现了资本主义萌芽，涌现了大量雇佣劳动者、手工工场的工人，因而产生了像黄宗羲那样的民主思想家。他批判的锋芒指向封建的君主制度，并提出了以知识分子为核心的民主制。如果沿着这一条思想道路发展下去，将会出现背叛儒教更激进的民主思想。清王朝统治了全国以后，在意识形态方面继承了宋明以来儒教全部遗产，并进一步强化它。在经济方面，重本抑末（重农抑商），禁绝了海外贸易，闭关自守，强化了自给自足的自然经济，使得明中期已出现的资本主义萌芽遭到摧折。统治者在哲学宗教领域则加强了思想统治。熊伯龙所走的道路与王充所走的道路及其客观作用表现出了差异。他们两人的历史功绩也有大小高下的不同。王充反对的是当时锢蔽思想最大的障碍，即"天人感应"论。王充建立了元气自然论以驳斥神学目的论。王充成为主要思想战场上的主将，打击的是当时最主要的唯心论和有神论，争论的问题也是当时头等重要的大问题，他立下了开创性的功劳。

熊伯龙的自然观完全继承了王充的元气自然论，熊伯龙的无神论学说是王充无神论学说的直接继承和发展。凡是王充所涉及的无神论各个方面，熊伯龙都继承了，并用更丰富的事实来充实王充已提出的论点。王充当时所未曾批判过的佛教和道教，熊伯龙也进行了严肃的批判，这都是熊伯龙的功劳。他是王充千年后的第一功臣。同时也应看到他们两人所处的时代不同了，即使说同样的话、做同样的事，如果时间、地点、条件发生了变化，它的客观效果也会不一样。因而他们两人在历史上的地位也就有了差别。王充是开创者，他开辟了中国唯物主义的新阶段，即元气自然论的唯物主义，从而在理论上打垮了唯心主义神学目的论，所以王充是伟大的唯物主义者，又是伟大的无神论者。熊伯龙也提出了有价值的命题，也在与宗教迷信做斗争，但他不是开创者，而是追随者。马克思发现历史唯物主义，在人类认识社会历史的道路上是一个飞跃，后来的马克思主义者，继承并接受了马克思的这一原理来说明社会历史现象，也取得了可观的成绩，但后来的历史唯物主义者与马克思的地位毕竟不能相提并论。中国哲学史上，创立程朱学派的二程，对隋唐的佛教、道教有所吸收改造并开始形成体系，所以在哲学上有很重要的地位。二程的弟子们游酢、杨时、尹焞、谢良佐直接继承二程的学说，说的完全是二程的道理，他们对二程学说的推广有功，但不及二程重要。朱熹继承了二程，完成了儒教的体系，所以朱熹在中国哲学史上地位很重要。

朱熹的嫡传弟子如黄榦、蔡沈等人的地位远不能与朱熹相比。王守仁发展了陆九渊的学说，形成了与程朱对峙的学派——陆王学派，哲学史上也占有重要地位。王守仁的弟子们，如王畿、钱德洪、聂豹等也讲王守仁的良知说，但他们的地位也不能与王守仁相比。

历史发展表明，维持中国封建社会的残局使它不致迅速垮台、压制新生资本主义使它不得发展的思想力量，拖住中国封建社会不让它前进的惰性力，正是儒教。在这一点，熊伯龙就更不能与王充相比。王充批判的是当时头号统治思想，是弥漫朝野的董仲舒的神学目的论，王充的哲学世界观元气自然论和董仲舒的神学目的论在体系上有着强烈的针对性。无神论与唯物主义是天然盟友。而熊伯龙的无神论在自然观方面也与王充一致，但熊伯龙针对当时流行于社会下层的一般迷信进行了批判，没有对当时占绝对统治地位的儒教开展批判，因而他的无神论的战斗性不免稍差。由于他推崇孔孟之道，所以对王充已经达到的思想高度（如对孔孟的怀疑），还不敢公开接受，说王充是"醇儒"，《问孔》《刺孟》不应该出于王充之手。他主观上虽出于对王充的爱护，实际上却反映了他比王充后退了。熊伯龙用意在于抬高王充，实际贬低了王充。因为王充从来没有承认自己是孔子的继承人。

## 从王充与熊伯龙的无神论看中国封建社会

熊伯龙的历史地位虽不及王充，毕竟不失为一位重要的无神论者，他的贡献在于有的放矢，针对社会上流行的各种宗教迷信思想开展批判。从《论衡》和《无何集》中反映的问题，可以看出从汉朝到熊伯龙近两千年，社会上流行的宗教迷信还是那些老问题，无神论阐述的还是那些老的答案,在漫长的一两千年间,无神论一直反对有神论,一直反对不掉,好像割韭菜,割了一茬,第二茬又孳生出来。这是什么原因?应当说从王充到熊伯龙,两千年来中国封建社会的性质未变。封建社会总有它共同的特点。封建社会的小生产,生产落后,靠天吃饭,人对自然无能为力。生产靠天,思想上不靠天是不可能的。

封建主义越是到了后期,为封建主义服务的宗教神学越要加倍努力去阻止新的生产关系的变革,才能延缓社会发展的步伐。它必然提倡蒙昧主义、信仰主义、禁欲主义,敌视科学,反对理性。有神论经过了封建统治者的塑造、加工,不断完善,终于构成了包罗万象的宗教神学体系。宗教神学体系反过来对封建主义的基础起着保护作用。中国儒教未形成并占据着绝对统治地位以前,中国科学在不断发展,虽然发展有时快有时慢。汉、唐时期,中国的文化、经济曾经一度走在当时世界的前列。如隋、唐时代的科学,造船、天文、历法等都很先进。但到明中叶以后,儒教在中国占了绝对统治地位,中国文化、科学开始停滞,落后于当时世界上一些先进国家。中国最早发明了火药,明代,军队中使用的最先进的大炮却要从欧洲进口。中国唐代已有了最先进的远洋航海技术,明清以后对世界形势却不甚了了。中国曾经一度领先的天文、历法,明以后推算的准确度已落后于西方,以致明末清初的钦天监不得不用西方人士担任。

这些现象,不是偶然的,而是儒教锢蔽思想,敌视科学,只讲"正心诚意""存天理去人欲"的宗教修养,只注意于改造人的灵魂,而不关心物质生产,不注意科学技术的结果。宗教与科学是根本对立的两种思想体系,科学发展了,必挤占宗教的地盘;宗教得势了,必妨碍科学的发展。中国儒教是以反宗教的面貌出现的,它反对佛教、道教，也反对社会上流行的一般迷信，如风水、相面、卜卦，等等，而无形中把宗教神学的世界观灌输到人民群众的日常生活中去，它把俗人变成了僧侣。

从王充到熊伯龙千余年重复批判的迷信现象的存在，说明中国封建社会的顽固性。熊伯龙到现在又有三百多年，三百多年来封建主义的影响依然十分严重。封建社会不可能彻底反对有神论，因为封建社会本身需要一种神学来维系它的存在。封建统治者为了论证王权神授，需要神学。封建社会的四大绳索把人民群众捆得死死的，从生活到思想都统治起来。

今天我国已进入社会主义社会，儒教的影响并未销声匿迹，而是借机会披上马列主义的外衣重新出现。十年动乱时期，新宗教曾一度笼罩着社会，中世纪的宗法、迷信、皇权、神权的枷锁又化装出现。马克思主义被歪曲为新神学、新迷信。这种迷信一旦附在身上，使人如痴如狂，陷于一种理直气壮的蒙昧主义。为了建设社会主义的文化，必须批判封建主义的宗教神学。令人感到沉重的是，王充所抨击的宗教迷信，熊伯龙时代依然存在，熊伯龙所抨击的宗教迷信，到今天仍未绝迹。我们对此深感不安，必须给予高度重视。人民民主革命后，情况虽不同于旧社会，有了马列主义的指导，但是人民群众在思想上还没有从长期的封建思想影响下彻底解放出来，在革命队伍里也带进了封建主义的影响，比如家长制、信仰主义、蒙昧主义、宗教禁欲主义等。文化科学水平低，也有利于宗教迷信的孳生。

无神论史和哲学史还表明，无神论在理论上战胜了有神论，并不意味着宗教迷信思想就此消灭。因为宗教的存在并不只是由于人们的无知和受骗，宗教存在有它的社会根源。只要社会上有阶级存在，剥削制度尚未消灭，宗教就有它的社会基础，不可能消灭。这就是历史上反复出现的不断批判宗教迷信,而宗教迷信总是消灭不了的原因。甚至在没有剥削阶级的社会里,旧社会的痕迹也不会很快消失,旧思想的残余影响也不能在短期内从人们的头脑里完全消除。不过这时宗教迷信不是作为具有维系社会经济基础的上层建筑而存在,只是作为一种旧思想的延续而存在,并对新的社会主义的生产关系发生消极性的作用罢了。只有完全实现共产主义,社会力量和自然力量对于人们不再成为一种异己力量时,宗教才会消亡。不经过思想斗争,宗教是不会自动退出历史舞台的。当前的有神论者说,到了共产主义社会,宗教迷信自然会消亡,现在讲无神论没有用处。无神论者认为共产主义不会自发实现,它要靠人们自觉地努力,物质文明与精神文明是同时并进、相互影响的,只要社会上存在着宗教迷信,人们不知道自己解放自己而求助于外在的异己力量,共产主义就不会到来。看起来两种意见差不多,但基本立场是对立的。放弃了无神论,等于放弃了社会主义思想原则,更谈不上实现共产主义,这就是我们的原则。

（选自《中国无神论文集》,湖北人民出版社 1982 年版）

# 现代文明与宗教对话

## 一

从 20 世纪的后期,世界已进入经济一体化。经济生活几乎不受国界、地区的限制。在世界上一个局部发生了经济危机,很快波及全世界。这种情况,在一两百年以前是不存在的。现在,在全球各地旅行的人都会发现,每一个大的城市百货商店里陈列的日用商品,来自世界许多国家工厂制造。结构复杂些的工业产品,如飞机、汽车、船只,它们的零部件,都不是出自一个国家和地区的,只是最后由一个工厂总成。这种现象说明生活细节中反映经济的一体化。

现代人正生活在一个充满了矛盾、困惑的世界。表现在诸多方面,仅列举几种现象来加以剖析。

"巧于制作(包括创造),拙于使用。"20 世纪的后半期,工业技术有了空前的发展,人类以现有的手段,自称没有制造不出来的东西。中国古人称赞手艺高明的技术为"巧夺天工",今天已不成问题。地球由星云演化,要有若干亿年才形成今天的面貌。有人宣称,用原子能弹头,可以在几分钟内毁灭地球好几次。难道一次还不够吗?

人能通过转基因制造新物种,连上帝也造不出的疯牛病、艾滋病、工业酸雨等,这些人造新产品漫不经心地出自今天的人类之手。

人亲手造出的产品有时使人类对它无法处理,像某些大国,拥有大量的原子武器,存在武器库,却不知如何使用,不能确定向什么地方投掷。虽然拥有它,又难以驾驭它,还唯恐别国仿制,科技先进的结果反倒成为负担。

"巧于生产,拙于分配",也是现代人遇到的新的矛盾。以粮食为例。一方面粮食积压在仓库,陈旧变质,同时又有大批饥民,每年因营养不良死亡的儿童几十万、上百万。一方面有能力制造出大量的纺织品,与此同时出现成千上万没有衣服穿的贫困人口,有的整个部族还过着赤身裸体的原始生活。

"物质产品极端丰富,精神生活相对贫乏",这又是一对矛盾。信息交流空前发达,而心灵隔阂不断加深。由于隔阂,引起误解、敌对、仇恨,甚至导致流血战争,导致死亡的人数不断增加。自然死亡,是生物规律,应无遗憾;非正常死亡,却大大高于正常死亡。这一反常现象,见得多了,习以为常,反倒让人见怪不怪了。医学发达,从肢体移植到内脏移植,存活率逐年提高,几十个专家,费去若干日日夜夜挽救一个生命,手术高明令人叹为奇迹;另一方面,一颗仇恨的炸弹一分钟内毁灭了成百上千无辜生命。人类是聪明的,号称万物之灵,但人类做出的蠢事也居万物之首。

## 二

回溯人类从动物演变成人,首先的标志是从自然人、生物人进步为社会人。这是一个质的飞跃。昆虫(如蜜蜂、蚂蚁等)也有社会性,但它们的社会性是不自觉的,是本能的,所以只是重复地延续,而没有发展。千万年前的蜜蜂、蚂蚁与今天的蜜蜂、蚂蚁几乎没有什么两样。而人类自从社会化以后,却在不断改变着整个地球,也改变着人类自身。人类的势力不断扩张,挤占了其他物种的生存空间,物种逐渐减少、灭绝。自然界被掠夺,生存环境被人类挤占,应该是重要原因。

人类有高度文化的时期,根据从欧洲到亚洲的文献考古资料,大致都不超过五六千年。文化高度发达的时间还要短些,据历史记载,欧亚都不超过三千年。西方从古希腊算起,中国从春秋战国算起。美洲的玛雅文明、非洲的古代文明因为材料不足,我们不便多作评论。

亚洲和欧洲人类这三千年来的发展的重要标志是它们的宗教和哲学。人类文明起源于宗教,宗教为知识之母,是事实。人类有了宗教,是人类发现自我的第一步。宗教开始接触到人与自然、人与人、现实已知世界与未知世界是什么关系,古今宗教学者都有过认真的探索与解答。

由于社会结构、地理环境、生活条件的不同,欧洲的宗教和亚洲的宗教各自走着自己的路。长期独立发展,逐渐形成独特的文化传统。

欧洲率先发生了工业革命。这一变革促进了生产的飞跃发展。工业的革命改变了人类的社会关系,由一家一户的小生产转变为社会化大生产,改变了生活方式,改变了社会结构,改变了古代社会政治与宗教关系。政教开始分离,产生了现代的国家组织形式。工业的大生产,推动了科学技术,自然科学从 16 世纪以后有了飞速发展。

亚洲的中国走着与西方不同的另一条道路。华夏各族生活栖息于长江、黄河两大流域广大地区,活动地域大小几乎相当欧洲,春秋战国(B. C. 600—B. C. 300)时期,人们开始酝酿建立多民族大一统的国家。秦汉(B. C. 200)时期这样的构想成为现实(西欧自从罗马帝国解体后,再也没有建立起统一的大帝国)。中国建成多民族统一的大国,人民从中得到一些实际的利益,比如统一大国利用国家权力消灭了内战；利用统一大国的综合国力，集中全国的财力、人力从事一些巨大的工程建设，如修长城用来防止侵略，建运河沟通南北经济交流；从事全国性的文化建设，编制大型图书，制定全国通行的官方文字，克服了中国地域辽阔、方言阻隔的障碍，有利于全国政令统一。在全国统一调配下，运用政令调剂全国的物资，荒年调拨粮食，转移灾民到丰收地区就食。多民族长期共处，政权领袖可以是汉族，也可由少数民族当皇帝，但统一的政权格局未变，奉行儒教的宗教信仰未变。从秦汉到1911年辛亥革命，中国信奉统一的宗教儒教成为国教。还值得提出的是儒教绝对的政教合一，皇帝与教主合为一人，皇帝是教主，教主也是皇帝。欧洲的国王加冕由教皇主持，才算合法。中国的皇帝自称"天子"（上帝的儿子），皇帝生来就是教主。几千年来，中国没有教皇与王权之争①。

使儒教构成完整体系的经典是儒家的"四书五经"，这种儒家经典，两千年来，政府规定为全国通用的教材。用这种教材教育全国各族青年，使他们定期参加国家考试，政府从中选拔各级官吏。各级官吏除了管理民政、司法以外，同时兼任神职人员的职能，祭祀地方山川诸神祇，祈雨、禳灾。大一统的中国与西方欧洲走着两条不同的道路。欧洲经过工业革命较早地进入近代社会，政教分离。近代科学分工较细，原来包括一切学术的宗教，逐渐从中分出哲学、文学、自然科学，以适应当时社会生产发展的需要。古老历史的大学如牛津、剑桥，从教会分离出来。中国古代社会没有经历欧洲那样的工业革命。中国的学校，两千多年来，始终保持儒教经院学风。因此中国的哲学与经学长期混而不分。

---

① 辛亥革命后，推翻了帝制，皇帝不存在了，儒教同时也就不存在了。

# 三

对待生活，认识社会，比认识自然困难得多。因为作为认识者，都是在各民族传统的民俗、语言、道德规范的熏陶中形成的。对待同一件事，不同地区、不同国家、不同民族有不同的评价标准。比如夫妇关系、父子关系、信仰自主选择权、政治选举权、生存权，等等，不同的人群可以有不同的理解。计划生育有的国家定为国策，有的国家认为违反人道，是违反道德的罪行。同性恋，有的国家认为是个人的权利，有的国家认为非法。对民主、平等等现代政治生活的基本概念分歧更大。有的解决了生活基本温饱需要后，选举权成为民主的首要标志。在饥饿线上的国家，则把求生存看得比选举权更重要。评论分歧双方谁是谁非，不是当前的主要任务，关键在于先了解持有异议对方的实际状况。世界上绝大多数人群都有不同的信仰。众多宗教中又有原始宗教、人文宗教。原始宗教流行于经济、文化不发达地区，品类繁富。人文宗教流行于经济、文化发达地区。这些地区，又由于种族、民俗、历史传统的不同，产生不同的教别。同一教内又有不同教派。宗教讲的是关于天国的问题，但与现实的生活（政治的、经济的、文化的、民族的）息息相关。不但相关，而且有不可分割的内在联系。在宗教形式下遮蔽着更复杂的非宗教的因素。中东地区，如果不是地下埋藏着丰富的石油，而拥有者又是一些弱国，今天的中东地区就不会连年不断地发生冲突。有的学者认为是信仰的冲突，也有的学者认为是石油利益的冲突。问题是复杂的，我们要充分估计到在宗教名义下包含的事实的复杂性。如果我们忽略了这一现实，那等于在已有的纷乱上又再增加新的纷乱。不同的意见，可以求同存异,不必也不能在一次学术会议上取得一致的结论。求同存异,是学术会议的最好的选择,"求同"是我们宗教学者共同探讨关于宗教对社会可以做出什么贡献,缩短人群之间的距离,造福社会,维护和平,消除造成敌视隔阂的因素。至于各种教派的差异,信仰道路的选择,可以存异,容忍倾听不同的声音,同情地理解不同的意见,以广阔的胸怀展示宽容的雅量。

# 四

面对 21 世纪全人类共同感受的困惑,东方西方有识之士提出了种种构想,试图走出困境。最终发现困境是人类自己制造的,是人类前进中不幸的遭遇。

人类生存在地球上,必须正确看待自己赖以生活的环境,既要改变、利用它,又要适应它。遗憾的是迄今为止,人类的智力主要用于开发自然,为改变世界投入全部精力。近现代一些科技新成就,都属于改变自然的一些成果。至于如何认识人类自己、如何适应自然则注意不够,甚至完全被忽视。我们人类自以为无所不能,没有估量一下自己的智慧和能力究竟有多大!

人们所遇到的困惑,是由于未能正确认识自己,没有认真反思,一味向外追求的后果。难题是自己出的,只能由自己解答。中国大史学家司马迁说过,他撰写《史记》的目的是"究天人之际,通古今之变"。这里提出的"大"包括自然界,也包括自己以外的一切存在,如关于神的信仰等。如何正确处理人与天的关系(之际)是司马迁两千多年前提出的一项课题,今天还是一个有待进一步探究的古老课题。宗教就是探究"天人之际"这个广阔领域的学问。

由于西方较早地走进近代化，社会科学分工过细，有一部分内容划归哲学和科学，宗教神学的管辖领域被缩小了。实际上"天人之际"的"天"，范围大得很，它是"至大无外"，除了认识的主体自己以外，都属于"天"的范围。"天"是复杂多变的存在。对于"天"要承认它，要尊重它。"天"不是任人摆布的材料；"天"有变化、有发展；"天"与万物有内在的关系，是有机的整体，不能裁割下来，放在固定的环境中供人们观察、试验。"知天"要"统观全局"。全局也包括别的"人"在内，只想到自己的需要，全不顾别人的需要；只考虑到自己的愿望，全不顾别人的愿望，就不足以"知天"。

两千多年前的庄子，早已指出观察客观的"天"要有全局观点，要清醒地防止人类认识的局限性、片面性。他提醒人们，观察任何事物，不能光从一个角度着眼，从而减少失误。如果只看到向自然索取之利，不见索取之害；只看到战争之利，而忘了战争之害，是极大的错误。他列举了多角度观察方法，提出"以道观之""以物观之""以俗观之""以差观之""以功观之""以趣观之"等易位观察法，这种多角度的易位观察法，提出了两千多年了，今天看来，并没有失去它的新鲜感。我们今天有些人，还远远没有达到庄子的思维深度，这不能不使人认真反思。困惑的病根在哪里？就在于对外界注意多，对人类自己的能力认识得少。人类患了知识结构跛足病。科技这一条腿太长，而人文科学这一条腿太短。

当务之急，不是把科技这条腿截短，既然已长起来，不可能截短，而是尽快地对那一条短腿增加锻炼，使它加快增长，改善几百年长期跛行的困境。这种知识结构偏瘫症，不是一国一个地区的偶发现象，而是弥漫世界的常见病、多发病。只有充分发挥人类的积极性，群策群力，持之以恒，才可以有所改善。几百年积累下来的宿疾，并非一朝一夕可以治愈的。一旦奏效，这将是可以影响千百年、造福亿万人的事业。

据中国的国情、中国的出路，要深入认识分析儒教在中国的影响，摸透它的利弊，取其可取，弃其可弃，已引起多数有识之士的关注。让绝大多数人取得共识，尚需时日，但解决的途径只有"百家争鸣"，加强交流。道理越辩越明，在争辩中可以破除迷暗，接近真理。我们满怀信心期待光明的未来。

今天的中国已不是孤立于世界文化之外的旧中国。我们要善于汲取世界一切先进文化之长，用以弥补自己的不足，通过文化交流，增加相互了解，寻求共识，携起手来造福人类社会，走向光明。

（原刊于《中国宗教》2004 年第 12 期）

第三辑

中国哲学：厘清与思辨

# 老学源流

　　老子之学发轫于荆楚，但老子不是乡曲之士，他曾到过北方，当过周守藏史，熟悉历史文献记载，接触社会现实腐败现象。他的思想可以概括为三个来源，或者三个组成部分。

　　第一个来源，它继承荆楚文化的特点，贵淳朴自然，反雕琢饰。

　　第二个来源，老子博学多闻，善于吸取古代文化遗产，总结人经验。

　　第三个来源，老子亲眼看到春秋时期社会的混乱，旧秩序的溃，仁义口号的虚伪性。

　　这三个来源，很自然地构成了老学独特的思想体系，成为中国与儒学对峙并存、长达两千多年的两大流派。

　　这三个不同来源的思想，在《老子》书中都可以找到。

　　老子思想来源于荆楚文化，首先表现为对"水"的歌颂。荆楚水乡，以水滋养万物的印象，远远超过北方。孔子也讲到过水，称叹"逝者如斯夫，不舍昼夜"，体察万物的变动不居；孔子还说，"仁者乐山，智者乐水"，体察水的特点与智者有相似之处。老子对水的歌颂与理解大大超过生活在北方邹鲁的孔子。老子称赞水的美德："上善若水，水善利万物而不争，处众人之所恶，故几于道。"（《老子》八章）"大道泛兮，其可左右。"（《老子》三十四章）把水比作道。又说"江海之所以能为百谷王者，以其善下之，故能为百谷王之。"（《老子》六十六章）"天下莫柔弱于水，而攻坚强者莫之能胜，以其无以易之。"（《老子》七十八章）

《老子》书中常借用植物生长的例子，说明贵柔的道理。植物幼苗柔弱而有生命力，植物壮大后，则枯槁而接近死亡。先秦古籍中，孔子、墨子、孟子的著作中经常信手举出身边事例来说明各自的理论，他们举出的例子既反映作者的个性，也反映了他们的社会性。

《老子》书中还经常从前人经验和古文献中吸取有用的东西。如：

> 古之善为士者(马王堆本作"善为道者")，微妙玄通，深不可识。夫唯不可识，故强为之容。(《老子》十五章)

接着描述古之善为士者，具有自然，朴素、谦退、谨慎、严肃、旷达、包容等品格。

> 建言有之：明道若昧，进道若退，夷道若纇，上德若谷，大白若辱，广德若不足，建德若偷，质真若渝。大方无隅，大器晚成。大音希声，大象无形。(《老子》四十一章)
>
> 盖闻善摄生者，陆行不遇兕虎，入军不被甲兵。兕无所投其角，虎无所措其爪，兵无所容其刃。夫何故？以其无死地。(《老子》五十章)
>
> 故圣人云："我无为，而民自化；我好静，而民自正；我无事，而民自富；我无欲，而民自朴。"(《老子》五十七章)
>
> 古之善为道者，非以明民，将以愚之。(《老子》六十五章)
>
> 用兵有言："吾不敢为主，而为客；不敢进寸，而退尺。"(《老子》六十九章)

老子讲的"用兵有言"是什么兵书上讲的,已无可考,看来是一种成说,而不是老子首先提出的。《老子》书中的"建言有之""盖闻""圣人云""古之善为道者",表明这些说法都有来历。老子曾主管周王朝的图书馆(守藏史),他所见到的历史文献不见得比孔子少,但老子引用古文献并不多,也说明老子能利用古文献而不特别看重文献的特点。

老子为亲眼看到当时从中央周王朝到地方诸侯的混乱无序而失望。同时代的孔子也看到当时的社会混乱无序,由于观察问题角度不同,他们的改革方案也不同。老子抨击当时的社会弊端。如:

夫佳兵者,不祥之器。(《老子》三十一章)

天下有道,却走马以粪。天下无道,戎马生于郊。(《老子》四十六章)

民之饥,以其让食税之多,是以饥。(《老子》七十五章)

大道废,有仁义;慧智出,有大伪。(《老子》十八章)

绝圣弃智,民利百倍;绝仁弃义,民复孝慈。(《老子》十九章)

夫礼者,忠信之薄而乱之首。(《老子》三十八章)

老子深刻地看到在仁、义、礼等口号下产生的种种弊端,他放弃仕途而走向隐逸的道路。老子思想比孔子更接近农民、接近农村,与官方朝廷保持一定距离。

《史记》有一段记载孔子问礼于老子时他们的对话:

孔子适周,将问礼于老子,老子曰:子所言者,其人与骨皆已朽矣,独其言在耳。且君子得其时则驾,不得其时则蓬累而行。吾闻之,良贾深藏若虚,君子盛德容貌若愚。去子之骄气与多欲、态色与淫志,是皆无益于子之身。吾所以告子,若是而已。

(《史记》卷六十三)

孔子向老子问礼,孔子已相当知名,并开始讲学授徒,孔子的志趣并没有世俗人那样追求声色之好。老子却斥责他"骄气""多欲",从而可见老子、孔子二人的价值观有极大的差异。

## 二

老子对中华民族的影响也有三个大的流向。

老学在哲学方面,对辩证法思想有极深远的影响。中国哲学中辩证法思想十分丰富,辩证法中有刚健为主的一派,以《易传》为代表;以柔弱为代表的一派,则导源于老子。中国哲学有以伦理实践为主的流派,起源于孔子;以高度抽象思辨为主的流派,则起源于老子。老子的抽象思辨发展到魏晋时期,形成魏晋玄学,以王弼《老子注》为高峰,从此开创了哲学史的一个新阶段。说老子开创了中国哲学本体论的先河,并不过分。

老学在宗教方面影响也很深远。东汉以后,道教兴起,最初张鲁在汉中创五斗米道,教信徒们诵习《老子》五千文以祈福免祸。此后,张鲁及其信徒徙往内地,五斗米道也在内地广为传播。

东汉河上公注老子,讲养气、炼形,又讲治国、救世。《老子想尔》是以注《老子》的方式来发挥道教思想的一部重要著作。东汉严君平是由哲学向宗教过渡的《老子》著作的阐释者。

此后，修炼外丹者(丹鼎派)借用《老子》名义的著作很多。借用老子注释的名义修炼内丹(心性修炼)的著作也很普遍。由道教修炼派生的气功与武术成为中华民族的文化遗产，老子和道教奉祀的"太上老君"，有若即若离的关系。《道藏》(道教全书)中以老子或《道德经》的名义的著作极多，成为道教重要的必读经典，虽与老子本人无关，却不能不承认老学影响的广泛。

老学思想也对中国政治有极深远的影响。汉初黄老之学，曾导致治理战后创伤的有效政策。此后每逢大乱之后，必采取清静无为的政策方针，与民休息，其指导思想多来自老学。老学的重要性，也经常引起历代帝王的重视。帝王以在朝当权者的身份宣传老子学说，与治国之术相结合，唐玄宗李隆基、宋徽宗赵佶、明太祖朱元璋都曾亲自撰写关于《老子》的注释。他们虽不能懂得老子的理论，却感到有必要利用老子在社会上的影响。如朱元璋注《老子》"文理不通，句读费解"(《四库提要》)，足可证明为朱元璋自著。朱元璋认为《老子》一书，是"王者之上师，臣民之极宝"。

老学还启发了中国重要的军事思想，以黄帝《阴符经》为名义的兵书，渊源于老子。

北宋以后，儒教成为势力最大的中国教派，佛、道二教沦为儒教的附庸。在儒教大量著作中，老子的思想也受到极大的关注。吕惠卿、司马光、苏辙、彭耜，元代的吴澄，都从三教会同的角度讲解老子。苏轼为苏辙的《老子注》作跋，说："使汉初有此书，则孔子老子为一，使晋唐有此书，佛道不二。"

中华民族五千年的文明史，五千年间社会不断发展，学术理论也随之发展。孔子、老子的学说虽是二千多年前出现的理论，但后来的注释者不断以注释代替著作，以述为作。我们不认为老子的学说本身有长久不变的影响力，而是由于中国学术的传统习惯，不断对古代著作随时给以富于时代精神的解释。每一个新时代的解释中都注入了每一时代的新内容。老学看来万古常新，并不能说老学本身不变，而是由于广大研究者随时注入新内容、新解释，所以它不会成为不变的考古研究的对象，而是人们生活中不可中断的精神营养。各种注释无不带有时代的烙印。近代人严复以进化论的观点评点《老子》，为他的改革中国政治寻找理论根据，就是一例。

中国古书中，注释最多的书有两部，一部是儒家的《易》，一部是道家的《老子》。《易》注，不下三四千种，《老子》注，也有千余种。并不是这两部书包含的道理丰富到非有数千种注释不可，而是由于社会的发展、人类的进步，随时有新的内容，要借用古代最有权威、人人都相信的著作的名义，讲明作者的思想。如果有人根据注释者的解释去回溯古代《老子》原著的本来面目，往往会失望的。如果根据不同时代的丰富的注释著作去认识各个时代的学术发展面貌，则是可取的，也是会收到实效的。

从老学的"源"可以看出中华民族的文化在春秋时期的地区文化特色。中华民族不只起源于黄河流域，说黄河流域是中华民族文化的摇篮是对的，但不全面。长江流域也是中华民族文化的摇篮。以黄河、长江两大流域为中心，由此向周边辐射出去，从而形成中华文化圈，影响到周边地区和邻国。

中华文化没有孔子，不成其为中华文化；同样，没有老子，也不成其为中华文化。对儒道两家本身及流派研究得愈透彻，对中国认识得也就愈全面。

当然，我们也不能说中国秦汉以来两千年是孔子思想支配的，或者是老子思想支配的。因为两千年间，老学、孔学不断增加新内容，有些内容是老学中原有的,但未阐发得充分,也有些纯属于后人的思想,挂在古人名下阐发出来的,是古人不曾有过的思想。"中华文化既古老又年轻",其原因也在于此。

(选自《竹影集》,新世界出版社 2002 年版。原刊于《寻根》1996年第 2 期)

# 中国哲学史的里程碑

## ——老子的"无"

　　"中国哲学史是中华民族的认识史",多年来一直沿着这条思路考察中国哲学的发展、变化,踪迹昭然、历然。老子首先提出了"无"作为最根本的范畴,是中国哲学史第一座里程碑。人类认识外界,总是经历由外到内,由具体到抽象的过程。近半个世纪以来,儿童心理学发展较快,研究儿童认识外界的过程及其发展轨迹,经过观察、实测、比较,得出大体可信、比较接近儿童思维成长的实际状况。一个民族思维成长的过程与儿童心理的发展过程大体相似,至少可从中得到相关的昭示。

　　儿童认识外界先从身边周围的事物开始。由近及远,先认识母亲,后及家人,扩大到身外的食物、玩具,再扩大到鸟兽草木虫鱼等目力所及更大的范围。如高山、大河、天空、气象风雷等等外界,虽在视听范围之内,但并不能引起足够的认识。日月星辰先被认识,日月依附着的更大的"太空"则较后才会引起注意。朱熹儿时,其父向他指示天空曰"天",朱熹问其父:"天之上何物?"这被看作特异儿童的表现,所以古人特别记上一笔。古今中外千千万万儿童,是很少关心"天之上有何物"的。

　　儿童教育家还发现,小学生春游旅行,虽然喜欢爬山、涉水,但不懂得欣赏山水风景、朝辉落霞之美。认识过程总是由具体事物开始,由微细到宏大。儿童学习数字计算,也是先学计算一个两个实物,然后形成"1""2"……的数的概念。先有自然数的实数,"零"的概念形成较后。因为"零"没有形象，也找不到与零相当的对象（实体）可供参考。

我们回顾中华民族的认识史，竟与儿童思维成长过程有惊人相似之处。[①]

人类认识从有形开始，逐渐由分到合，由具体到抽象，形成"有"（存在）的概念。"有"形象（大小、形色等），"有"性质（坚软、轻重、香臭等），"有"结果（得到或未得到），各种"有"（存在）都可见闻、可感知、可推得结果。这些都属于人类认识的幼年期。

随着生活实践、科学实践、社会实践的深化，从"有"进而认识到"有"的对立面——"没有"。

"没有"是生活中经常遇到的现实。打猎、捕鱼，可能"有"，也可能"没有"，而且出现的频率很高。把"没有"抽象到概念的高度，也作为认识的"客体"对待，达到这个认识水平，只在具有先进文化的民族才有这种可能。"没有"在未上升到概念时，只是一次性的客观描述。提出了"无"，则是认识的一次大飞跃。由于"无"具有"有"所不具备的"实际存在"，号称为"无"，并非空无一物，而有总括万有的特点，老子称之为"无状之状，无物之象"。它不同于"有"，所以"视之不可见，听之不可闻，搏之不可得"，"此三者不可致诘，故混而为一"。对这一最高的负概念给予特殊名称，有时叫作"无"；因为它具有规律性，也称为"道"。在一定情况下，"无"与"道"同义，有时"无"也是"道"，"道"也是"无"。

---

① 近代皮亚杰一派儿童心理学的研究，对成人心理研究也有推动作用。儿童思维可分四个阶段：（1）直观行动；（2）具体形象思维；（3）形式思维；（4）辩证思维。有些著作指出，随着年龄的增长，思维能力逐渐提高。我们从哲学认识论的角度来看，年龄只是外在标志而不是原因，思维水平提高的原因在于社会实践的不断深化。如果是禁锢中的儿童，即使年龄增长，缺少语言训练，不给信息交流机会，思维水平也无法提高。

老子的"无"不是停留在描述性的"没有"的认识阶段。"无"并不是消极的存在,而是有它实际多样肯定性的涵义,有现实作用,有可以预测的后果,也是经常用来对待日常生活、政治生活的一个原则。"无"的发现,为人类认识史开了新生面,的确非同寻常。

《老子》书经历史上老学传人的补充、完善,现存的定本共五千七百字左右。这部书从各个方面提醒人们重视"无"的地位和作用,不但认识"无",而且用"无"的原则来指导日常生活、社会生活以及政治生活。

日常生活中认识"无"的功用:

> 三十辐共一毂,当其无,有车之用,埏埴以为器,当其无,有器之用;凿户牖以为室,当其无,有室之用;故有之以为利,无之以为用。(《老子》十一章)

把"无"的原则运用到政治生活:

> 取天下常以无为事。(《老子》四十八章)
>
> 以无事取天下。(《老子》五十七章)
>
> 我无欲而民自朴。(《老子》五十七章)
>
> 为无为,事无事,味无味。(《老子》六十三章)
>
> 是谓行无行,攘无臂,扔无敌,执无兵。(《老子》六十九章)
>
> 是对圣人处无为之事,行不言之教。(《老子》二章)
>
> 为无为。(《老子》三章)
>
> 为政治国,能无为乎。(《老子》十章)
>
> 道常无为。(《老子》三十七章)

吾是以知无为之有益。(《老子》四十三章)

不言之教,无为之益,天下希及之。(《老子》四十三章)

日常行为准则也离不开"无"的原则指导:

善行,无辙迹;善言,无瑕谪;善数,不用筹策;善闭,无关楗
而不可开;善结,无绳约而不可解。(《老子》二十七章)

"无"也是政治生活的指导原则:

生而不有,为而不恃,长而不宰。(《老子》十章)

爱民治国,能无为乎?……明白四达,能无为乎?(《老子》
十章)

老子由"无"衍生出一系列否定概念,给以积极涵义:

绝圣弃智,民利百倍;绝仁弃义,民复孝慈;绝巧弃利,盗贼
无有;见素抱朴,少私寡欲。(《老子》十九章)

处理人际关系,要遵循"无"的原则,以退让、收敛为原则:

不自见,故明;不自是,故彰;不自伐,故有功;不自矜,故长;
夫唯不争,故天下莫能与之争。(《老子》二十二章)

老子思想的深刻性在于善于从纷乱多样性的现象中,概括出

"无"这一负概念。其可贵处在于把负概念赋予积极肯定的内容。老子的"无为"不是一无所为，而是用"无"的原则去"为"。所以能做到有若无，实若虚，以退为进，以守为攻，以屈为伸，以弱为强，以不争为争，从而丰富了中国古代辩证法思想，建立了中国古代辩证法贵柔的体系，与儒家《易传》尚刚健体系并峙。两大流派优势互补，共同丰富了中华民族的文化宝库。

人类认识总是在旧的认识基础上提出新见解。新见解对旧知识来说，是一次进步。同时，这新见解往往成为后来更新见解的障碍。《荀子·天论》篇中曾指出，"老子有见于诎，无见于信"。老子发现了"无"的价值，把它提高到应有的位置，是老子的贡献。如果把"无"的地位、作用过分夸大，反倒背离了真理。比如，老子指出建房屋供人使用的地方是墙壁中间的空间部分。但也应看到供使用的空间部分是在墙壁、梁柱等实体支持下才能供居住，没有墙壁、梁柱、砖木的"有"，也就没有供起居的空间，只是一片空旷的开阔地，虽有空间（"无"），却不能居住。有与无互相依存，相得益彰。

总之，老子发现并提出了"无"这个范畴，是一大贡献，并赋予肯定、积极意义，功不可没。老子的"无为"，不是什么也不干，而是变换一种方法去干。

老子的辩证法贵无、尚柔，肯定生活而不消极玩世。老子贵"无"而务"实"，不具有怀疑论色彩。战国末期出现黄老之学，讲治道，重形名，在战争后经济残破时期，用来恢复生产，收到了治国安民的实效。黄老不同于原来的老子，司马迁把老子与韩非子同篇立传，事出有因。韩非子也有《解老》《喻老》的著作，足见二者有内在的联系。老子、庄子，古来并提，老子多讲治国用兵，庄子更偏重于养生、适性，也采取了老子思想的一部分，但历史上还没有发现庄子治国安民的思想。

庄学作为老学的补充，自有其重要地位。庄学的高明豁达，不谴是非，是庇荫在老子构建的大厦下设立的，离了老子，庄子的光彩就无从显露。这一点，正如王守仁之所以能自张一军，耸动天下，是在朱熹的基础上开创起来的。必先有朱熹，王守仁反对朱熹的格物的新见解才有新意。没有朱学，就没有王学。"无"被提示出来，纳入认识最高范畴，涵盖范围广大无限，给后来道教神学提供了广阔驰骋的领域。这是另外的问题，本文从略。

（选自《念旧企新：任继愈自述》。原刊于《中国哲学史》1997年第1期）

# 唐宋以后的三教合一思潮

隋唐初期，中国思想界即有了"三教"的名称。三教即以孔子为代表的儒教、以老子为代表的道教与外来的佛教。孔子和老子都是先秦时期公元前 5 世纪的哲学家、思想家、学者，不是宗教的领袖。孔子、老子被神化，被说成宗教的创始人，是后来人们塑造出来的。

隋唐时期，中国佛教、道教都得到中央封建政府的提倡，与儒教并列，形成三教鼎立的局面。儒教主张维护中国封建君权的"三纲"说，即君臣、父子、夫妇的绝对服从关系永恒不变。三教从不同的方面为同一个封建皇权服务。它们为了发展自己的势力，也有过矛盾斗争。在矛盾中，佛教、道教都分别遭到政治上的打击。而儒教也认识到，佛教和道教的一些宗教思想可以辅助儒教世俗说教的不足。在唐朝后期，三教的重要思想家都主张三教会同，主张在理论上互相包融，有时候只是在政治上互相排斥。唐宋以后，直到鸦片战争（1840），这种儒、佛、道三教融合的总格局没有改变。这种思潮，对于中国后期封建社会起了稳定作用，从而延缓了中国封建社会向近代资本主义社会过渡的速度。三教合一思潮，构成了近千年来中国宗教史、中国思想史的总画面。

佛教的三教合一思潮。隋朝李士谦论三教，说，"佛日也，道月也，儒五星也。"（《佛祖历代通载》卷十）隋唐以后，中国出现了大批"伪经"，所谓"伪"，是指它们不是来自西方，是中国人自己编造的。伪经名目繁多，各有特点，有所偏重，但它们都强调中国封建伦理，忠君、孝父母等儒教思想。唐代僧人宗密《原人论》中说："孔、老、释迦皆是至圣，随时应物，设教殊途。内外相资，共利群庶。"五代时僧延寿主张三教融合，"儒道仙家，皆是菩萨，示助扬化，同赞佛乘"（《万善同归集》卷六）。北宋元祐年间，四川大足县石篆山石窟造像，即将儒、佛、道镌刻于一处。北宋的三教合一，反映了代表中央政权的儒教为中心的势力的增强，佛、道两教均主动向儒教接近的趋势。宋代的孤山智圆自称"宗儒述孟轲，好道注阴符。虚堂踞高台，往往谈浮图"（《闲居编》卷四十八《潜夫咏》）。他主张"修身以儒，治心以释"（《中庸子传》上》章），以佛教徒的身份而自号"中庸子"，还认为没有儒教的支持，国家不得安宁，佛教也不能推行。他为了宣扬"中庸之道"，不惜违反佛教教义。他说："释之言中庸者，龙树所谓中道义也。"（《中庸子传》上）龙树"中道"为不执着有无、真假，儒家的"中庸"指的是处世对人要无过无不及，两者本不相干。

宋赞宁也说："三教循环，终而复始。一人在上，高而不危。有一人故，奉三教之兴；有三教故，助一人之理。"

僧人契嵩著《辅教编》中有《孝论》凡十二章，具论忠孝，"拟儒《孝经》，发明佛意"。还说，"大孝，请教皆尊之，而佛教殊尊也"（《孝论·叙》，见《镡津文集》卷三）。佛教本来号召出家、脱离家庭的父子伦理关系的，而佛教的代表人物却高唱佛教比儒教、道教更看重孝道。

明朝袾宏继承了这个方向，也主张三教"同归一理""三教一家"。僧真可《题三教图》又有《释毗舍浮佛偈》，认为"仁""义""礼""智""信"都是值得敬礼的佛（如来）。德清有《大学纲目决疑》以说明儒教与佛的一致性；又作《道德经解发题》《观老庄影响论》以说明道教与佛教的一致性，认为"孔老即佛之化身"。智旭（1599—1635）以儒教的十六字诀融通佛教，并著有《周易禅解》《四书蕅益解》，主张孝道，"儒以孝为百行之本，佛以孝为至道之宗"（《题至孝回春传》），"以真释心行，作真儒事业"（《广孝序》），"非真释不足以治世，是以一切三宝常能拥护世间，而真儒亦足以出世"（《玄素开士结茅修止观助缘疏》）。

二

道教开创之初，即提倡佐助君王的方略。南北朝时期，道教经过官方的改造，更加充实了支持封建社会的忠君爱国的内容。宣扬孝慈的如：

> 与人君言，则惠于国；与人父言，则慈于子；与人师言，则爱于众；与人兄言，则悌于行；与人臣言，则忠于君；与人子言，则孝于亲。（《太上洞玄灵宝智慧罪根上品大戒经》二卷，《道藏》二〇二册，洞玄部戒律类，陶）

宣扬"三教归一"的如：

> 《三教归一图说》：三教殊途同归，妄者自生分别。彼谓释、道虚无，不可与吾儒并论。是固然也。自立人极，应世变言之，则不侔。至于修真养性与正心诚意之道，未易畦畛也。（《黄帝阴符经讲义》四卷，南宋夏元鼎撰。《道藏》五十四册，洞真部玉诀类，藏下）

宣扬报父母恩,出家道士超度其亡亲的如:

> 三纲五常乃立人之大本,孝道之大,至于日月为之明,王道为之成……是故净明之法,本忠君孝亲以存心;盟真之斋,以报祖荐亲而立教。以此见学仙之士,曷尝不笃意于亲……
>
> 资事父以事君,则忠孝之义尽,取于治身而治国,则清净之化成。其在栖真者流,尤以报君为重。(《玄门报孝追荐仪》,《道藏》二八五册,洞玄部威仪类)

道教还将儒教纲常名教的规矩应用到道教的师徒关系上。如:

> 以传度法箓者为度师,度师之师为籍师,籍师之师为经师。
>
> 先序三师,然后行道。凡厥读经、讲诵、行道、烧香、入室、登坛,皆先礼师存念……此法不遵,真灵靡降。(《洞玄灵宝三师名讳形状居观方所文》,张万福撰。《道藏》一九八册,洞玄部谱录类,有二)

南宗道士张伯端说"教虽分三,道乃归一"(《悟真篇》序),致力会同儒、释、道。

金元间,道教三教合一说十分流行。王喆在山东建立三教金莲会、三教平等会,"劝人诵《般若心经》《道德》《清静经》及《孝经》"(《甘水仙源录》)。丘处机云:"儒释道源三教祖,由来千圣古今同。"(《磻溪集》)赵缘督(友钦)有《仙佛同源》,主张三教一家,三教合一,是全真教的中心思想。后来假托吕洞宾的许多著作(多数应出在明代)也都是三教合一的基调。道士谭处端说:"为官清政同修道,忠孝仁慈胜

出家。"(《水云集》)

<h1 style="text-align:center">三</h1>

唐宋以后,历元、明、清各朝,儒教配合中央集权的要求,也极力加强思想统治的集中。儒教本身直接提倡的是维护封建专制制度的"三纲说"。儒教的许多学者,没有不受过佛教和道教的影响的。周敦颐的《太极图说》,本来是道教先天图的翻版,以后张载、二程以及南宋的朱熹、陆九渊也都是深受佛、道两教的影响的。由此上推,如白居易身为儒者,同时又是佛教和道教的忠实信徒。①宋代理学家们如朱熹对《黄帝阴符经集解》以及《参同契》都进行过认真的研究。前人论述已多,这里从略。朱熹借用佛教常用"月印万川"的比喻来说明他的"理一分殊"的道理。朱熹说:"释氏云:'一月普现一切水,一切水月一月摄',这是那释氏也窥见得这些道理。"(《朱子语类》卷十八)朱熹既继承了禅宗思想,也继承了华严宗思想,因为华严宗发挥"一即一切"这个神秘主义观点,朱熹也说"万个是一个,一个是万个"(《朱子语类》卷九十四)。朱熹好像在说佛教的某些观点近儒,实际上倒是朱熹的思想符合了佛教观点。明清之际的王夫之曾指出:"贞生死以尽人道,乃张子之绝学,发前圣之蕴,以辟佛、老而正人心者也。朱子以其言既聚而散,散而复聚,讥其为大轮回。而愚以为朱子之说反近于释氏灭尽之言,而与圣人之言异。"(《张子正蒙注·太和篇》)再以明代学者王守仁为例,也能看出明代儒者所持鲜明的三教合一的立场。王守仁说:

---

① 陈寅恪:《白乐天之思想行为与佛道之关系》,载《岭南学报》1949 年。

仙家说到虚,圣人岂能虚上加得一毫实?佛氏说到无,圣人岂能无上加得一毫有?但仙家说虚,从养生上来,佛家说无,从出离生死苦海上来。却于本体上加却这些子意思在,便不是他虚无的本色了。(《传习录》下)

　　佛氏不着相,其实着了相。吾儒着相,其实不着相。请问。曰:佛怕父子累,却逃了父子,怕君臣累,却逃了君臣,怕夫妇累,却逃了夫妇。都是为个君臣、父子、夫妇着了相,便须逃避。如吾儒,有个父子,还他以仁,有个君臣,还他以义,有个夫妇,还他以别。何曾着父子、君臣、夫妇的相。(《传习录》下)

王守仁还把儒教的修养与道教的宗教修炼等同类比。他说:

　　只念念要存天理,即是立志。能不忘乎此,久则自然心中凝聚,犹道家所谓结圣胎。(《传习录》上)

他还把佛教、道教说成与儒教差不多少,极为接近:

　　二氏之学,其妙与吾人只有毫厘之间。(《传习录》上)
　　大抵养德养身,只是一事。元静所云真我者,果能戒谨不睹,恐惧不闻,而专志于是,则神住、气住、精住,而仙家所谓长生久视之说,亦在其中矣。神仙之学与圣人异,然其造端托始,亦惟欲引人入于道。《悟真篇》后序中所谓“黄老悲其贪著”,乃以神仙之术渐次导之者。元静试取而观之,其微旨亦自可识。(《王阳明年谱》)

王守仁故意把道教的神秘主义内丹修炼方法说成儒教的道德修养过程。陆元静问王阳明关于道教的精、气、神的部位与作用,信中问:

> 元神、元气、元精必各有寄藏发生之处,又有真阴之精,真阳之气,云云。

王守仁回答说:

> 夫良知一也,以其妙用而言,谓之神,以其流行而言,谓之气,以其凝聚而言,谓之精,安可以形象方所求哉?真阴之精即真阳之气之母,真阳之气即真阴之精之父。阴根阳,阳根阴,亦非有二也。苟吾良知之说明,则凡若此类,皆可以不言而喻。不然,则来书所云三关、七返、九还之属,尚有无穷可疑者也。(《传习录·答陆元静书》)

三教关系是中国思想史、中国宗教史上的头等大事。三教合一,则是中国思想史、中国宗教史的发展过程和最终归宿。"三教合一"的趋势形成后,三教的地位是不平等的。北宋以后,佛、道两教屈从儒教。儒教吸收了佛、道两教的宗教修养方法,及不计较世俗利害、不贪图物质要求的禁欲主义,以加强封建社会的统治秩序。安贫乐道,口不言利,温驯和平,与人无争,成了儒教为人处世的基本教义。

# 四

　　唐宋以后的这种三教合一思潮反映了中国封建社会后期阶段的

政治经济结构,适应了维护这种政治经济结构的需要,不是一个偶然的现象。

中国封建社会的大一统的政治局面从秦汉时期确立以来,经过魏晋南北朝时期三百多年的分裂,到了唐宋时期,又重新巩固下来。但是,这种大一统的政治局面是建立在以一家一户为单位的小农经济的基础之上的。这种小农经济是一种自然经济,生产的产品首先要交纳赋税租债,剩下的农民自己消费掉了,产品主要不是供商业流通的。因而具有停滞、闭塞、分散的特性。历代封建帝王的政策多重农抑商,以农为本,叫作"重本抑末",采取各种措施来保护这种自然经济。

这种自然经济有两重性,一方面,小生产者落后、软弱,希望在他们上面有一个集中强大的权威来保护他们,使他们免于土地兼并,这就给专制主义提供了社会基础;另一方面,庄园式的生产、生活方式,又是分散的、彼此独立的,这又为地方分裂割据势力创造了有利条件,形成一种离心倾向。

因此,政治上的高度集中和经济上的高度分散这一对矛盾,长期不得解决。分散的个体农民好像一盘散沙,缺少联系,需要有一个强大的中央政府统率他们,保护他们,把他们统摄在一起。克服他们的离心倾向,保持国家的集中统一,就必须强化上层建筑的力量来进行控制。这种控制包括两个方面,一是用政权的力量,二是用精神的力量。

中国历代统治者,不断总结经验,加强中央集权,他们以极大的努力,进行了艰巨的工作。政治上,秦、汉、隋、唐集权于中央政府,宋朝则进一步削弱地方政府的权力,把一切财力、兵力集中于中央。明、清废宰相,置内阁。内阁只供皇帝咨询,没有行政权力。于是中央集权又进一步发展为皇帝个人的专制独裁。

至于从精神力量来加强中央政府和皇帝的权力,主要依赖三教合一的宗教和哲学思想。

三教合一,表面上仍维持着三教的门户,儒、佛、道各成体系,三教都力图吸收另外二教,把它们当作自己体系的一部分,实际上,三教的力量不是平衡的。儒教是主流,佛、道两教处在依附的地位,起配合作用。

儒教的思想核心是三纲五常。这种思想强调君权、父权、夫权。君权是直接维护大一统的政治局面的,父权和夫权有利于树立自然经济中男性家长的权威地位。因而这种思想特别适合中国封建社会的政治经济结构的需要,受到历代封建统治者的重视。佛教是一种外来的宗教,它必须接受封建宗法传统思想,即纲常名教思想,才能在中国这块土地上生根。道教是中国土生土长的宗教,除了它的宗教修养以外,它也是以维护纲常名教为基本内容的,不得不与儒教合流。另一方面,佛、道二教有一套追求彼岸世界的系统的宗教理论和修养方法,为儒教所不及,儒教也必须从佛、道二教那里吸取营养来弥补自己的不足。

由于儒、释、道三教都是封建上层建筑的重要组成部分、进行精神控制的有效工具,所以都受到历代封建统治阶级的重视,这又反过来促进了三教合一思潮的发展,成为中国封建社会后期占主导地位的思潮。

任何社会都是有生命的,都有其形成、壮大、衰亡的过程。中国的封建社会,虽曾长期处于停滞状态,它仍然在缓慢地发展、前进。封建的自然经济中也孕育着突破封建束缚的内在因素。工商业者、手工业者,如果得到充分的条件,也可能首先在某些地区产生资本主义萌芽。越是到了封建社会后期，这种要求突破旧传统的自发力量也越强烈。在思想上，则反映为对封建宗法制度的核心——君权的怀疑。如南宋末年的邓牧（1247—1306）主张无君，稍后的黄宗羲（1610—1695）也提出过君主为天下之大患的思想。由于传统的三教合一思想太强大了，它加强了封建宗法制度。被强化了的封建宗法制度又扼杀了自然经济已经孕育着的资本主义萌芽，从而造成中国封建制度的长期稳定以至停滞状态，因而像邓牧、黄宗羲等人的民主思想都没有发生大的影响。

（选自《汉唐佛教思想论集》，人民出版社 1998 年版）

# 论魏晋南北朝社会思潮的交融

从事中国哲学史的研究,不难发现魏晋南北朝时期的哲学,上不同于秦汉,下不同于隋唐宋明。魏晋时期的玄学思想在中国哲学史上的地位,越来越被重视,这是可喜的现象。同时不能不指出,学术界对南北朝时期的中国哲学的发展注意似乎不够。从时间上看,魏晋哲学(即玄学)的发展、流行,约在魏晋政权更替之际,为时不过五十年。东晋时期,已不完全是玄学当令,佛教的思想深受儒教、玄学的影响,又有它独特的时代色彩。

魏晋玄学的主要代表人物,早期的如何晏、王弼,较后的如郭象等人的哲学体系及运用的范畴,看不出他们与佛教思想有什么瓜葛,事实上当时佛教已十分流行,只是没影响到玄学内部。相反,魏晋时期佛教的翻译及著作却不免带有玄学的影子,有些佛教独特的概念、范畴;往往用当时人们所熟知的玄学的概念、范畴去理解,并用这种理解向中国介绍。

东晋朝廷偏安江南,后来与东晋相衔接的南朝四代的主要思潮,呈现为玄学、佛教、道教与儒教思想混合交融的形势。

与东晋相对峙的五胡十六国及后来北方建立的北朝与南方学风不同,它具有中国北方学派和少数民族的特色,佛教、儒教的成分较重,玄学、道教的色彩较南朝稍淡。即历史上所说的北学繁芜、南学简要。繁芜,是指它玄学成分少,而汉儒解经影响大;简要是指玄学影响大,汉儒解经的影响少。若进一步细分,还可以举出更多的南北差异。如果从魏晋南北朝这段历史四百年的中国哲学发展全局来看,这四百年间也有它共同特点。因为这一时期,中国属于"乱世",而不算"治世"。秦汉以来,中华民族已奠定了大一统的政治格局,大家已确认统一是正常的,分裂是不正常的。东晋及南朝有作为的几个统治者多利用恢复中原为号召,往往得到朝野的拥护。北方有为的统治者也认为不统一全国,不算真正的帝王大业。苻坚淝水之战大败而归,以致亡国。如果摆脱成败论功过的旧观念,苻坚统一全国的指导思想,符合中华民族秦汉以来的传统观念。中国应当统一,至于应当由谁来统一,要看民心向背、国势强弱,不是皇帝及贵族们的主观愿望所能决定的。

总之,魏晋南北朝虽属乱世,乱世也要有政府,也要建立适应乱世的统治秩序,否则人们一天也活不下去。因此,魏晋南北朝时期哲学社会思潮能在"乱世"这个总格局下面做文章。相对于全国大一统的盛世,我们称这一时期为"乱世"。

这个长期分裂近四百年的"乱世",放在整个中国历史发展的长河中,它有哪些特点? 简单地说,概括为"交融"时期,有五个方面的特点可说:

第一,汉代经学的变革;第二,多民族社会制度、生产方式的交融;第三,宗教思想弥漫;第四,多民族文化与多宗教文化的交融;第五,国际文化与中华文化的交融。

## 汉代经学的变革

神学经学经历了汉末的政治混乱,已失去了它的神性的光辉。经学的训诂章句之学,作为一种纯学术,已流为繁琐,作为统治之术,更是缓不济急。魏晋经学演变趋势,在太学的讲习中已有所反映。

它不满足于汉代传统讲述方式。高贵乡公曹髦,幸太学,与众博士论经学。先论《易》。曹问:

"圣人幽赞神明,仰观俯察,始作八卦,后圣重之为六十四,立爻以极数,凡斯太义,罔有不备,而夏有《连山》,殷有《归藏》,周曰《周易》,《易》之书,其故何也?"

《易》学博士淳于俊对曰:"包牺因燧皇之图而制八卦,神农演之为六十四,黄帝、尧、舜通其变,三代随时,质文各繇其事。故《易》者,变易也,名曰《连山》,似山出内(云)气,连天地也;《归藏》者,万事莫不归藏于其中也。"

帝又曰:"若使包牺因燧皇而作《易》,孔子何以不云燧人氏没,包牺氏作乎?"

俊不能答。

帝又问曰:"孔子作彖、象,郑玄作注,虽圣贤不同,其所释经义一也。今彖、象不与经文相连,而注连之,何也?"

俊对曰:"郑玄合彖、象于经者,欲使学者寻省易了也。"

帝曰:"若郑玄合之,于学诚便,则孔子曷为不合以了学者乎?"

俊对曰:"孔子恐其与文王相乱,是以不合,此圣人以不合为谦。"

帝曰:"若圣人以不合为谦,则郑玄何独不谦邪?"

俊对曰:"古义弘深,圣问奥远,非臣所能详尽。"

帝又问曰:"系辞云,'黄帝、尧、舜垂衣裳而天下治',此包牺、神农之世为无衣裳。但圣人化天下,何殊异尔邪?"

俊对曰:"三皇之时,人寡而禽兽众,故取其羽皮而天下用足。及至黄帝,人众而禽兽寡,是以作为衣裳以济时变也。"

帝又问:"乾为天,而复为金,为玉,为老马,与细物并邪?"

俊对曰:"圣人取象,或远或近,近取诸物,远则天地。"(《三国志·魏书》卷四)

讲《易》毕,复命讲《尚书》:

帝问曰:"郑玄曰'稽古同天,言尧同于天也'。王肃云'尧顺考古道而行之'。二义不同,何者为是?"

博士庚峻对曰:"先儒所执,各有乖异,臣不足以定之。然《洪范》称'三人占,从二人之言'。贾、马及肃皆以为'顺考古道'。以《洪范》言之,肃义为长。"

帝曰:"仲尼言'唯天为大,唯尧则之'。尧之大美,在乎则天;顺考古道,非其至也。今发篇开义以明圣德,而舍其大,更称其细,岂作者之意邪?"

峻对曰:"臣奉遵师说,未喻大义,至于折中,裁之圣思。"

次及"四岳举鲧",帝又问曰:"夫大人者,与天地合其德,与日月合其明,思无不周,明无不照,今王肃云'尧意不能明鲧,是以试用'。如此,圣人之明有所未尽邪?"

峻对曰:"虽圣人之弘,犹有所未尽,故禹曰:'知人则哲,惟帝难之。'然卒能改授圣贤,缉熙庶绩,亦所以成圣也。"

帝曰:"夫有始有卒,其唯圣人。若不能始,何以为圣? 其言'惟帝难之',然卒能改授,盖谓知人,圣人所难,非不尽之言也,《经》云:'知人则哲,能官人。'若尧疑鲧,试之九年,官人失叙,何得谓之圣哲?"

峻对曰："臣窃观经传，圣人行事不能无失，是以尧失之四凶，周公失之二叔，仲尼失之宰予。"

帝曰："尧之任鲧，九载无成，汩陈五行，民用昏垫。至于仲尼失之宰予，言行之间，轻重不同也。至于周公、管、蔡之事，亦《尚书》所载，皆博士所当通也。"

峻对曰："此皆先贤所疑，非臣寡见所能究论。"

次及"有鳏在下曰虞舜"，帝问曰："当尧之时，洪水为害，四凶在朝，宜速登贤圣济斯民之时也。舜年在既立，圣德光明，而久不进用，何也？"

峻对曰："尧咨嗟求贤，欲逊己位，岳曰'否德忝帝位'。尧复使岳扬举仄陋，然后荐舜。荐舜之本，实由于尧，此盖圣人欲尽众心也。"

帝曰："尧既闻舜而不登用，又时忠臣亦不进达，乃使岳扬仄陋而后荐举，非急于用圣恤民之谓也。"

峻对曰："非臣愚见所能逮及"。

于是复命讲《礼记》：

帝问曰："'太上立德，其次务施报。'为治何由而教化各异，皆修何政而能致于立德，施而不报乎？"

博士马照对曰："太上立德，谓三皇五帝之世以德化民，其次报施，谓三王之世以礼为治也。"

帝曰："二者致化薄厚不同，将主有优劣邪？时使之然乎？"

照对曰："诚由时有朴文，故化有薄厚也。"（《三国志·魏书》卷四）

曹髦当政时，社会上已出现了玄学思潮，这股思潮已冲决长期定于一尊的神学经学传统。当时国家教育机构（太学）思想比较保守，对新生事物（如玄学）还不能接受，皇帝曹髦（高贵乡公）也不属于代表新思潮的人物。尽管如此，从曹髦和太学博士们的问答讲论中，已看出传统经学已经失去它的统治优势，对数百年沿袭下来的师承、家法的旧经义，提出了疑问。

东汉末年中央政权堕落，失去权威性。当初被描绘得十分神圣的天子皇权，在人民的眼里已经破产。名不符实的现象十分普遍。从当政者的言行到社会风气、取士的标准，政府所提倡的和它实际所干的，完全不对号，社会出现了一股对传统价值的怀疑与批判思潮[①]。批判思潮的兴起，已经标志着玄学萌发酝酿阶段。对旧的社会失去信任，新的社会应当是一种什么形态，思想体系如何，还提不出一套完整的方案。总之，人们认为，从政治制度到道德标准，从宇宙论到人生观，非改变不可，旧章程无法维持下去了。

## 多民族的社会制度、生产方式的交融

我们编写《中国哲学发展史（秦汉卷）》，已经指出，中国秦汉开始，开创了我国多民族大一统的新局面。今天全国人口占绝大多数的"汉族"，是秦汉以后，逐渐发展壮大的。如果追溯这个汉族的起源，可发现它不是从来就存在的单一的民族。号称"汉族"的民族，它是春秋战国以来，以中原文化为中心的华夏族发展的结果。华夏族也不是单一的民族，它是以华夏文化为中心长期形成的民族共同体。

---

① 《东汉末年的社会批判思潮》，见《中国哲学发展史（秦汉卷）》。

华夏族有共同的文化、语言文字，共同的经济生活，共同的心理状态。其中血统的联系，对汉族倒不占主要地位。

魏晋南北朝，是中华民族以空前规模进行大融合的时期。西晋统治集团内部混战，引起五胡十六国在北方连年混战，战争无疑给人民带来了灾难。同时战争迫使人民进行大规模的流动。民族大迁移又促使民族间的婚姻关系变得复杂起来，从而打破了在族内近亲蕃衍的常规。由于民族的不断交流融合，北方少数民族在汉族影响下，加速了生活方式到生产方式的变革，处在奴隶制前期的一些民族，吸收了汉族先进文化（封建制社会对奴隶社会以至部落社会，无疑是先进的）按常规需要千百年的社会变革，在短短的几十年内就完成了，它们很快进入封建社会。少数民族以它们本身固有的青春朝气，赋予先进的社会制度，它们会开创意想不到的新局面。落后的蛮族在欧洲建立了生气勃勃的罗马文化，我国南北朝时期的历史发展与西欧的罗马文化有某些近似。北朝的生产发展、国家财力都超过南朝，后来以北方人力、物力为基础的隋朝轻而易举地征服了南朝，为隋唐大一统的新局面打下基础。

南方各民族也有不同程度的融合。上层贵族，有南方土著顾、陆、张、朱等大姓与南渡后的北方大族王、谢、郗等士族结为联盟；南方少数民族也在大量开发生产的过程中有了新的交融。经过了南北朝近四百年的民族融合，中华民族内部增加了新内容，以华夏文化为中心的汉族文化浸润了当时的各民族，各民族也以吸收中华文化为荣。如北魏的迁都、文化改革、改易姓氏，又给中华民族增输进新鲜血液。

民族间的融合过程，在当时并不是自觉进行的，历史往往以它独有的"诡恢"通过某些偶然事件完成了必然的使命。南北朝的战乱，无疑给人民带来了深重的灾难，灾难的背后，却伴随着新的成果——

中华民族壮大了，社会发展的步伐加快了。为下一步大一统创造了条件。

## 宗教思想弥漫

中国的土生土长的宗教，在秦汉以前为巫术。汉末政治黑暗，社会混乱，朝野上下充斥着一种不安定的意识，在今存的东汉古诗中有不少反映。地主阶级中，有表现仕途失意、异乡漂泊的；有咏叹光阴易逝、伤悼自己地位卑下的；有表达人生有常、寿命有限的。在东汉古诗中有大量失志、伤时作品流行。

社会不安定的局面，黄巾起义后，汉王朝名存实亡；到魏晋时期，社会危机日益严重，西晋八王之乱，不但老百姓遭受战争灾难，上层贵族也朝不保夕。现实社会的动乱，给宗教活动提供了滋生的土壤。中国的道教就是在这个社会条件下加快发展起来的。外来的佛教早在西汉末、东汉初就传入内地，但影响仅限于皇室及上层贵族。魏晋以后，佛教、道教风靡全国，南北朝时，佛教更加发展。梁武帝时，"天下户口几亡其半"（这里的"天下"只是指梁朝境内）。北朝佛教发展的迅猛更甚于南朝（参看《魏书·释老志》）。《洛阳伽蓝记》所述塔庙建筑的宏伟壮丽，不难想见佛教在当时的势力。北周灭北齐，齐旧境内寺院四万余所，僧尼二百多万；周武帝建德三年（574）和建德六年（577）两次下令禁断佛道两教，焚经毁寺，没收寺院财产，强令三百万僧尼还俗（按当时禁断佛道两教的政策，其中也当有道教），归乡编户。①这样庞大的僧徒，在全部人口所占比例之高，可以说空前的。

---

① 这次对佛教的打击甚于唐武宗会昌五年（845）的废佛运动。会昌废佛，拆寺四千六百所、兰若四万所，僧尼还俗者二十六万五百人。

魏晋南北朝佛教信徒与佛经译著几乎同步增长。凡是印度及西域佛教经典中已有的，中国都有相应汉译本。佛教小乘、大乘、空宗、有宗、史传、目录、戒律、经论都有代表性的译著。南朝刘宋以后，译事停滞（也是趋于饱和），转向著述。此后佛教典籍中，译述的比重下降，著述的比重上升。著名僧人不再是外国的翻译家，而是中国的佛教思想家。这时期的道教，既有为上层王公贵族养生、修炼的著作，也有为下层民众设置的符水及祈禳的巫术。因而得到上层的重视和下层的支持。北方有寇谦之建立了进一步为上层服务的道教流派，南方道教有葛洪、陆修静、陶弘景等人为代表的南方流派。南方道教更多地从理论上融合玄、佛、儒的思想，构造体系。"三洞""四辅"的道教经典分类方法，反映了南方道教各流派综合整理、总结的实况。

佛道两教虽然都宣传出世，但都力图为当时的门阀士族地主政权服务，从出家人的立场强化儒家纲常名教思想。

魏晋南北朝时期佛教、道教反映了各宗教内部许多流派的理论的分歧，同时也反映了各类宗教为封建统治者服务的基本教义，如忍让、禁欲、苦行、服从等奴化人性的教条。有利用宗教掩护农民起义的活动；也有政府内部的不同集团的武装斗争。其中成员有道教信徒，那是政治斗争，与宗教信仰没有必然联系。

## 多民族文化与多宗教文化的交融

中国古代社会的基本支柱是封建宗法制，纲常名教是它的核心。封建宗法思想的代表人物是孔子为首的儒家。南北朝时期，北方少数民族过去不曾接触华夏封建文化，生产方式还处在前封建主义阶段。佛教本来是外来宗教,在少数民族地区,佛教因果报应宣传比儒家思想更容易被接受,"佛是戎神,正所奉祀"。佛教对协调我国多民族的关系,促进北方民族间的交往,曾起过积极作用。

但文化在人类社会生活中是个有机体,与民族的发展密不可分。宗教文化与民族文化有时一致,有时不尽一致。民族不断发展,生产方式不断前进。北方少数民族很快进入封建社会,在中原地区执政后,又不得不与当地汉族门阀士族发生联系,争取得到他们的合作与支持,才能维持中原地区的长治久安局面。从五胡十六国到北朝各代,事实上形成了汉族与少数民族的地主阶级的联合政权。南北朝的后期,政府设施、官制建置更多采用中国传统的《周官》。《周官》真伪学术界有争议,但当时的少数民族采纳了北方汉族门阀士族的建议,并付诸实行,则是事实。

外来宗教到了中国,要做一些改变,以求适应新的环境。[①] 南北朝后期的佛教也不同于汉魏初期的佛教,同时南北双方佛教也会相互影响。佛教与道教的长期争辩也促进双方交流、融合。佛道两教又同为门阀地主阶级服务,因而不能不受儒家文化的影响。出家人本来不应参与政治活动,可是东晋庐山慧远为儒家讲《丧服经》;陶弘景身在山中,随时备政府咨询,号称"山中宰相"。这些交融只是形迹上的、政治上的。更深刻的多民族的文化与多宗教的文化的交融表现在哲学思想内部。

宗教之间的交互影响,随处可见。南北朝时期出现了大批"伪经",如《须弥四域经》称伏羲、女娲为佛二弟子、两个显化菩萨,《洁静法行经》称佛遣二弟子;震旦教化,儒童菩萨,彼称孔子,光净菩萨,彼

---

① 参看任继愈主编的《中国佛教史》第一卷,中国社会科学出版社 2014 年版。

称颜渊，摩诃迦叶，彼称老子。《老子化胡经》则把释迦当成老子西出关教化的弟子。这两类都是抬高自己的宗教地位，贬低其他宗教地位的伪经。又如《提谓波利经》，流行于北方，以五戒、五常、五行、五星、五方、五色，五味、五脏相配伍。这正说明汉代的阴阳五行的宇宙论框架在玄学流行的南方逐渐消逝、北方保留的汉代经学传统观念较多。讲到佛教的"八关斋"与《礼记》的《月令》相结合，认为积善功德可以"增寿益算"。增寿益算之说来自道教《太平经》及《抱朴子》①，还有一些宣扬儒家忠孝的伪佛经，如《佛说父母恩重经》等。

如果作更进一步的发掘，还可以发现，佛教、道教经典中某些概念范畴的作用、涵义，已经不限于佛教、道教内部，它们已渗透到中国哲学内部，实际上改变着中国哲学内容。佛教得到了儒教的支持而扩大了势力范围，儒教得到佛教的渗透而增加它们的抽象思维的深度。例如北朝流行的经论中有《十地经论》(世亲)和《摄大乘论》(无着)，这两者都是印度大乘后期的作品。《十地经》原为《华严经·十地品》(鸠摩罗什译)。该经把成佛的过程分成十个阶段，一个阶段为一地(等级)。"十地"是由低级到高级进行精神修养的层次。《十地经》有"三界虚妄，但是一心作"。《十地经论》对此"一心"提出了解释，认为造作三界的这个心("一心")即阿赖耶识，这是一种不灭永存的精神实体。这个实体是"净"，它就是成佛的根据，要扶持它；这个实体是"染"，它就是成佛的障碍，要消除它。而《摄大乘论》讲"无尘唯识"，讨论的也是成佛的途径和世界构成的最后根源的问题。佛教中一派认为这个"识"是第八"识"(阿赖耶识)，是染污的根源，另一派则认为这个"识"是阿摩罗识(唯一净识，又称第九识)。这些问题是深

---

① 《抱朴子·微旨》："天地有司过之神，随人所犯轻重，以夺其算。"

入探讨涅槃佛性问题引发出的新问题。它涉及一个根本问题：佛性是善，是真，那么罪恶从何而起？人性是善，恶从何来？佛教这个外来宗教关于佛性的辨析，直接联系到中国哲学史的人性论，而且把中国哲学史上讲了近千年的人性论深化了。后来的佛教华严宗，倾向于自性清净；法相唯识所讲的阿赖耶缘起，则认为第八识与生俱来，它是万恶之源，必须消灭它才能成佛。

佛教把得到最高精神境界叫作"成佛"。中国古代哲学把得到最高精神境界叫作"成圣"。名称不同，宗旨没有什么两样。

中国哲学史研究者，比较注意佛教思想与中国哲学思想的关系。不少人指出，宋儒的月印万川、理一分殊的说法导源华严，心性之学来自禅宗，都言之有据，毋庸多说。朱子攻击陆九渊，说陆子近禅，陆子也说朱子近道教，陆朱两家都讲天理，讲心、性、情。宋儒关于人性论最重要的范畴是"天命之性"与"气质之性"，朱子称自从张载提出了"气质之性"与"天命之性"，才使儒门论性之说趋于完备。"论性不论气不备"，"论气不论性不明"。"气质之性"之说，于儒家经典无任何根据，但一切正统宋儒学者，对此完全接受，并有所发挥。把它和尧、舜、禹相传的"十六字真传"同样奉为至理名言。

我们可以说儒佛两教的互相渗透，有的有形迹可寻，有的无形迹可寻。有形迹可寻的容易看出儒家与二氏的凭据，无形迹可寻的真赃实犯不容易被人捉住。上面所举的例子，"气质之性"这一重要范畴出现后，立即完全为儒家所接受。这也就说明儒佛思想的交融已是水到渠成，双方心照不宣。

此外，如关于儒佛、儒道之间的类似情况还多，这里不必一一列举。

# 国际文化与中华文化的交融

　　一种外来文化与本土文化接触后，由于主客观的条件不同，产生的结果往往很不相同。文化不是抽象的，更不是无根的。文化必具有民族性，也必具有地区性。文化还具有继承性，没有从天而降的文化。

　　中华民族秦汉以前，是在中国内部范围内进行广泛的、长期的交流而形成华夏文化。秦汉以后，由丝绸之路沟通了中西文化。先是经济的、商业的和政治的需要，逐渐打开了对外开放的门户。中国当时是个高度发达的封建大国。经济发达，物产丰盛，文化悠久而开明，远出于四邻之上，中华民族以自己的悠久灿烂文化而自豪。当时，我们主要来往借助于陆上的丝绸之路。佛教发源于东方文明古国，有它自己产生、发达的社会历史背景。中国与当时西方文化接触后，经历了一个长期融合的过程。两种不同来源的文化相接触，有三种可能：一，如本土文化先进，外来文化落后，两相接触，落后的一方往往被先进文化的一方消融；二，外来文化先进，本土文化落后，外来文化引进后，很少本土文化不被外来文化消融的；三，双方文化先进程度大致相当，两种文化接触后，经长期激荡、摩擦，造成相互渗透、相互吸收的情况。佛教传入中国，略相当于第三种情况，又不全同于上述第三种情况。因为中国传统文化是中国封建宗法制度下长期积累的产物。它根深叶茂，枝干扶疏，对外来文化无所畏惧，信手拈来无所容心，以我为主吸收其所当吸收以为我所用。因此，佛教文化传入中国后，中国传统文化对佛教文化不是闭门不纳，而是对它进行改造，以求其适应中国封建宗法制度。而佛教文化也有它的深厚根基，要把它改造得完全适合中国的需要，并非轻而易举。

我们可以说，佛教传入中国两千年的历史，也就是佛教不断改变它的精神面貌以期适应中国封建宗法社会制度的历史。先经过翻译介绍，然后中国人自己阐释发挥，有些发挥在印度有某些经典根据，也有些中国佛教著作与印度传统佛教全不相干，完全是自己的创造。历史表明，完全创造的流派，其影响反而胜过有外来经典依据的流派。佛教毕竟是一种体大思深的宗教思想体系，虽屡经改造，但仍能维持自己的门户不使隳灭。我们也曾看到进入古代中国的还有其他宗教，却被中国传统文化逐渐消融，最后归于消失的也不少。

再以佛教文化为例。东方哲学、东方宗教与古希腊传统迥异。即以认识论为例，认识论都是探讨主体与客体关系的学科。这是共同的。但认识方式、思维方式，都不得不受言语、民族的文化传统的制约。同样讲到"认识"，在西方感性认识、理性认识的分辨层次井然，心内主客之间也界线分明，西方把道德、感情、感受之类与认识能力有分明的界限。东方的"认识论"，包括中国的、佛教的哲学理论所涉及的认识，像佛教所讲的"识"，就它具有分别、辨析的作用来说，它有着认识论的共性。任何哲学流派的认识论，涉及主客观关系，都承认有分别、辨析才有认识作用。但佛教的识（包括大乘后期提出的八识）的对象，不止限于识别主体外物感知的精神活动。它的"识"的内容丰富得多。佛教的识，绝不限于观察、反映的活动，它还包括痛痒之感、苦乐之情、善恶价值判断、行为追求，是对宇宙、对人生、对社会的总判断。如果说这也是认识论，这个认识论既包括西方传统哲学所公认认识论的内容，又有西方传统哲学认识所包不尽的内容，如道德观念、美的欣赏品鉴、宗教情操体会，都是属于"识"所涉及的范围。它是一种广义的、整体性、综合性的直观"体认"过程。这种"识"包括心的作用，也包括思想感情的作用，也包括道德修养自我判断和自我体验。这种特点，把宗教修养、宗教世界观很自然地与哲学融为一体。佛教、儒教（宋明理学）浑然一体，不易划分，其症结也在这里。

综上所述，魏晋南北朝时期各种思潮和文化的交融在中华民族的认识史上占有十分重要的地位，它承上启下，一方面继承、维护了从先秦到两汉长期积淀而成的民族文化传统，同时也在广泛的交融中汲取了多方面的营养，扩大了视野，丰富了内容，隋、唐、宋、明以后中国哲学史所出现的新面貌，如果不追溯到这一段历史，是无从理解的。

（选自《任继愈学术论著自选集》）

# 中国哲学的过去与未来

## 一

中华民族有文字可考的历史至少有五千年，中国哲学发展的历史只有三千年左右。因为人类从蒙昧到有文化需要一个较长的过程，从有文化到自觉运用高度抽象思维，还要走相当长的路程。哲学思想是文化的精华部分。各民族都有自己的文化，但不是每个民族都有自己的哲学。世界上文明古国不少，各自走过了自己的道路，完成各自的历史使命，但大体上都是从蒙昧到有文化，从有文化到产生哲学这样的普遍过程。

如果把中华民族比作一个人，它也有从幼年不成熟到逐渐成长的过程。一个人的有效寿命不过百年，一个民族的有效寿命要长得多，以一百年到一千年为计算阶段，才可看出它发展变化的面貌的来龙去脉。

中国哲学应当从什么时候算起，"五四"前后的学者们有很不相同的看法。以北京大学开设的中国哲学课程为例，"五四"以前，从三皇五帝、"尧典""舜典"讲起，讲了半年，还没有讲到周公。"五四"以后，学术界多数研究者吸收了现代史学研究方法，利用民俗学、考古学、文化人类学的成果，吸取欧美学者研究西方哲学史的方法，断然抛弃了缺乏事实根据的传说，从春秋战国的诸子争鸣讲起。胡适的《中国哲学史大纲》（上）开一代风气，并得到学术界的认可。此后的中国哲学史再没有从尧舜讲起的。再用中国哲学与西方古希腊哲学比较,双方兴盛时期东西方相辉映,中国古代哲学与古希腊哲学几乎同步前进。① 从世界范围考察,公元前 7 世纪前后人类进入文明成熟阶段,产生了哲学体系。东西方由于社会历史条件不同,各自走着不同的发展道路,越到后来,差别越明显。

中国哲学奠基于春秋战国时期。后来两千年的许多流派和观点、哲学的基本范畴,大体都能回溯到春秋战国。学术界多认为这是中国哲学的黄金时代。一则内容丰富,二则学术争辩空气活跃,呈现出百家争鸣的繁荣局面。到了秦汉统一全国,学术界反倒显得沉闷,不及先秦学术活跃,有人对此感到遗憾。如果把先秦哲学放在中国哲学发展的全过程来考察,不难发现从先秦哲学的百家争鸣到秦汉哲学的定于一尊,这个变化是必然趋势,不可分割。

春秋战国诸子百家为什么争鸣?他们争论的中心议题是什么?先秦百家争鸣的中心议题是如何建立大一统的国家。孔、墨、孟、荀、韩非都提出了他们统一天下的方案,都不满意当时战争频繁、政治不安定的社会状况。貌似超脱的老子、庄子,也设计了他们治理天下的蓝图,并不是不要统一,只是要上边有一个"圣王"以无为原则治理天下,结束混乱局面。先秦的百家争鸣只是为后来的中国哲学创建完整的思想体系打基础,先秦哲学仅仅是中国哲学正式登场的序幕。真正具有强大创造力、生命力,足以体现中华民族伟大性格的哲学体系,都出现在大一统的中国封建社会相对稳定的时期。

今天世界关心中国哲学的人士心目中的"中国哲学"的多种思潮和流派,仔细追寻,几乎都是指的秦汉以后的哲学和流派。各流派虽可以追溯到先秦,但他们所研究的"中国"哲学的内容,几乎都是生存

① 古代印度缺乏文字记载,重视口头传授,他们的时间观念不及中国及西欧严格,印度古代哲学的发展,也大致和中国、西欧相当。

或流传于秦汉以后，经历隋唐或宋元明清专家学者发展出来的新体系。比如人们关注最多的儒家，号称以孔子为代表，按其所指，多是汉儒、隋唐儒，更多情况下指的是受过佛教、道教洗礼，经过宋代改造过的程朱儒、陆王儒，并不是原始的孔子儒、孟子儒、荀子儒。

## 二

中国古代哲学变革是政治变革的一面镜子。

中国文化走向世界，与其他文化体系发生联系，并引起注意，是秦汉以后的事。秦汉统一中国以前，中华大地上，众多诸侯国林立，国家小，人口少，不能形成集中凝聚的力量，各国战争此起彼伏。秦汉开始，中华民族开始形成，其活动范围基本上以黄河及长江流域为中心，由中原地区向周边辐射。蕃衍生息于九百六十万平方公里土地上的众多民族相互学习，相互依存，相互融合，在漫长的历史时期，发展了自己，壮大了群体。

秦汉统一，奠定了此后两千年的政治格局。两千年间，不论在理论上或在实践上，举国上下已取得共识，认为国家统一是正常的，分裂割据是不正常的。[①]

比起春秋战国时期，秦汉以后各个朝代，虽然思想不及先秦活跃，但哲学问题钻研得较深，形成了比较完整的、反映时代特征的哲学思想体系。再从人民得到的实际利益来看，大一统的集权制度，对于治理像中国这样的大国，具有绝对优势，为历代朝野上下所接受。

---

① 从秦汉到辛亥革命，两千年间基本上是统一的，最长的一段分裂时期是南北朝，也只有三百多年。南北朝分裂时期，南方有两次北伐，北方有两次南伐，双方都有结束分裂、完成统一的愿望，由于条件不具备，没有实现。

历代统治者为了达到长治久安的目的，不断总结经验，吸取前朝覆亡的教训，及时调整政策，构建理论，从而发展了中国古代的哲学和史学。中国古代哲学主要讲的是治国平天下的理论，它是政治学、经济学、伦理学、人生价值论的复合体。中国古代史学范围比今天的史学范围广泛，它包括政治哲学。

　　中国古代的生产方式是小农自然经济，它各自独立，一家一户为生产单位，又是消费单位，分散经营，相互隔绝。小农自然经济本来不利于大一统的封建大国。中国大一统的政治体制得以不断巩固和发展，主要靠中央政府高度集权的政治制度。政治的高度集中，经济的极端分散，这两者互相对立又互相依存，构成了秦汉以来中国古代社会的一对基本矛盾。

　　强化政治统一，不能专用武力，要文武夹辅，才能相得益彰。秦汉统一后，全国广大地区以政治手段推行了文字统一（书同文），从而克服了中国广大地区方言隔阻给中央统一政令推行的不便，汉字把广大地区各民族联系在一起。秦汉推行"行同伦"的教化措施，不像"书同文"那样有明显的社会效应，但它起着更深刻的社会影响。它向中华民族系统地传授共同的道德观、社会观、价值观。像"三纲五常"原则，秦汉以来成为两千年间稳定社会秩序、协调家庭关系和人际关系的普遍准则①，违背了"三纲"为不忠、不孝，很难在社会上立足。"夷夏之辨"是中国判断文明先进与野蛮落后的界限。区别夷夏

---

① 秦始皇并不完全反对"三纲"原则。《云梦秦简》载惩治儿子不孝的刑例。《绎山刻石》提倡"孝道"。秦始皇治理百姓用刑法，教育太子、贵族用礼义。对百姓用愚民政策，对统治阶层用儒家教化。比如当扶苏接到赵高伪造的迫使他自杀的遗诏，蒙恬知其中有阴谋，劝他写报告问明白后再死不迟。扶苏说："父而赐子死，尚复安请？"公子高请求殉葬，说："废兄而立弟，是不义也；不奉父诏而畏死，是不孝也。"（《史记·李斯列传》)秦始皇刻石表现的儒家"三纲"思想也不少，如"合同父子""圣智仁义""六亲相保""男女絜诚"等（《史记·秦始皇本纪》）。

的标准,把文化体系放在重要地位。

秦汉统一是中国历史发展的大势所趋,历史通过秦始皇、汉刘邦个人贪婪野心推动了社会前进。王夫之在他的《读通鉴论》中说:"秦以私天下之心而罢侯置守,而天假其私以行其大公。"这个论断是比较深刻的。

三

秦汉以后,长达两千年的封建社会以儒、道两家影响最为深远。儒家以孔孟为代表,道家以老庄为代表。孔孟、老庄影响中国哲学界的时间最久。事实上儒道两家都不是一成不变的,每改变一次,都要适应当时的历史需要改变一些旧观念,增加一些新内容。人们常说孔子思想影响了中国两千年(或说老子思想影响了中国两千年),这种说法与事实不符,不得不辩。

儒家思想在汉代经政府推广,定于一尊,以"三纲五常"为主要内容,吸收当时社会上流行的燕齐方术及黄老刑名之学,构成了以阴阳五行为框架的汉代神学经学、末流发展的谶纬经学。阴阳五行为框架的汉代神学经学,适应汉代大一统的思想要求,用它来解释当时的社会现象、自然现象,论证大一统的政治统治秩序,起了积极配合作用。汉代的神学经学成为汉武帝的政治措施的得力助手。以其粗陋的神学理论基本上可以回答社会生活中多方面的问题。董仲舒的儒学所起的作用超过了孔子在春秋时期所起的作用。孔子影响所及只限于东方,董仲舒的儒学遍及全国。

儒学到了宋代,又经历了一次大变革、大改造。朱熹以毕生精力创建并完成儒教。重新选定"四书"为儒教经典,"四书"取代了"五经"的地位。经过元明清三代继续推广，"四书"列为科举取士的教材，朱熹的观点规定为标准答案，应试者只能"代圣贤立言"（应试者体会"四书"中的观点来做文章，不得发挥个人的见解）。经过数百年的长期传播，反复灌输，儒家学说收到奇效，进一步稳定了封建社会秩序，"三纲"观念进一步深入人心。宋以后有弄权的奸臣，没有篡位的叛臣，有效地消灭影响中央集权的叛逆行为。曹操在唐以前名声还不坏，宋以后曹操成了奸臣。曹操定为奸臣叛逆，完全是按儒教的标准划定的。

与儒家长期并存的道家也有类似情况。汉代道家是经过黄老学派洗礼的道家，以黄老刑名为主，吸收齐地管仲学派，杂收阴阳、名、法、儒、墨之学，构建了新体系，虽也称为"道家"，与先秦的老子、庄子不同道。经过华北黄巾起义及四川五斗米道的农民运动的改造，《道德经》五千言成为道教徒用来讽诵、消灾免罪的圣经，老子也成为半人半神的教主。这是老子生前万万没有料到的。"汉儒"不同于孔孟，"汉道"也不同于老庄。学术研究不能不注意这种名同实异的变化。

魏晋道教发展成为中国型的系统宗教（不同于原始宗教），与佛教争高下，并得到有关帝王、贵族的支持，列入官方宗教。道教对下层社会的群众采取符咒治病方式，扩大了信徒团体。宋明以后的道教及时吸收佛教的心性之学，配合儒家的纲常名教观点，向两个方向发展：宗教理论专注于心性修养（道教称为内丹），其宗教实践专注于炼丹、修仙，以吸引上层贵族；炼气、武术，传播于社会下层，形成众多流派。

从名称上看，秦汉以后的中国哲学流派来自先秦，但考察其实际状况，不难发现其时代新内容，招牌未改，陈列的商品随着时代的变革而变换。这一普遍现象值得引起每个关心中国哲学发展的研究者的重视。

# 四

秦汉建立起的大一统的政治格局，经长期的改进，不断得到完善，遂成为中国古代政治、经济、文化、哲学的固定形态，因为大一统的政治格局，充分调动了人为力量，发展了小农经济可能达到的最大效益。统一大国给古代中国带来的利益，至少有以下五个方面显而易见，这些利益都不是分裂、割据的政治局面下所能办到的。

第一，消灭了内部战争。战国时期无年不战，统一后，可以百年不见兵戈。这是小农自然经济切盼的太平日子，有利于发展经济，充实国力。

第二，广大黄河、长江流域的开发，要有全面规划，小国治水以邻国为壑，而不能考虑全局利益。大一统国家的建立，有利于国家经济建设的统筹规划，有利于生产的提高和国力的增强。

第三，自然经济本身不利于经济上互通有无，在国家统一领域下，南方的茶、木材，海滨的盐，北方的铁业，由国家经营，利及全国。小农经济除维持简单的再生产外，所余无几。由国家集中赋税，集中调集人力（劳役），可以聚少成多，从事宏大工程建设，如国内交通、驿站、运河开凿、大型文化建设、大型图书编纂等，都是发挥了综合国力的优势，这种综合国力优势在抗击外来侵略、克服自然灾害方面，功用尤为突出。

第四，书同文的文字工具，行同伦的道德规范，形成了汉文化为主体的文化共同体，增强了中华民族的凝聚力。

第五,有安定的环境,增强国际交流,扩大民族视野,吸收友邦有用文化。

为了从理论上支持这样一种现实,从汉武帝定儒家于一尊,到宋儒建立形成完整的儒教体系,都集中研究治国平天下的道路。先是完善制度,如秦不分封子弟而速亡,汉分封子弟而招乱,经过长期反复,终于找到了合适的中央集权的制度。

秦汉到隋唐的中国哲学的主要课题是探究如何完善中央集权制度,宋元以后中国哲学的主题是如何巩固这个制度,使之尽可能做到自身调节,使之长治久安。这项任务,经过无数哲学家、思想家的建设性的创造(制度的、思想的),达到了预期的目的。

为了政治上的统一,中央必须高度集权,带有强制性,用法律、军事等等手段辅助中央集权。集权过头,超过农民所能承受的限度,就会激起农民的反抗。秦和隋这两个短命王朝,都亲身尝到了集权的利益,也遭受过度集权的失败。中国古代哲学不断出现的“无君论”“桃花源”,反映了小农经济的本性,向往自给自足的生活。但小农经济十分脆弱,经不起天灾、战争,更无力抵抗外来强大的武力侵略,它要求有一位圣王君临天下,为民做主,保民平安。

由于这种相互需求、相互对抗的关系长期起作用,中国哲学历代相传的“内圣外王之道”“究天人之际”的中心内容,说到底,即如何协调政治高度集权、经济极端分散这对矛盾的学问。从董仲舒到宋代理学,进行了长期探索,最后找到了行之有效,比较完满的理论——《大学》。

《大学》从理论上充分论证了个体农民、小生产者在大一统国家的地位责任,提出修身、齐家到治国平天下“外王”的道路,对内心修养方面提出格物致知、正心诚意“内圣”的功夫,从而把小农经济和天下、国家有机地结为一体。《大学》本来是《礼记》中的一篇,唐代韩愈重新提出,开始接触到政治集权与经济分散两者之间的关系问题。宋儒对之进行了重新阐释,增加了新的涵义。朱熹的哲学体系,以格物说为起点,王守仁的哲学也是从格物说起步。在政治统一,经济分散的总格局下做文章,构成了秦汉到明清哲学史的主旋律。

<h1 style="text-align:center">五</h1>

从文化角度看中国哲学,哲学是文化的精华部分。中国哲学是中国众多民族共同创造的,随着时代前进,思想体系也有着相应的变革和演化。归纳起来,大致有四种文化现象值得引起注意。

第一,文化的继承与积累现象。文化的变革不同于政权转移,新旧之间不能割断联系。新文化都是在旧址上建造的。好像长江大河,导源于涓涓细流,下游汪洋浩瀚,下游水包含上游水。如中国古代诗歌,从口头文学到作家创作,先有四言,后有五言、七言,再后有律诗,都是后者在前者的基础上发展来的。有了七律,并没有废弃四言、五言。先用古文,后用白话,白话兴起,文言并未消失,它还保留着古文中有生命力的成分。有时忽略文化的继承与积累现象,过去曾经过分强调新旧哲学之间的对立,此种失误,应引为教训。

第二,文化衰减与增益现象。任何学说,都是当时当地的产物,时代和环境发生了改变,思想不能适应这种变化,就失去了市场。天下没有不变的事物,理论上也没有不变的成说。屈原的作品为不朽之作,但随着时代的推移,它的感染力也在衰减。汉初贾谊读到屈原的作品,为之叹息流泪,以至忧郁成疾,今天大学中文系的师生也能赏析屈原的作品,但读后为之感动流泪的情况想必不多;杨墨之言盈天下,今天社会上知道杨墨为何许人的已很少;庄子为文汪洋恣肆,现在真正读懂庄子的人并不多,所谓"君子之泽,五世而斩",古代思想在后人眼里,其价值是经常改变的。历代都有人对其价值已衰减的思想及文化产品不断加以新的解释,注入新义,使它重新焕发活力。这就是文化的增益现象。一种思想或学说,脱离它所生存的时代环境,其价值势必衰减。后代的思想家或哲学家不断对之进行新的解释,增加适应时代要求的新内容,新的学说从旧的学说发展而来,但已不同于原来的面目。古人"以述为作",实际上是以述代作。

第三,文化的势差现象。两种不同的文化相接触,总是文化层次高的一方影响文化层次低的一方,文化层次低的一方则处于受影响、被改造的地位,而不能逆转。元朝灭亡了宋朝,但这只是政权的转移,处于先进地位的中原地区文化不但没有被消灭,新朝的统治者反倒受了它的同化,宋朝的儒教文化完全被元朝继承,并在更大范围内予以推广。明对清也有类似情况。如两种文化层次高低大体相当时,双方则呈现对峙状态,互相吸收交融。古代中印文化相接触,佛教传入,经过长期对峙、融合,才完成佛教中国化的过程。西方基督教三次传入内地,都不能立足,但同一个基督教在传入云贵边远少数民族地区后,很快收纳众多信徒,因为少数民族地区没有文字,社会结构尚处于原始部落状态,对较高层次的基督教文化的抗拒力较差。

第四,文化的融会现象。文化不是死的东西,它有生命力,有活力,具有开放性和包容性,不同文化相接触,很快就会发生融会现象。处在表层的生活文化(如衣食器用等),很容易被吸收,处在深层的观念文化(如哲学体系、价值观、思维方式等),不是一眼就能看透的,要有深厚的文化根基和较高的文化素养才有可能发生交融。中国人对西方的哲学、文学、艺术的理解和欣赏有一个逐步了解的过程,不是一下子就达到了今天的水平。今天我们能够把两者融合会通，并创造出新的文化成品，这是一种高层次的融合，这种融合只有在双方都有深厚文化基础的伟大民族间才有可能发生。古代的中印文化融合以及现在正在进行的中西文化融合，都是如此。

# 六

从以上文化发展的一般现象，我们可以对中国哲学的未来面貌作一概括性的推想。

中国哲学的成熟发展并取得世界的关注和重视，都是在秦汉以后。如果中国哲学到春秋战国为止，没有以后两千年的补充发展，中国先秦哲学就只能成为考古研究的对象，成为博物馆中的陈列品。就如同古巴比伦的楔形文书一样，它不是有生命力的有机体，也不会对后来的人民的社会生活发生实际的作用。事实上，中国哲学在此后的两千年间曾指导着中华民族的每一分子的政治生活、社会生活、文化生活、宗教生活以至家庭生活。它是活着的意识形态，曾经长期作为中华民族的思想支柱，屹立于天壤间。

进入近代，中国已不再是独立于世界之外的"天朝大国"，开始走上更广阔的世界舞台。中国哲学涉及的范围，已不专属于孔孟老庄、程朱陆王的世袭领地。今天的中国哲学领地，闯进了外国众多的"孔孟老庄、程朱陆王。"西方资本主义文化与中国原有的封建主义哲学相撞击，必然会产生新的效应。认真总结中国哲学几千年所走过的道路，使我们有更大的信心建设中国的新文化、形成中国哲学的新体系。根据以往文化现象的几种表现，可以帮助我们推想今后中国哲学发展的新形势。

中华民族的新哲学必然要继承中国传统文化的优秀成果，抱残守缺、用古老的封建思想体系来抵抗资本主义文化的做法固不可取，而忽视文化发展的继承和积累现象，割断新哲学同传统文化之间的联系，这种态度也是轻率的、有害的。文化建设从来没有暴发户，今后也不可能有。中国哲学的新局面不可能建立在一片空地上，它必然是在古代优秀文化传统的基础上发展、前进，注入新的血液，赋予适应时代要求的新内容，古人"以述为作"的成功经验可供借鉴。有些过时、阻碍中国现代化的思想观念要大胆弃置，任其衰减；对符合时代要求、有利于中华民族走向现代化的思想，则放手拿来，及时取用。

中国文化不是一个封闭的体系，新哲学的建立，不但应当包容古代哲学中仍然具有生命力的优秀成果，也要广泛吸收一切外来文化的有益成分，主动吸收一切先进哲学体系来充实自己。只有这样，才能保持先进的文化层次，建立起富有生机和活力的先进哲学体系。这是中国哲学发展的方向。文化的融会现象，是一切文化交流进步的总模式，也是未来中国哲学要走的道路。今后的中国哲学不限于出自中国学者头脑的哲学思想，应当承认，凡是在中国生了根、发生了影响、为中国哲学所用的哲学和意识形态，都可以用来嫁接、移植在中国哲学园地，都是中国哲学。像马克思主义与中国实际相结合所产生的毛泽东思想，已成为现代中国哲学的一部分。当年佛教初传入时，曾被当作夷狄之教，遭到排斥，后来与传统文化融为一体。佛教哲学丰富了中国哲学的心性论和本体论，宋明理学得以超越前代，推动中国哲学前进，主要得力于佛、道二教的资粮。

当代其他西方哲学重要流派传入后，经过系统传播，为中国学术界所吸收的，如马克思主义者艾思奇的著作，也将视为中国哲学的一部分。我国现代老一辈哲学家中,如欧阳竟无、熊十力、贺麟、梁漱溟、冯友兰、金岳霖、方东美的思想都超出了中国传统哲学范围,不同程度地吸收西方某些哲学体系的观点、方法,他们的哲学思想都属于正规的中国哲学。

由此上溯到清末戊戌变法时期的哲学家,如康有为、谭嗣同,稍后的严复、王国维的哲学思想,因时代较早,他们移植或偷运西方思想的痕迹宛然,他们的哲学思想也是正规的中国哲学。谭嗣同在说明他的哲学体系所根据的思想资料时,曾列举:

> 凡为仁学者,于佛书当通华严及心宗、相宗之书;于西书当通《新约》及算学格致、社会学之书;于中国当通《易》《春秋公羊传》《论语》及《礼记》《孟子》《庄子》《墨子》《史记》及陶渊明、周茂叔、张横渠、陆子静、王阳明、王船山、黄梨洲之书。

谭氏的哲学融会了西方的宗教的思想、自然科学、西方的社会学及佛教哲学,更主要的是以中国传统哲学的经学和理学为主干。谭氏为中国哲学的发展开创了新生面,他建立起的哲学体系,尽管粗陋,有强扭硬接的痕迹,但是代表了中国哲学发展的方向,五四新文化运动以后学术界多年的实践证明,这是一条中国哲学前进的必由之路,中国哲学的未来,必须以现代科学、西方哲学社会科学、中国传统哲学作为构架新体系的主干。

<h1 style="text-align:center">七</h1>

中国哲学的历史是中华民族的世界观发展的历史。中华民族,

从秦汉到现在，做出重大贡献，或者说完成自己的历史使命做过两件大事。第一件大事是把分散的、诸侯割据的列国拢成统一的大国，把众多的民族融成一个民族共同体——中华民族。中国所以有今天，是中国各个民族共同创造的成果。大一统的中国，发展了生产，创建了伟大的东方文明，建立了完善的封建政治制度，并使之得到巩固、完善，在封建制度下使生产力发挥出最大效益，哲学和文化达到极高成就，形成封建社会自我调节的机制。也要看到，成功所在，也就是局限所在。造成今天现代化步履艰难的重要原因之一，正是封建制度十分完备的后果。

第二件大事，是把古老的中国推向现代化。鸦片战争以后，由于西方列强的入侵和中国社会的发展，摆在中华民族面前的历史使命是摆脱贫困，走向富强；取消压迫，走向自主；打破专制，走向民主。建设一个高度发达、文明的现代化国家，建设现代化的中国，无前例可循，要甘冒风险。一百多年来，一代一代的先进中国人，从地主阶级内部的开明派，到资产阶级改良派、革命派，再到中国共产党人，都对中国的现代化事业贡献了力量。由于经验不足或措施失误，进展很大，困难和挫折也不少，实现现代化的任务还远未完成。思想界的任务，就是构建反映现代化要求的新的具有中国特色的哲学体系，为中国的现代化道路做理论上的探索，奠定现代化的理论基础。

中国哲学的传统，是"究天人之际"，以"内圣外王"为最高修养目标。"内圣"使人提高精神修养，培养关心人类的伟大胸怀；"外王"在于使国家太平、百姓乐业。在现代条件下，无论是进行"究天人之际"的理论探讨，还是贯彻"内圣外王之道"的最高理想，都要有新的内容。今天的"究天人之际"，要特别重视对自然科学领域的探索和对自然科学成果的借鉴、吸收，来丰富和完善新的哲学体系；今天的"内圣"修养要超出修养者个人精神境界的提高,而在于提高民族群体的精神境界和文明水准。现代化的"外王",不是小农经济的田园丰足、邦国太平,而在于摆脱中世纪的束缚,促进国家的现代化。今天的"究天人之际",要求哲学工作者要具备丰富的科学知识,要通晓诸多思想流派并做出合乎实际的取舍。现代的中国哲学家讲的"内圣外王之道",仅仅重视先贤语录显然不够,至少要懂得从自然经济过渡到商品经济要具备哪些条件,提高全民族的精神境界、道德素养从何处入手。这些学问是哲学家应当熟悉却尚未熟悉的新领域。

当前许多政治评论家在评论国际形势时,经常提到两极政治消亡,国际上呈现多元(或多极)政治格局,有的学者看到目前哲学界众多学派纷纷出现同时活跃,认为学术界也是多元化,这里套用政治评论的结论,是不恰当的。因为政治家多属现实主义者,他们对形势的估价和评判往往深受近期利益关系的制约。现实主义的态度使他们很少有远大的政治理想,抱有远大的、理想的、崇高的人类关怀,是哲学家的天职。

在思想界呈现的思想流派的多元化,正好说明中国哲学在新境况下多方探索的现状及其不成熟。中国哲学必有一天吸取现代学问,并吸收人类一切精神成果为思想资料,构建成一个宏大思想体系,真正做到"致广大,极精微,综罗百代"的伟大体系,这个体系足以反映现代化的中华民族的思想成果。由于目前主客观条件均不具备,还只是停留在准备阶段,但前景光明则毋庸置疑。

新体系的完成要有三个条件:

第一,安定的政治环境,丰足的生活环境;

第二,完备丰富的思想资料(包括古今中外全人类文化遗产);

第三,具备高度概括综合能力和创造能力的哲学家群体的出现。

这三个条件须同时具备,缺一不可,要实现这些条件可能需要几代人的努力。作为哲学工作者,我愿在准备思想资料方面做些力所能及的工作,为后来者铺路。中华民族是伟大的民族,历史使命召唤我们前进,我们莫辜负这个难得的机遇,以期无愧于这个伟大的时代。

(原刊于《中国哲学史》1993 年第 3 期)

# 哲学的永恒主题

## ——究天人之际

　　人类自从脱离动物界,进入人类社会,关心的重大而根本的问题是探索人在自然界的地位、探索人对自然界的影响以及自然界对人的影响,也就是古人所说的"究天人之际"。

　　人类从生活实践中,认识了有关天象、生物、化学、物理众多领域的规律,从而驾驭它,使它为人类所用。自然界广大无限,自然科学的研究、发展也没有穷尽。人类本来是自然界的一部分。随着人类文明的进步,人类对自身的认识也逐步加深,不再安心归属于自然界,听从自然界的摆布,而要参与对自然界的改造。人类自从认识了自身的存在和它的独特价值,就开始了对社会、对个人的作用进行探索。人类和自然界打交道,已有二百万年以上的历史。而人类认识自己,探索社会的成因,如何在群体中生活,建立人际关系的规范,最多不过几千年,因而表现得很不成熟。认识自然、驾驭自然,有时成功,有时失败,算一算总账,成功多于失败,才有今天的科技成就和文明生活。

　　人类认识社会、驾驭社会的历史比较短暂,经验很不成熟,人们认识社会、驾驭社会,有时成功,有时失败,算一算总账,成功时少,失败时多。这是当前世界苦难、政治动乱的根本原因。

　　研究自然界,研究者可以置身局外,对自然界进行观察、追踪、改造,有时从中切割一部分放在特殊环境内来研究。研究社会,研究历史,这是另一种对象,研究者不能站在社会之外来观察社会,更无法使历史重演以供研究者再观察一次。研究者只能作为社会成员参与社会生活,从中对它考察、认识、体验、改造。再加上每一个人所处的社会地位不同,观察的角度不同。还有,研究者个人利害关系、研究者群体利害关系不能不影响着研究者的客观性、真实性,引出结论的倾向性。面对同一个社会现象,却难取得共识,仁者见仁,智者见智。

自从人类发现了历史唯物主义,使人们找到了一个有效的工具,用它来观察历史现象,分析社会现象,比没有发现这种工具以前顿觉开朗。但这一方法在全体人群中还没有引起普遍重视,有时还遭到抵制。比如,社会发展有没有规律? 历史进程有没有方向? 天下大势是分久必合、合久必分,还是周而复始? 对社会、对历史的无知,与科技界对自然的改造驾驭的成就形成鲜明的对比。

人类近百年来科学技术取得了飞速发展,看来没有造不出的器件。科技领域好像四通八达,能上天入地,创造新品种、新材料,并向创造生命进军,但人类对自己的能力、局限、弱点,迄今所知甚少。甚至没有能力弥合亲手给这个世界造成的创伤。管天管地,却管不了自己。手中握有上千件核武器,自称能毁灭地球有余,本来为了吓唬对手,却被这种亲手制造的武器搅得不得安宁;能培育高产优质的农作物,面临过剩产品却束手无策,不会分配。

如何对待人与自然的关系,如何认真认识人的社会作用,如何处理人们之间的交往——民族与民族,国家与国家,千百年来,聪明才智之士提出过不少方案,无数的政治家、改革家提出不少设计方案。人类为了改革社会,曾付出过极大代价,甚至为之牺牲了千万人的生命。迄今为止,还没有发现十全十美、为人人所接受的最佳模式。

建设有中国特色的社会主义,是中华民族的创举,并已付诸实行。经过四十多年的实际操作,已取得很大的成就。最重要的,第一条成就是解决了全体人民的吃饭问题。古代号称盛世无过于汉唐，这两个朝代人口最多时达五千万，都没有解决人民的冻死、饿死的问题，灾荒之年还发生过人相食的现象。其次，改变了一百多年被凌辱、被压迫的处境，中国人民站起来了，屹立于世界大国之林，受到国际的重视。第三，中国有自己最基本的现代化的手段，迈出了向现代化进军的第一步，成为社会主义大国。

哲学上的永恒主题——"究天人之际"，在全世界、在中国都是一个薄弱环节，这就是学术上、理论上，对自然界的知识较多，对社会（人）的知识却相对贫乏。社会改革、政治措施，各个民族、各个国家都有明显的民族特性和地区差别。社会科学有共同性，难处是如何把共同性与本民族的特殊性相结合。几乎没有两个国家完全相同，要各国独立探索。国家小，人口少，要学习、要改革比较容易；出了差错，也容易纠正。像中国这样的大国，正在探索走自己的道路，没有现成榜样，前进的难度就更大。环顾世界各国，无论大国小国、强国弱国，遇到的麻烦，占首要地位的，是社会问题，是解决人们的各种关系。在人与自然的关系上，说到底，还是"天人之际"的老问题。

（选自《天人之际：任继愈学术思想精粹》，《人民日报》出版社2010年版）

# 试论"天人合一"

近年来，"天人合一"问题重新被学术界关注。这本来是个古老的问题，自从人类自觉地从自然界分离出来，就提出关于"天"的问题。中国哲学(一切哲学，不只是中国哲学)讲到"天"，不单纯地涉及高高在上的"天帝"，其意义在于探索天命与人事的关系。古代的政治领袖同时也是宗教领袖。君主有资格与上天打交道。中国哲学从殷周时期(有了文字记载)就有天命不可违、天决定朝代兴亡的文献记载。今天旧话重提，不是翻旧账，而是根据今天的形势，对这个老问题予以再认识。

最早提出了"天"，已包涵了"人"。到了西汉董仲舒才明确提出"天人合一"的命题，用以表达天与人的关系密切不可分。

一

天人关系的提出，标志着人类认识世界的深化过程。据中国哲学史的记述，春秋战国以来，天有五种涵义：(1)主宰之天(2)命运之天；(3)义理之天；(4)自然之天；(5)人格之天。

**主宰之天**。《论语》记载中保存较多：

> 天丧予。(《论语·先进》)
> 天厌之。(《论语·雍也》)
> 知我者，其天乎。(《论语·宪问》)

获罪于天,无所祷也。(《论语·八佾》)

天之将丧斯文也。(《论语·子罕》)

天何言哉?(《论语·阳货》)

《孟子》中也说过:"尧荐舜于天。"《老子》"天网恢恢,疏而不失""天之道其犹张弓欤"认为,天有绝对权威,可以主宰人的命运。

**命运之天。**《孟子》保存这方面的言论较多,如:

莫之为而为者,天也,莫之致而致者,命也。(《孟子·万章上》)

尽其心者知其性也,知性则知天矣。存其心,养其性,所以事天也。寿夭不贰,修身以俟之,所以立命也。(《孟子·尽心上》)

若夫成功,则天也……强为善而已矣。(《孟子·梁惠王下》)

认为"天"是命运,人类应尽力而为,最后成败还要看命运,命运有极大权威,人力无法改变。

**义理之天。**孟子认为仁、义、礼、智四种善端是天生的,"天之所以与我者"。"万物皆备于我,反身而诚,乐莫大焉。"(浩然之气)"其为气也,至大至刚,以直养而无害,则塞乎天地之间"。《中庸》开首讲"天命之谓性"。"君子所过者化,所存者神,上下与天地同流。"

**自然之天。**《老子》讲"天地不仁,以万物为刍狗"。《庄子》说:

天地固有常矣,日月固有明矣,星辰固有群矣,树木固有立矣。(《庄子·天道》)

天其运乎,地其处乎。(《庄子·天运》)

无以人灭天,无以故灭命。(《庄子·秋水》)

牛马四足之谓天。(《庄子·秋水》)

《荀子》讲:

> 列星随旋,日月递照,四时代御,阴阳大化,风雨博洽,万物各得其和以生,各得其养以成。不见其事而见其功,夫是之谓神。皆知其所以成,莫知其无形,夫是谓之天。惟圣人为不求知天。(《荀子·天论》)
>
> 大天而思之,孰与物畜而制之,从天而欲之,孰与制天命而用之……故错人而思天,则失万物之情。(《荀子·天论》)

天是自然存在,对人没有主宰力量,也没有义理的涵义,不过是自然物,可以利用自然界为人类造福。

**人格之天**。董仲舒的著作中此种观点十分明显,并形成体系:

> 仁义之美者在于天。天,仁也。天覆育万物,既化而生之,有养而成之……天常以爱利为意,以养长为事,春秋冬夏,皆其用也。
>
> 天地之物有不成之变者,谓之异,小者谓之灾。灾常先至而异乃随之。灾者,天之谴也,异者,天之威也……谴告之而不知变,乃见怪异以惊骇之,惊骇之尚不知畏恐,其殃咎乃至。以此见天意之仁而不欲陷人也。(《春秋繁露·必仁且智》)
>
> 人受命乎天也……人有三百六十节,偶天之数也。形体骨肉,偶地之厚也。上有耳目聪明,日月之象也。体有空窍理脉,川谷之象也……观人之体,亦何高物之甚而类于天也。
>
> 人之身,首妾而圆,象天容也。发,象星辰也,耳目戻戻,象

日月也。鼻口呼吸，象风气也，胸中达知，象神明也……身犹天也……小节三百六十六，副日数也。大节十二分，副月数也。内有五脏，副五行数也。有四肢，副四时数也，乍视乍瞑，副昼夜也。乍刚乍柔，副冬夏也。乍哀乍乐，副阳阳也。（《春秋繁露·人副天数》）

董仲舒的"天人合一"，吸收了当时流行的天人感应思潮，把"天"看成大的"人"，把"人"看成小的"天"。天具有人的品格，有喜怒哀乐。董仲舒的体系具有宗教特征，它是儒教的前身。我称之为"准儒教"。

先秦儒家及后来各学派关于"人"的解释，不像对"天"的解释那样分歧，一般都指现实社会的人类人群。只有佛教，从六道轮回的报应观念来看待"天"和"人"，那是另外的问题，在中国传统天人观念中不占主要地位，这里不予讨论。

中国哲学史中也有反对前一派的大哲学家，如老子、庄子，主张人性中不包含道德属性、政治属性，人的本性和动物没有两样，政治属性是被后来的"圣人"们强加上的、灌输进去的。自从产生了国家，组织了社会，人类失去其本性，天性受了限制，病苦、罪恶由此而起。这种"天人合一"不是加强社会秩序，学习文化知识，而是要求人们回到自然，恢复天性，这和儒教系统的"天人合一"形成鲜明对照，因为它言之成理，持之有故，拥有广大支持者。

中国几千年来，儒、道两家长期对立，源远流长，两家虽然都讲天人合一，但如何去"合"，以天为主，还是以人为主，长期未得解决。这里有双方理论的争辩，也有双方社会基础的对立。主张天为义理的天、主宰的天、命运的天的学派，多为政府官方立言，以"天尊地卑"来论证君尊民卑的社会秩序的合理性。主张"天"为自然的一些学派，则以为人应向自然依附，教人解脱政治束缚，回到自然，反映了中国小农经济的个体农民的性格，希望过自给自足的生活，不希望政府过多地干预。

除了上述两种倾向不同的"天人合一"学说外，还有反对"天人合一"的学派。如荀子，即主张天归天，人归人，两不相涉，天人无法合一。唐朝刘禹锡主张"天人交相胜"，不但不能合一，而且两者处在对立的地位。荀子、刘禹锡等人对中国哲学的发展也做出了贡献。

## 二

生活在 21 世纪，人们受过现代思想的熏陶，不同于古人的地方在于有进化观点和社会发展观点。这是时代给我们这个时代人的特殊机遇。现代人生活环境比古人优越的地方还在于打破了古代专制主义设下的许多禁忌。禁忌，有语言的禁忌、行为的禁忌以及思想的禁忌。比如中国古代儒教有一条基本信条（从周公、孔子到康有为）是"敬天法祖"，"欺君灭祖"是十恶不赦的。君，天之子，是天的代理人。造反的人天理不容。古人的禁忌是可以理解的，但并不合理。各类宗教的"天"的崇高地位，对君父的绝对权威，是不容许怀疑的，更无从讨论它是否合理，有没有存在的必要。

"天"在古人心中有特殊地位，它崇高而庄严，是真理的化身，这是人类亲手塑造出来转而向它膜拜而产生的形象。宗教理论构造了绝对存在（大写的存在，有时称为"道""理"）。

其所以产生上述多种涵义的"天"，正足以说明人类在认识世界中若明若暗的处境。人们在生活道路上遇到了阻碍，挡住了去路，无法逾越，但又不能不前进。小者如个人事业的成败、人生的寿夭，大者如国家的兴亡、民族的厄难，总希望找到可以依靠的凭借。穷竭无数英雄豪杰的智力，还是无从把握，看不到出路。人的智慧才力看似无限的，无限开发也不会枯竭，在改变自然、发展生产方面已充分显示其威力，却不是万能的。

自以为无所不能的人类，可以改天换地，连嫦娥独占的月宫也敢上去漫步，唯独不能解决自己的困惑和亲手给自己造成的灾难。像身体的结构，疾病的发生，消灭了旧疾病，又产生了新疾病。社会失业，家庭纠纷，人口失控，环境污染……虽有种种设想，推行过一些措施，但收效不大。怎么办？原因何在？只有归结为"天"。

中国古代哲人提出的多种关于"天"的理解和解释，就是人类对社会生活中遇到困惑的答案。答案之所以分歧，莫衷一是，反映了人类企图对社会生活干预却又无能为力而从事的艰难探索。

出于以上的原因，我们现代人没有必要按照古人曲谱填词。"天人合一"无论如何解释，已不能反映现代人今天所要解决的问题，任何诠释也难以做到正确无误。"天人合一"的文章已做不下去。

中外哲人回顾人类走过的道路，归结为主客观关系的问题。司马迁说过，他写《史记》目的在于"究天人之际，通古今之变，成一家之言"。司马迁对"究天人之际"做了工作，这是一个永恒的主题，要继续探究下去。

"天人之际"，即主客关系，即认识者（主）与被认识者（客）的关系，也就是人与天的关系。今天，哲学面临新时代，对主客关系应比前人有所突破。它对主客观的理解不应停留在个别主体与个别客体的关系，而是群体的主客关系（个别的主体与客体关系也要继续探究，但不够）。个人的认识即使正确，如果不被任何人理解和接受，这个正确的新见解可能被当成梦呓，不会发生任何作用，说了等于没说，发现等于没有发现。触犯了群体的禁忌还会招来灾祸。

"天人合一"作为哲学史中出现过的问题，不能不研究，我们哲学工作者当前的职责用力所在是探究"天人之际"，进一步探究天人之间究竟是什么样的关系，而不是想方设法去论证它的"合一"或"不合一"。

自从地球上产生了人类，即意味着客观世界在人的参与下发生了变化。洪荒时代的原始森林、荒漠原野已遭到改变(我不叫作破坏，因为这是自然的，也是客观的)。人类发明用火，第一次发现能源，开始熟食肉类，就改变了原始森林的自然状态。人类开始发明驯养家畜(传说有伏羲氏)，就改变了动物界全野生的状态。人类发明耕种(传说有神农氏)，就改变了野生植物自生自灭的自然状态。总之，人类出现之日起，就存在着与自然的斗争。人与自然有对抗的一面，也有互相依存的一面。

有的哲学家盛赞中国哲学好就好在天人合一，这不对。人吃肉类，吃鱼类，意味着对动物的摧残，何曾合一？ 王阳明也讲"天人合一"，人吃谷物可以养人，谷物和人有相通处，故曰合一。肉类也可养人，动物(如牛羊)辗转死于屠刀下，又怎好说人与牛羊和谐无间？ 生物链本身包含着对立的统一，并不是一味地"合一"。人类保护环境，保护稀有动植物中日渐消灭的种类，已说明天人之间并不那么合一。

退回到洪荒时代已不可能，伤害动物的是人，伤害人的是人类自身，看来，"天人合一"这个历史命题可以归到哲学史中去讲，现在需要的是如何深化探究"天人之际"，也就是司马迁以来，几千年研究而未解决的天人关系。这个课题不是短期可以找到答案的。"天人合一"讲了几千年，研究"天人之际"看来几千年以后还要讲。事在人为，共同努力吧。

(原刊于《传统文化与现代化》1996年第1期)

# 历代农民革命战争对中国哲学史的作用

　　楔子：决定哲学史发展的主要是当时的阶级斗争，当然生产斗争中知识经验总结对哲学史的发展也占极重要的地位。从中国古代的具体情况看，历代的阶级斗争的集中表现是农民革命战争。只要有阶级存在，它就有阶级斗争，它没有间歇的时候。农民革命战争是间歇进行的，它的作用对于哲学史来说不是经常的。但是由于农民革命战争是阶级斗争的爆发式的表现，威势猛、影响深，往往促使阶级斗争向更深刻的方向发展，因此，它对中国哲学史的发展起了极为重大的作用。笔者没有意思说农民革命战争对哲学史的发展是唯一决定性的因素。科学的发展也对哲学史的发展有重要影响。先行的哲学思想对它后来的哲学思想也有影响作用。此外，影响哲学史发展的，还有其他因素。本文只从一个侧面来说明研究中国哲学史应当注意的一个方面。篇幅所限，不涉及农民革命战争对哲学史的作用中许多具体的哲学思想问题。

　　中国哲学史的发展有它许多特点。这些特点是受哲学史一般规律所制约的，而不是哲学史发展的一般规律管不着。哲学史是说明唯物主义在不断克服唯心主义，辩证法在不断克服形而上学的斗争中发展、成长的科学。哲学史发展过来的道路说明，辩证唯物主义是人类哲学智慧发展的最高成就。中国哲学史的发展既然是在中国具体的社会历史条件下进行的，它必然带着中国社会历史的特点。

中国哲学史所经历的道路，绝大一段是在封建制度下过来的。中国封建社会特点之一就是农民革命次数之多和规模之大。"地主阶级对于农民的残酷的经济剥削和政治压迫，迫使农民多次地举行起义，以反抗地主阶级的统治。从秦朝的陈胜、吴广、项羽、刘邦起，中经汉朝的新市、平林、赤眉、铜马和黄巾，隋朝的李密、窦建德，唐朝的王仙芝、黄巢，宋朝的宋江、方腊，元朝的朱元璋，明朝的李自成，直至清朝的太平天国，总计大小数百次的起义，都是农民的反抗运动，都是农民的革命战争。中国历史上的农民起义和农民战争的规模之大，是世界历史上所仅见的。在中国封建社会里，只有这种农民的阶级斗争、农民的起义和农民的战争，才是历史发展的真正动力。"①毛泽东同志的这段话，是从丰富的、历史发展的事实中总结出来的规律。这一规律对于指导中国古代哲学史的研究具有重要意义。

先秦时代，农民起义的领袖相传是盗跖，他的事迹已被统治者所歪曲和有意地湮没，真相已经不清楚，姑且存而不论。据史书记载，春秋战国时候，农民反抗压迫的斗争方式主要是用逃亡来对抗统治者的剥削和压迫。春秋战国时期一般的国家缺乏的是劳力，不是土地。争城、争地的战争，主要目的还是在于掠夺劳动力。所以当时的贵族统治者要求把所管辖的农民固定下来，不许他们到处流动。像《孟子》中就讲到梁惠王的主要苦恼是"邻国之民不加少，寡人之民不加多"。墨子在反对战争的许多文章中也反复讲到战争夺人土地是夺自己所有余的，由于夺土地而使人民战死，是杀死自己所不足的。

在春秋战国时期农民革命战争没有发展成为大规模的、自觉的行动，在哲学思想中也没有充分的反映。有些有远见的哲学家已察

---

① 《中国革命和中国共产党》，《毛泽东选集》第 2 卷，人民出版社 1966 年版，第 588 页。

觉到农民问题是十分值得注意的问题。像孟子就说过："民为贵，社稷次之，君为轻。"这里的"贵"即"重要"，如《论语》"礼之用，和为贵"，是说"和"的原则最为"重要"。孟子的意思是说：农民的问题最重要，政权的问题比较次要，君的问题不大。后人借题发挥，说孟子有"民主"思想，那是另一回事，和实际情况是不符合的。这里不在于说明孟子的思想本质，而在于指出农民的问题已是一个重要的问题，引起了哲学家的注意。此外，孔子、荀子、韩非等，都提出了如何对付农民的问题。

正是由于先秦没有较大规模的农民起义，大多数的统治者还不认识农民的伟大力量，不知道农民的厉害，所以先秦法家肆无忌惮地把农民当牛马、工具，认为用鞭子和奖励就可以使天下农民俯首听命。秦朝沿着这个道路走下去，遭到了覆灭。在秦的暴力下，农民揭竿而起，巍巍秦帝国，在农民打击下，很快土崩瓦解。汉初"惩秦之敝"，对农民做了很大让步，这就是历史上"文景之治"的由来。表现在哲学上就是西汉初年黄老之学的抬头。黄老之学盛行于西汉，固然有其他原因，主要原因之一应当说是农民革命战争后的产物。统治者被迫不得不"与民休息"，所以采取了"无为而治"的政策。剥削的统治阶级，从本质上讲，都是欲壑难填的，哪里会有真正"与民休息"的好皇帝？

又经过一段长时期的剥削，曾经获得暂时喘息的农民又活不下去了，爆发了西汉末年的赤眉、铜马等农民起义。这一次农民起义是利用宗教开始的，东汉后期的官方统治哲学为了进一步对付农民，也采用了宗教作为思想武器。东汉的哲学思想斗争，表现在宗教与反宗教方面，这有其他原因，但和农民起义有极大的关系。

东汉末年黄巾大起义，威力之猛，超过了过去几次大的农民起义。这一次农民革命运动比过去更坚决、更彻底，阶级意识比过去几次更为明朗。起义的锋芒指向以刘姓天子为中心的汉中央政府和大大小小的地主阶级。由于条件不具备，不幸失败了。农民起义成功，推翻旧王朝，新王朝懂得了农民的力量，经常会对农民做出某些让步。起义的成功，当然并不意味着农民的胜利。相反的情况下，如果农民起义失败，新王朝的统治者就会变本加厉地对付农民，比过去更残酷。魏晋时期，农民的生活是非常悲惨的。曹魏的屯田制，是用军事编制把农民束缚在固定的土地上供驱使、劳役的制度。近来有人说曹操用屯田利用农民，这种说法是不大正确的。屯田制比连年相杀、人吃人要好些。但农民的生活不能认为只要不连年相杀、不人吃人就是仁政。西晋的占田制是用法律的形式把农民束缚在固定的土地上、对农民进行压榨的方式。按剥削量说，魏重于汉，晋重于魏，像西晋连十几岁的孩子、六十以上的老翁都负担着极繁重的劳役和农业税。

这一情况表现在哲学上，便出现了不管人民死活、专门作虚玄抽象思维的魏晋"清谈"。

也正由于农民看不见革命的出路，他们不得不向宗教去找寻安慰。佛教的轮回报应说，本来早已来到了中国，直到三国以后才算找到适宜的气候，得到滋长。道教也在这个时期发展起来。其中有农民的思想，也有统治阶级利用宗教宣传宗教的思想。

隋末农民大起义，打垮了隋帝国，李世民封建地主集团利用农民起义建立了唐帝国。这时又采取了一些对农民让步的措施。由于唐太宗李世民亲眼看到强大繁荣的隋帝国是怎么被农民起义打垮的，尽管他自己不信宗教，但却有意识地利用宗教麻痹农民的斗争意志，以加固他的统治。所以唐代御用思想武器中有佛教、道教和儒家的封建伦理道德观念。统治者学得乖巧了，他们积累了一些思想统治的经验，知道宗教、封建伦理道德可以互相配合，起的作用会更大。他们有意识号召"三教合一"，让统治阶级内部的各派儒、释、道各得其所，不要争吵。他们中间也有矛盾，但不过是暂时的。像排斥佛教最激烈的唐武宗，曾下令"毁法"，并不是用无神论"毁法"，乃是用道教来"灭佛"，他死后佛教又合法存在了。

农民革命，在唐末爆发了黄巢起义。起义军荡平了南北朝以来的门阀世族的旧势力，毁灭了强大的寺院经济，从此结束了以经院哲学为特点的宗教哲学。农民起义的同时，出现了许多反映农民要求的平均主义、无君论的民主性的思想流派。此外，禅宗的广泛传布，固然有其他原因，而农民革命后直接造成的必然后果，必须估计在内。

宋朝的理学家们特别注意"君臣大义"，教人通过"人伦日用"的道德生活去"体认天理"。它也有许多原因，原因之一，还是为了防止农民革命，防止统治阶级内部的互相篡夺。

明末农民革命结束了明朝的专制统治，不幸接着来了清贵族的入关，矛盾性质有所转化。民族意识、爱国热情成了促进唯物主义哲学发展的因素，爱国思想家开始对封建君主制度产生了怀疑。如黄宗羲的《原君》《原臣》《学校》等篇，都在不同程度上表现了素朴的民主思想的萌芽。

清朝的太平天国农民革命，由于条件不具备，在路线上犯了错误，没有成功。这一次革命虽然没有直接提出资产阶级性质的民主的口号，但已埋下了资本主义的火种。

历史上许多怀着善良愿望、同情农民的哲学家，在古老的封建文化中留下了不少文化遗产，带有民主性的精华。如先秦的墨子、老子,秦汉之际的《礼运》中的"大同"思想,晋朝鲍敬言的无君论,唐末的无能子,宋代的康与之,宋末元初的邓牧,明末清初的黄宗羲,清末康有为的《大同书》,一直到孙中山先生的"天下为公"的理想,都值得称赞。

农民自己或同情农民的进步思想家,都提出了向往自由、消灭剥削、"有福同享,有祸同当"的先进思想。这些思想,都为后来的社会主义准备了条件。共产主义是天堂,但对天堂的描绘,如何到达这个天堂,人类是经过了曲折的道路的。如果算一笔总账,向共产主义社会迈进,只有马克思主义出现以后才使空想成为科学。但过去的空想,并不是毫无作用,它起了推动、探索道路的不可缺少的作用。

在历代农民革命的促进下,每一次大的革命战争都推进了生产力的发展,也促进了社会其他方面的发展。生产力不断地发展,会在个别地区,由于经济发展的不平衡,出现新的生产关系的萌芽。

长期、反复的农民革命战争,迫使人们有更多的机会认识了一些辩证法的基本原理。如果找寻中国哲学中辩证法思想丰富的原因,其中主要因素之一,就在于中国社会中农民革命战争对人民的启发和教育。当然还有其他原因,如生产实践,自然科学的发展(如医学、生物、农业科学等)。与此同时,中国哲学中的形而上学的思想也不得不披上辩证法的伪装。比如正统派的哲学家,都讲变化发展,特别是对《易经》的注解表现得最为突出,他们都大讲"中和""中庸""调和""不偏不倚"。其目的就在于阉割辩证法。这种办法,比董仲舒公开宣扬"天不变,道亦不变"的拙劣的形而上学聪明得多,虽然他们在本质上没有两样。

农民革命战争中经常以平均主义、空想农业社会主义教育农民。他们经常以互通有无、互相救济的精神共同生活、共同劳动。汉末张鲁的公库，宋代方腊的互助组织，明代描写农民革命的小说《水浒传》中所设想的梁山泊的平等互助生活、"打富济贫""替天行道"的愿望，都是集体、平等思想的萌芽。这些思想、本来是劳动人民自发的思想。这是一个好传统。今天的农民走人民公社的道路，主要是党的领导和长期对农民进行共产主义思想教育的结果，但是也不能说和中国农民的优良传统一点也没有关系。

这里必须指出，本文并没有意思论证中国哲学史的发展、思想的演变都要向农民革命战争中找根源，这样做会以偏概全，是不对的。本文目的仅仅在于指出，如果研究中国哲学史的发展和变化、思想表现方式、哲学史的划分阶段及考察中国哲学的特点时，如果忘了农民革命战争对它们所起的巨大作用，就会讲不明白。正如毛泽东同志所指出的，中国农民起义和农民战争是中国历史的特点。农民革命既然在社会历史上起了巨大作用，不可避免地要在哲学史上有所反映。

统治阶级利用哲学对付农民革命是自觉的，选择的武器不会用错。不论是进步的或反动的哲学家，没有不对农民革命关心的。因此，必须对农民革命给以足够的注意。但是也要防止对任何哲学史上的问题，都从农民革命中直接找根据。因为哲学史上许多问题的提出和解决，并不是直接来自农民革命，也不是全部问题来自农民革命。把它绝对化，也会犯偏差。要从全面考虑，不能简单化。

总的来说，农民革命在某些时期，在一定的条件下决定着哲学思想的精神面貌，在一定的条件下给哲学家出了题目，在一定的条件下促进了民主性思想的产生和成长，在一定条件下促进了辩证法的发展，描绘了大同世界的蓝图。这是可以说的。

（原刊于《光明日报》1959 年 4 月 5 日）

# 《孙子兵法》中的辩证法因素

## 《孙子兵法》在哲学史中的地位

相传《孙子兵法》是春秋时代齐人孙武的著作。据近人研究,这部书可能导源于公元前 5 世纪末的孙武而完成于公元前 4 世纪中叶的孙膑。春秋战国时代各种学派的著作都不是由一个人执笔写成的,而是由各家学说的信奉者不断地补充、发展,经过若干年才写成书的。[①]

《孙子兵法》一向被认为是极有价值的兵书,被人尊为"兵经",也是世界上最早的一部兵书。书中所讲到的只是依据古代战争的条件总结出来的战争基本原理,而并不是专门从哲学的世界观的高度来观察整个世界。它不像老子那样提出一般的思维规律和事物变化、发展的规律。《孙子兵法》所讲的不是关于战争的制度、措施,它提出了如何认识战争发展的规律并如何运用这些规律来控制战争发展的方向。它讲的是战略思想和原则,所以也具有哲学的意义。

战争这一门科学的特点规定了它不同于古代一般自然科学,当时的自然科学仅仅停留在对自然界的观察、记录、分析、计算这些方面(如生物学、农业科学、天文学,等等)。战争这一种科学又不同古代一般的社会政治思想,马克思主义以前的政治思想理论都由于受剥削阶级的局限,因而不能正确反映客观事实,更不能发现社会发展的

---

[①] 根据近年来的考古发现,《孙子兵法》与《孙膑兵法》两书俱在。可以断定《孙子兵法》为孙武的书。

规律。《孙子兵法》所讲的是阶级社会中的一种社会现象——战争——的发展和变化的规律。假定《孙子兵法》的作者是孙武,那么,孙武的伟大成就主要并不在于他是一个成功的军事家,而在于他是一个军事思想家。

战争是政治斗争的继续,当然也是阶级矛盾斗争的表现(统治阶级之间的矛盾斗争也是阶级斗争,并且和统治者与被统治者的阶级斗争密切联系着的),战争是社会现象之一。正如毛泽东同志所指出的,"战争现象是较之任何别的社会现象更难捉摸,更少确实性,即更带所谓'盖然性'。但战争不是神物,仍是世间的一种必然运动"①。因此,它就有被认识的可能。战争使人不能忽略双方矛盾斗争的实质和作用。战争的胜败,小则决定个人的生死,大则关系国家的存亡,因此,它迫使人们不得不虚心地认识矛盾斗争的实际发展。矛盾对立的现象和矛盾对立的法则必然突出地通过战争而显现出来。并且,战争是敌对双方力量的对比,除了双方的物质条件以外,双方人为的主观能动性也起着极大的决定作用。在具体战争中,胜败之机决于顷刻,事实上不允许用主观想象办事,也不允许从容长期细心研究,何况双方情况随时都在变化。世界上一切现象都是在矛盾斗争中发展变化着,都不能离开这一总的规律。而战争所表现的矛盾斗争的发展变化就更为鲜明。

《孙子兵法》中固然没有把辩证法作为一般的哲学方法提出来,但《孙子兵法》却运用了辩证法的一些基本原则来认识战争,并运用这些原则来驾驭战争,把战争引向胜利。所以《孙子兵法》中反复申述这些原则不能违反。实践证明,古今用兵者凡是违反了《孙子兵

---

① 《论持久战》,《毛泽东选集》第 2 卷,第 458 页。

法》中的这些原则的,往往要在战争中遭到失败。古代的辩证法只是科学的辩证法的萌芽,都带有比较原始的形态。比如中国的老子以及古希腊的赫拉克利特的辩证法都是根据当时不很完备的科学知识,基本上按照自然界的本来面貌来认识世界的。古代的辩证法只是大体上概括了事物发展的总原则,都带有自发性,而不是在严格的科学知识基础上产生的。《孙子兵法》中的辩证法也是建立在古代一定的科学基础上,带有原始的自发性的特点。

对《孙子兵法》正如对老子及赫拉克利特一样,我们不能作过高的要求。因为辩证法不是某一个天才人物偶然发现的,乃是在历史发展的一定的阶段上,合乎规律地产生的。《孙子兵法》,虽然只是在军事范围内,卓越地提出了矛盾对立、转化等基本原则。而这些原则又是与唯物主义的观点相结合的。所有这些成就都值得我们今天十分珍视。

日丹诺夫在"关于西方哲学史的发言"中曾说过,"既然有马克思辩证法的存在,在哲学史中应当包括辩证法产生的历史,表明辩证法产生的条件是什么"。研究中国哲学史也不能例外,首先要推翻资产阶级哲学史家所维护的唯心论和形而上学的"正统"。我们要发扬中国哲学史中的辩证法和唯物论的优良传统,要发掘那些长期被埋没了的宝藏。因此,我们不能把眼光仅仅停留在孔、墨、老、庄的旧范围以内。《孙子兵法》就是被旧哲学史家所摒斥的极有价值的思想学说之一。

《孙子兵法》毕竟是通过古代战争理论来体现辩证法原则的著作。笔者不懂得军事学,不能结合军事实际深入研究,只能作为一般的哲学思想方法加以简单的阐述,当然所理解的一定不会深刻,甚至难免错误,希望能得到指正。

# 认识要符合客观实际

《孙子兵法》中提出取得胜利要有五个条件：

> 一曰道，二曰天，三曰地，四曰将，五曰法。（《孙子兵法·
> 计篇》）

五个条件中首先是人民与统治者的看法一致（道），其次谈到时间
（天）、地点（地）、指挥官（将）及军队组织（法）等条件。同时，《孙子兵
法》中指出要解决敌我双方对立的矛盾（战胜即是矛盾的解决），必须
避免主观和片面的错误认识，要从比较全面的观点来认识矛盾的双
方面。

> 知彼知己，百战不殆；不知彼而知己，一胜一负；不知彼、不
> 知己，每战必殆。（《孙子兵法·谋攻篇》）

从全面看问题，必须考虑矛盾双方的具体情况以及其他条件，如
国际的关系、地理的条件、交通条件等：

> 故不知诸侯之谋者，不能豫交；不知山林险阻沮泽之形者，
> 不能行军；不用向导者，不能得地利。（《孙子兵法·军争篇》）

仅仅知道矛盾的一方面，而不知道矛盾的另一方面，就没有必胜的把
握。因为战争只能服从矛盾对立的规律，而不能用主观片面的臆测

来认识事物：

> 知吾卒之可以击而不知敌之不可击，胜之半也；知敌之可击而不知吾卒之不可以击，胜之半也；知敌之可击，知吾卒之可以击，而不知地形之不可以战，胜之半也。故知兵者动而不迷，举而不穷。故曰：知彼知己，胜乃不殆；知地知天，胜乃可全。(《孙子兵法·地形篇》)

又说：

> 故智者之虑，必杂于利害。杂于利而务可信也，杂于害而患可解也。(《孙子兵法·九变篇》)
>
> 故不尽知用兵之害者，则不能尽知用兵之利也。(《孙子兵法·作战篇》)

就战争来说，固然要知彼知己才能够百战不殆，作为一般的思想方法来说，也还是"科学的真理"。毛泽东同志在《矛盾论》及《论持久战》中，对于《孙子兵法》中这条原则曾给以很高的评价。

由于能从矛盾的双方考虑问题，并且从矛盾双方有关的各方面考虑问题，才能够掌握矛盾发展的方向。所以《孙子兵法》能比较全面地评价战争在矛盾斗争中的地位，它能从比战争更高的观点来认识战争，而不陷于纯军事观点。它不迷信战争可以解决一切问题：

> 凡用兵之法，全国为上，破国次之；全军为上，破军次之。……故百战百胜，非善之善者也，不战而屈人之兵，善之善

者也。(《孙子兵法·谋攻篇》)

因此,《孙子兵法》中说,最好的策略是粉碎敌人向我发动战争的企图(上兵伐谋);其次的策略是利用国际矛盾,孤立敌人,使敌人不敢发动战争(其次伐交);再次的策略是用兵作战(其次伐兵);最下策才是攻城(下政攻城)。所以说:

> 故善用兵者,屈人之兵而非战也,拔人之城而非攻也,毁人之国而非久也,必以全争于天下。故兵不顿而利可全,此谋攻之法也。(《孙子兵法·谋攻篇》)

## 强与弱的互相转变

毛泽东同志的集中绝对优势兵力歼灭敌人的有生力量这一卓越的战略指导原则,不仅是游击战的原则,也是一般的战争的指导原则。这正是辩证法中从量到质的互相转变的根本原则的具体运用。正是用量的变化以达到质的变化的手段。毛泽东同志曾指出,不但在游击战争中以多击少是我们的战役和战斗的方针,即使"战略反攻阶段,我之技术条件增强,以弱敌强这种情况即使完全没有了,我仍用多兵从外线采取速决的进攻战,就更能收大批俘获的成效。例如我用两个或三个或四个机械化的师对敌一个机械化的师,更能确定地消灭这个师。几个大汉打一个大汉之容易打胜,这是常识中包含的真理"①。

---

① 《论持久战》,《毛泽东选集》第 2 卷,第 454 页。

《孙子兵法》一再提出如何利用双方兵力数量对比的关系以控制战争发展的方向。并提出在各种不同情况下，如何利用量的对比关系创造对于自己有利的战争形势。《孙子兵法》中提出利用数量的优势，争取主动，以达到以众击寡获得胜利的原则：

> 吾所与战之地不可知。不可知，则敌所备者多。敌所备者多，则吾所与战者寡矣。（《孙子兵法·虚实篇》）
>
> 故形人而我无形，则我专而敌分。我专为一，敌分为十，是以十共（按：共即对付）其一也，则我众而敌寡。能以众击寡者，则吾之所与战者约矣。（《孙子兵法·虚实篇》）
>
> 用兵之法，十则围之，五则攻之，倍则分之，敌则能战之，少则能逃之，不若则能避之。（《孙子兵法·谋攻篇》）

可见由量的变化在矛盾对立的双方必然引起的质的变化，《孙子兵法》对此是有相当认识的。常能保持"以众击寡"，自然也容易"每战必胜"。

## 为战争形势的转化创造条件

战争也像其他自然现象和社会现象一样，不是静止不动的，而是在不断地变化的状态中。而这种不断地变化也有其规律，就是向着它的相反的方面转化。自然界固然是：

> 五行无常胜，四时无常位，日有短长，月有死生。（《孙子兵法·虚实篇》）

作为社会现象之一的战争也不能例外：

> 乱生于治，怯生于勇，弱生于强。（《孙子兵法·势篇》）

矛盾对立转化的法则是自然界的一般法则，也是社会现象的法则。但一切转化都在一定的客观条件之下进行着。为了取得战争的胜利，矛盾的解决并不在于"知道"这个转化的道理，更主要的是《孙子兵法》中提出了为矛盾对立的转化创造条件。只就战争范围来说，就是为战争的胜利创造条件。《孙子兵法》在战略思想中的伟大贡献并不在于指出战争的胜败有一定的规律，而在于它进一步指出如何根据这一矛盾对立的规律来创造条件，把战争引向胜利，把矛盾对立的旧形势改造得对于自己有利。

因此，《孙子兵法》不把战争的胜败（即矛盾对立的转化）看作战争直接行动的结果，相反地，它把战争的胜败看成矛盾双方的许多条件的对比的结果。矛盾的转化，乃是被主观及客观条件所决定，所以《孙子兵法》并不强调战争行动，而强调促成战争胜利的条件：

> 昔之善战者，先为不可胜，以待敌之可胜。不可胜在己，可胜在敌。故善战者能为不可胜，不能使敌必可胜。（《孙子兵法·形篇》）

又说：

> 故善战者立于不败之地，而不失敌之败也。是故胜兵先胜而后求战，败兵先战而后求胜。（《孙子兵法·形篇》）

为胜利、为解决矛盾对立的形势创造条件,必须根据矛盾对立的规律充分发挥人的主观能动的作用,有利条件不是等待来的,而是主动争取得来的:

　　　　故善战者,致人而不致于人……攻而必取者,攻其所不守也;守而必固者,守其所不攻也。(《孙子兵法·虚实篇》)

## 根据具体条件发挥原则性与灵活性

　　普遍原则必须与具体情况相结合。以上所讲的这些辩证法的一些基本观念,在《孙子兵法》中已有一定程度的认识。但如何通过实际行动来认识这些原则,并如何利用这些原则,也还是一个复杂的问题。《孙子兵法》中也提供了一些重要的见解,就是根据具体情况掌握中心环节:

　　　　凡战者,以正合,以奇胜。故善出奇者,无穷如天地,不竭如江河。终而复始,日月是也。死而复生,四时是也。声不过五,五声之变不可胜听也;色不过五,五色之变不可胜观也;味不过五,五味之变不可胜尝也;战势不过奇正,奇正之变不可胜穷也。(《孙子兵法·势篇》)

　　奇正的变化固然"不可胜穷",但却有一定的原则:

　　　　夫兵形象水,水之形避高而趋下,兵之形避实而击虚。水因地而制流,兵因敌而制胜。故兵无常势,水无常形。能因敌变化

而取胜者，谓之神。(《孙子兵法·虚实篇》)

但是原则不等于死的公式，必须看具体情形，在纷乱复杂的矛盾现象中及时掌握住中心环节，而不应把一切矛盾现象平列同等看待。所以在战争中，必要时：

涂有所不由，军有所不击，城有所不攻，地有所不争，君命有所不受。(《孙子兵法·九变篇》)

## 结　语

中国人民是勤劳、勇敢、爱好和平的，并且有爱好和平、保卫自由的光荣传统。今天，争取世界持久和平已经成为全世界爱好和平的人民的共同要求。但是，爱和平并不就是反对一切的战争。我们反对一切阻碍历史进步的、掠夺性的、非正义的战争，而不反对保卫和平的、正义的战争。抗美援朝的伟大胜利正说明了我们保卫和平的决心和力量。

《孙子兵法》在中国历史上，曾对于促成全国的统一、抵抗外族或驱逐外族侵略都起过重大的作用。但本文目的乃在于从《孙子兵法》中发现它的辩证法的因素，并不涉及战争的本质。

《矛盾论》曾指出：事物矛盾的法则即对立统一的法则是自然和社会的根本法则，因而也是思维的根本法则。不论人们意识到或没有意识到，客观世界（自然和社会）总是按照对立统一的法则发展着的。作为思维的方法来看，它必须是自觉地，在一定的程度上运用对立统一的法则的思想方法，才是辩证法。《孙子兵法》也如同其他一些古代的自发的辩证法和唯物论一样，它认识的深度是不够的，因为它的科学的基础不够。由以上所列举的证据和说明不难看出，《孙子兵法》的价值并不限于战争的原则这一方面，因为在不同的程度上它确实反映了一些辩证法的基本原则，尽管这些原则是萌芽状态的，是素朴的。

因此，作者主张在中国哲学史中应当给《孙子兵法》以一定的地位。这些不成熟的意见，是否妥当，还希望得到读者的指正。

（原刊于《光明日报》1954年4月21日）

# 论《齐物论》不代表庄周思想

《庄子》是一部内容庞杂的"庄学丛书"。我曾在《庄子探源》中进行探索，并提出了初步的看法，认为《庄子》内篇出于秦汉之际。现在就《齐物论》一篇进一步论证这一看法。

习惯上，历代学者都认为《庄子》内篇思想一贯，应是庄周之作。近来也有人认为内篇虽未必全部是庄周著作，但《逍遥游》《齐物论》两篇可以代表庄周的思想。《逍遥游》与《齐物论》两篇中，《齐物论》更能代表庄周的思想，体现了庄之所以为庄者的特点。本文要说明《齐物论》远在庄子以后，绝不能代表庄周的思想。

《齐物论》通篇都是反对辩论的，它从相对主义观点引向不可知论，其论辩的主要锋芒是指向公孙龙学派的。

今存《公孙龙子》共有六篇，除《迹府》一篇为后人编纂、记载公孙龙的事迹外，其余五篇（《白马论》《指物论》《通变论》《坚白论》《名实论》）可以认为都是公孙龙的思想。

《齐物论》反对公孙龙的学说，查有实据的有以下几个问题：

## 《齐物论》反对公孙龙的《指物论》

公孙龙在《指物论》中说：

> 物莫非指，而指非指。天下无指，物无可以谓物。非指者，天下无物，可谓指乎？指也者，天下之所无也；物也者，天下之所

有也……且指者天下之所兼，天下无指者，物不可谓无指也……
且夫指固自为非指，奚待于物而乃与为指？

"指"是事物的共相、概念，公孙龙认为一切事物都有与此事物相当的概念；而概念，并不是另外还有一个概念与它相当。世界上如果没有概念，即无法用来表示事物；如果天下没有物，也就没有概念了。概念是抽象的（天下之所无），事物是具体的（天下之所有）。概念是天下任何物所兼有的，天下虽然没有一个总的概念（指），但任何物都不能认为没有它的概念。概念自身即区别于非概念，它（指）不需要以具体事物为其存在的条件。公孙龙的学说是客观唯心主义的体系。他认为概念比物更根本，可以脱离物而单独存在。虽然他不承认有一个共同的"指"，但他承认万物各自有它们的指。

公孙龙的错误，在于割裂了概念与它代表的具体事物之间的关系，并使概念脱离具体事物，因而做出了唯心主义的结论。但是公孙龙力图把概念的意义明确、固定，而不是使它含混、游移，在中国逻辑史上还是有其积极贡献的。

《齐物论》与《指物论》处在相反的立场。《齐物论》反对"物"与"指"的区别，教人以不区别代替区别，所以它说，"以指喻指之非指，不若以非指喻指之非指也"。这是说，用"指"来说明指不是指，不如用"非指"来说明指不是指。《齐物论》对公孙龙的《指物论》进行了歪曲。《指物论》分明说概念（指）自为非指，不必待物而后为指。《齐物论》从相对主义观点抹杀事物之间有差别，并反对通过概念以认识事物。它认为不要任何概念，取消认识，才可以达到一种不辨是非的神秘境界。

公孙龙的哲学在战国末期影响很大，这种学说与《齐物论》的作者的相对主义观点是对立的。后期庄学为了反对当时影响较大的《指物论》才提出《齐物论》的①。

## 《齐物论》反对公孙龙的《白马论》

《白马论》说：

> 马者所以命形也，白者所以命色也。命色者，非命形也，故曰白马非马。

又说：

> 白马者，马与白也，白非马也，故曰白马非马也。

公孙龙开始区别了白马与马这两个概念所包括的范围有大小的不同，这一点是可取的。如果仅仅说"白马不就是（所有的）马"，这个说法是可以成立的。但是公孙龙由此更进一步论证他的"指"比"物"更根本的唯心主义观点，他为了说明除了白马、黄马、黑马……之外，还有一个马的一般（指）。白马、马都是各个孤立的指，因而导致"白

---

① 对于《齐物论》这样的篇名，过去有过不同的解释，有人以为《齐物论》应解作"齐"物论，"齐"是动词，当时有许多关于"物"的议论，《齐物论》的作者企图把各种"物论"的差别给以齐一，故名。也有人认为《齐物论》是"齐物"之"论"，把万物看作"齐"一的一种议论。通过与公孙龙的《指物论》的对比，我们也可以假设，它是针对《指物论》的反驳而提出的一篇反《指物论》的文章。《指物论》十分强调了"指"与"物"之不同，它强调"指"在认识中的重要地位；而《齐物论》旨在抹杀《指物论》对"物"与"指"的严格区别，《齐物论》未尝不可以说它"齐"公孙龙的《指物论》的。这只是一种假设，因为《齐物论》反对的不止《指物论》，它对公孙龙的每一个观点都抱着反对的态度。

马不是马"的错误。公孙龙的白马非马,并不是一开始就陷入诡辩的,当他仅仅停留在区别白马与马的内涵的关系时,还有一些合理的因素,其失足处在于割裂了白马与马的联系,把差别强调得过了头。

《齐物论》从一开始就采取了相对主义的手法,根本否认概念与事物之间有差别。它说:

> 以马喻马之非马,不若以非马喻马之非马也。天地一指也,万物一马也。

它不是面对问题提出解决,而是用取消问题的手法作为对问题的"解决"。它说,天地就是一个无所不包的总概念,又何必去分别物与物之间的差别;万物就都像白马非马的关系,它可以是马,也可以不是马。这种观点,是对《白马论》的反驳,也是对《指物论》观点的反驳。

## 《齐物论》反对公孙龙的《坚白论》

公孙龙的《坚白论》是《指物论》观点的具体运用。它分析人们对坚白石的感觉时,说:

> 视不得其所坚而得其所白者,无坚也。拊不得其所白而得其所坚者,无白也。

这是说,坚只是触到的感觉,白是看到的印象,两者的感受的来源不同。"得其白,得其坚,见与不见离,一一不相盈,故离。"这是说,坚、白和石没有联系,坚、白"自藏",藏是"具有"的意思,坚、白是自己独立具有的特性,石中不具有这些特性。坚、白是可以脱离具体的事物而单独起作用的。这里,公孙龙提出了坚、白的属性,并指出事物的属性有不同于具体的事物的方面;这是可以说的。但是,公孙龙从他的唯心主义观点出发,把物的属性与物完全割裂开来,因而走向诡辩论。

公孙龙通过割裂"坚白"与石的内在联系以宣传他的客观唯心主义,《齐物论》则极力反对区别所谓坚白。它说:

> 昭文之鼓琴也,师旷之枝策也,惠子之据梧也,三子之知几乎,皆其盛者也。故载之末年。唯其好之,以异于彼。其好之也,欲以明之,彼非所明而明之,故以坚白之昧终,而其子又以文之纶终。

这是说,昭文的弹琴,师旷掌握音乐的节奏,惠子倚着梧树讲论,他们各有所长,各有所好,他们各自想在自己所学的范围内把自己所好的知识弄明白。他们一定要把无法明白地弄明白,只能得到像"坚白论"那样的糊涂的结果。①

## 《齐物论》反对公孙龙的《通变论》和《名实论》

《齐物论》在几个问题上攻击公孙龙的明确概念的主张。《齐物论》一贯主张取消问题,模棱两可。

《通变论》反对两可之说:

---

① 刘武《庄子集解内篇补正》认为坚白是指惠施,并据《德充符》为证,以为不是指的公孙龙的《坚白论》。我认为惠施没有讲什么坚白论,这里的文句的语气是指的以上三子(昭文、师旷、惠施)得到了"坚白之昧"的结果。

曰:"二有一乎?"曰:"二无一。"

曰:"二有右乎?"曰:"二无右。"

曰:"二有左乎?"曰:"二无左。"

曰:"右可谓二乎?"曰:"不可。"

曰:"左可谓二乎?"曰:"不可。"

曰:"左与右可谓二乎?"曰:"可。"

曰:"谓变非不变,可乎?"曰:"可。"

曰:"右有与可谓变乎?"曰:"可。"

上面的问答,是公孙龙自己提出,又自己回答的,对于这些问答的涵义,学术界有不同的解释,这里不想多说,但有一点可以肯定,那就是公孙龙主张"可"或"不可"要明确,不能含混。这种明确的主张,也正是符合公孙龙的形而上学的思想方法的,公孙龙的《名实论》说:

故彼彼止于彼,此此止于此,可。彼此而彼且此,此彼而此且彼,不可。

这是说,把彼当作彼,并且肯定它就是彼,把此当作此,并肯定它就是此,这是可以的。把此当作彼,并认为彼就是此,把彼当作此,并认为此就是彼,这是不可以的。这里有初步的排中律的意思。其目的,也是在讲概念要明确,不能说彼是彼,又不是彼,此是此,又不是此。公孙龙认为这是不允许的。

《齐物论》对于这种明确的态度很不同意,主张维持两可之说,它说:

可乎可,不可乎不可。道行之而成,物谓之而然。恶乎然?然于然;恶乎不然?不然于不然。物固有所然,物固有所可。无物不然,无物不可。

《齐物论》又说:

> 方生方死,方死方生。方可方不可,方不可方可。

这都是模棱两"可"的观点,它和公孙龙的《通变论》的观点是对立的。

公孙龙主张概念明确,反对有所谓"两明"。《通变论》说:

> 青白不相与,而相与不相胜,则两明也。
>
> ……
>
> 暴则君臣争而两明也。两明者昏,不明,非正举也。非正举者,名实无当,骊色章焉,故曰两明也。两明而道丧,其无有以正焉。

《齐物论》针对这种观点,提出相反的意见,它说:

> 是亦彼也,彼亦是也。彼亦一是非,此亦一是非。果且有彼是乎哉?果且无彼是乎哉?彼是莫得其偶,谓之道枢。枢始得其环中以应无穷。是亦一无穷,非亦一无穷也。故曰莫若①以明。

---

① "能""若"一声之转。

这是说不要分别是非,不要明确概念,不要把是非关系明确起来;它的结论是,不能把是非搞清楚(莫能以明)。"环中"是环之中央,"环"是一个圆圈,在圆圈的弧线上,它说不上哪是起点,哪是终点,它(环)随处是起点,随处是终点,它没有对立面(莫得其偶);既然没有对立面,当然也说不上什么是正面,什么是反面。《齐物论》由此引申,得出了无所谓是非的相对主义的结论。公孙龙说"两明而道丧",结果会失去判断是非的标准(其无有以正焉)。《齐物论》却认为各是其是,无是无非,是"道"的枢要,不但不值得诧异,反而应当看作是符合道的原则的。

《齐物论》反对公孙龙的《名实论》,提出是非不可能有共同标准。公孙龙《名实论》明确主张判断是非必须有客观标准:

> 谓彼而彼,不唯乎彼,则彼谓不行。谓此而此,不唯乎此,则此谓不行。其以当,不当也,不当而当,乱也。

这是说必须区别彼此,此与彼有其客观标准。而《齐物论》则认为:

> 物无非彼,物无非是,自彼则不见,自知则知之。故曰,彼出于是,是亦因彼。

又说:

> 是亦彼也,彼亦是也。彼亦一是非,此亦一是非,果且有彼是乎哉?果且无彼是乎哉?

《齐物论》说的"彼"和"是",相当于《名实论》所谓"彼"和"此"（"此""是"意义相通），《齐物论》的"物无非彼，物无非是"的"彼""是"对文。《齐物论》以无所谓"彼""此"反对公孙龙的明确"彼""此"。

## 公孙龙主张"正名"，而《齐物论》反对正名

《名实论》说：

> 夫名，实谓也，知此之非此也，知此之不在此也，则不谓也。知彼之非彼也，知彼之不在彼也，则不谓也。

这是说，实与名相当，如果确知此不是此，此不在此，它和名没有相当的地方，就不能肯定它的名。

公孙龙又说：

> 以其所正，正其所不正；以其所不正，疑其所正。其正者，正其所实也；正其所实者，正其名也。其名正，则唯乎其彼此焉。

这是说要有一个共同认为正确的标准，以作为衡量其不正的标准。《齐物论》则不承认有所谓判定是非的共同标准，它说，双方有不同的意见，进行辩论是没有用处的，不论辩论的双方谁胜谁败，都无法断定它是正确还是不正确。它说：

> 既使我与若辩矣……吾谁使正之？使同乎若（你）者正之，既与若同矣，恶能正之？使同乎我者正之，既同乎我矣，恶能正

之？使异乎我与若者正之，既异乎我与若矣，恶能正之？使同乎
我与若者正之，既同乎我与若矣，恶能正之？然则我与若与人，
俱不能相知也，而待彼也邪？

这是说，谁也不能真正辨别是非。公孙龙怕的是"无有以正"而使得
"道丧"，《齐物论》却认为恰恰由于规定了所谓是非的标准才使"道"
有所丧，它宣扬一种"是亦一无穷，非亦一无穷"的相对主义观点，说
"无物不然，无物不可"。

从以上的证据，不难看出，《齐物论》是在反驳当时已有的公孙龙
的逻辑思想。公孙龙只是直抒己见，没有和别人辩论的口气；《齐物
论》是以公孙龙的学说作为箭靶子进行攻击的。这两种针锋相对的
意见，不出于同时，公孙龙学说应在前，《齐物论》应在后。近人章炳
麟曾说过，《齐物论》"指马"之义和"以马喻马之非马"，乃破公孙
龙说。[1]

现在再看，庄周的时代，是否即《齐物论》出现的时代。

公孙龙的生卒年已不可详考，但据先秦两汉记载[2]，他与邹衍同
时。他的生年约为公元前 310 年（赵武灵王十六年），卒年约为公元前
230 年（赵王迁六年）。秦始皇统一六国时为公元前 221 年，他可能在
秦统一六国前十年死的，和荀子、韩非子、李斯、邹衍的活动时代大致
相当。公孙龙比庄周的时代至少后五十年。公孙龙学说流行并得到
平原君的重视时，庄周早已死了。死人不能著书立说，自不待言。那

---

[1] 见章炳麟《齐物论释》。章氏指出《齐物论》是破公孙龙说，这一点是说对了。但是章氏
以为《齐物论》为庄周思想，公孙龙在庄子以后，庄子如何破他尚不知道的公孙龙思想？
这是章氏疏漏处。
[2] 《吕氏春秋·应言》篇及《审应》篇、《史记·平原君列传》及《史记·孟子荀卿列传》，刘向
《别录》。

么，《齐物论》这一篇文章既是反对公孙龙的，当然不能由战国中期的庄周负责。因此认为《齐物论》最足以代表庄周的思想的这种说法，至少在时间上有矛盾，看来是难于成立的。

坚持《齐物论》为庄子思想的人也许会说，古人的思想总是他的后学代替他完成的，古人亲手著作的很少。我们要指出的是，《齐物论》反驳了庄子死后的公孙龙，怎能记在庄周的名下呢？又怎能说《齐物论》可以作为庄周思想的标志（庄之所以为庄者）呢？

从上面的初步论证看来，《庄子探源》中所提出的《庄子》内篇乃晚出之作，为秦汉之际的思想，基本上还是可以聊备一说的一种意见。公孙龙约死于秦统一前十年，古代书籍传抄繁难，学术流布需要一定的时间，从公孙龙的学说的流行（如荀子所反对的）到《齐物论》对它全盘否定，总要经过一段时间。经过这一番周折，差不多就到了秦汉之际了。退一步说，即使它不迟至秦汉之际，它也不能早于荀子。它是"后期庄学"假托庄周名义的作品，和庄周本人无关。如在荀子之前，荀子这样博学的学者不会对它的相对主义轻轻放过，只讲"庄子蔽于天而不知人"。荀子对庄子尊重自然（天）的唯物主义立场是给以肯定的。

现在还有一个问题，即坚白同异之辩是不是从公孙龙开始的？如果在公孙龙以前早已流行着这种思想，反对坚白之说的《齐物论》仍然可以说是庄子本人的思想。

先秦出现坚和白的词句，《论语·阳货》篇有"不曰坚乎，磨而不磷；不曰白乎，涅而不缁"。孔子这里是说君子应当出淤泥而不染，和公孙龙所讲具有逻辑意义的坚白的意义不同，这就像孔子也讲过"正名"，但孔子的"正名"并不是讲的逻辑的问题一样。孔子讲的坚和白，和公孙龙讲的坚和白是两回事。

后于孔子的《墨子》中,凡是早期的记述墨翟思想的那些篇中,没有谈到坚、白关系的话。《孟子》中有"白羽之白也犹白雪之白,白雪之白犹白玉之白欤","异于白马之白也,无以异于白人之白也"(《告子》上)。在《孟子》中已讲到白这个概念和白的东西的关系。但是孟子还没有把坚白联系在一起一并探讨。也就是说和庄周同时的孟子还没有提出过坚白关系的问题来。

《孟子》中讲到"坚"的地方有两处,都是一般用法,如"坚甲利国""兵革坚利"等,也和坚白问题不相干。

在《左传》《国语》中也没有发现不从逻辑角度论述坚白关系的记载。

坚白问题作为哲学问题被提出,不但不在春秋,也不在战国中期以前,而是在孟子、庄子死后约五十年的战国后期。

也有人举出《墨经》有"辩,争彼也,辩当,胜也"(《经上》),"谓辩无胜,必不当,说在辩"(《经下》)的话,认为这是反对《齐物论》的"辩无胜"的主张的。如果是这样,《齐物论》的时代要比《墨经》为早。关于这个问题,我在《庄子探源之二》一文中已有所说明,认为《墨经》不是反对《齐物论》的,而是反对一般辩者的,其理由不在这里重复了。

也许有人会怀疑:《庄子·天下》篇批判了许多流派,如果《齐物论》驳斥公孙龙的学说,为什么《天下》篇反倒没有批判公孙龙的话?这个问题,我在《庄子探源之二》一文中也有所说明,认为《天下》篇不出于庄子学派,它是秦汉之际(或汉初的儒家)的著作,它不是站在庄子学派的立场评论学术的,《天下》篇不能用来论证庄子的哲学思想。《天下》篇讲到墨子的后学"以坚白同异之辩相訾",这是讲的后期墨家,也是《天下》篇时代较迟的一个证据。

在《庄子》书中讲到"坚白"关系的,除了《齐物论》和《天下》篇外,还有《德充符》的"子以坚白鸣",《骈拇》的"窜句游心于坚白同异之间",《胠箧》的"坚白解垢同异之变多",《秋水》的"合同异,离坚白",《天地》篇的"离坚白若悬寓"。上面这些篇都讲到"坚白"之辩,在时间上都应在公孙龙的学说流行之后。我从前曾假定《天地》《胠箧》等篇时间较早,现在看来,这两篇不能算作早期的庄周的著作。至于《德充符》《骈拇》《秋水》《天下》等篇本来就是后期庄学的著作,这里又得到了一次证明。即使把《天地》《胠箧》两篇除去,其余如《马蹄》《天运》《天道》《盗跖》等篇,仍可以说明庄周的思想是代表小私有者农民反剥削的思想的,仍然可以说明庄周的哲学思想是唯物主义、无神论的。只有后期庄学(如内篇)才是相对主义、唯心主义、神秘主义思想体系,我在《庄子探源》中的基本看法还是没有改变。通过对于《齐物论》的考察,更进一步证实了我在《庄子探源》中提出的《庄子》内篇出于秦汉之际的看法,给《庄子》内篇,至少《齐物论》的后出之说增加了一分论据。

最后的结论是:《齐物论》是反对公孙龙的哲学思想的,所以《齐物论》不可能是庄周的思想,它是后期庄学的思想。

（原刊于《文史哲》1965 年第 4 期）

# 先秦哲学无"六家"

## ——读司马谈《论六家要旨》

自从司马谈著《论六家要旨》后，封建学者多以此为根据，认为先秦有"六家"。只要细读司马谈原文，这恐怕是出于误会。有些"家"在先秦根本不存在，也有些家，有其名而未必有其实——像司马谈所列举的那样的内容。现在试作以下的辨析。

司马谈是这样说的：

> ……天下一致而百虑，同归而殊涂。夫阴阳、儒、墨、名、法、道德，此务为治者也，直所从言之异路，有省不省耳！

太史公提出六家的次序，不是按学派产生的先后提出的，可能是按他认为重要的程度的顺序排列的，把最重要的排在最后。他还说，这六家"皆务为治"，各有优缺点。这在先秦，无论站在哪一家的立场，都是认为不能接受的。且不用说孟子与杨墨势不两立，庄子对孔墨极尽挖苦之能事，就连同属孔子之徒的荀子也是不承认孟子的学说也能"为治"的。法家的韩非子对儒墨显学都有所批判，也是有明文记载的。这种调和观点，是汉初的情况，不是先秦原来的情况。

且看他所论述的"道家"：

> 道家使人精神专一，动合无形，赡足万物。其为术也，因阴阳之大顺，采儒墨之善，撮名法之要……

这一段话，古人习而不察，认为讲的是老庄思想。我想这种看法是不对的。

如果他所谓道家指的是老子，老子在儒墨之前，司马谈当然知道。阴阳家如邹衍、名家如公孙龙、法家如韩非子更在战国后期。老子早已死去多年，如何能死而复生，"采儒墨之善，撮名法之要"呢？

如果他所谓道家指的是庄子，庄子"剽剥儒墨"（《史记·庄子列传》），对儒墨抱着敌视的态度，对辩论（名家所注重的）也采取反对的态度，如《齐物论》就是反对辩论的，对严刑峻法（法家）、君臣上下之序一向反对，又怎能说他能"采儒墨之善，撮名法之要"呢？

如果说有所谓既不包括老子又不包括庄子的道家，那就是另有所指，那么就更奇怪了。把老庄思想除外，还有什么"道家"？

儒家，倒是先秦有这样的学派的，《韩非·显学》就说过"儒分为八"。但是其中有唯心主义的孔子、孟子，有唯物主义的荀子。即使孔子是否是唯心主义现在还有争论，但是孟子是唯心主义、荀子是唯物主义似乎已有定论。那么，孟子、荀子有什么共同之处就很难说了。首先在世界观上是对立的。他们两人都自称以孔子为师，都讲"仁义"，如果从表面看问题，未尝不可以归为一类。但是师承不能代替派别，讲仁义也有不同的讲法。是不是可以把讲仁义的、自称孔子弟子的都归为一派呢？我想是不可以的。司马谈自己认为儒家的标志是"博而寡要，劳而少功"，这是孟子、荀子都难以承认的。至于"序君臣父子之礼，列夫妇长幼之别"，更不只是儒家为然。在孔子以前，周公所制定的"礼"就是这样规定的；以后"法家"和"墨家"也不是不讲君臣父了之礼和夫妇长幼之别的。可见用这个标志以区别先秦的"儒家"也是不够妥当的。

再看"墨家"。墨家也是先秦已有的学派。但是，早期的墨家是唯心主义的，后期墨家是唯物主义的，在世界观上是根本对立的。根本对立的两派，合为一家，不分早期、后期的差别，看来也失之含混。

再看名家。司马谈说名家"使人俭而善失真，然其正名实，不可不察也"。司马谈把讲到名实关系的都列为"名家"。先秦讲到名实问题并进行深入辨析的，有公孙龙、有后期墨家、有荀子等人。这里面有唯物主义的名实论，也有唯心主义的名实论，事实上不是一家，而是不同的学派对于名实问题发表过意见。这怎能列为一家呢？

法家，倒是体系比较完整、首尾一贯的学派。

阴阳家，先秦有唯物主义的阴阳学派，也有唯心主义的阴阳学派。

总起来看，"六家"之说，不是讲的先秦的学术流派。如果勉强说先秦有所谓"家"，也只能说有"法家"。至于儒家、墨家，那只是从师承方面分派的，这是表面的划分的办法，是十分勉强的。先秦有的只是老子学派、庄子学派、公孙龙学派等。道家、名家、阴阳家，先秦根本没有过。

那么，司马谈《论六家要旨》是不是造谣？也不是。他讲的六家，是汉初当时流行的六个重要学派。这些学派，有它们的纲领，正像他的文章中所讲过的。当西汉初年，秦王朝的暴力统治被推翻以后，许多学术流派又有一次小"争鸣"的热闹局面。《淮南子》一书的杂家的特色，正是反映了当时实际状况。董仲舒曾对汉武帝说过：

今师异道，人异论，百家殊方，指意不同。(《举贤良对策》)

董仲舒与司马谈同时，所说的情况应当就是司马谈所亲见的。董仲舒是汉初的儒家，他为了加强中央集权的统一，他要使思想定于一尊，除了孔子之说，不许其他学派传布。司马谈是汉初的道家，他认为道家采取了儒、墨、阴阳、名、法众家之长，这也反映了汉初黄老之学占统治地位的思想情况。班固说司马迁的《史记》的缺点是"论大道，则先黄老而后六经"（《汉书·司马迁传》），班固讲的是司马迁，其实司马谈的观点和司马迁也是差不多的。

汉代政治统一了，学术思想方面也需要总结过去、瞻望将来，为统一的封建王朝建立其哲学理论基础。《论六家要旨》就是适应这一时代要求，从"道家"的学术观点所提出的学术评论。荀子的《非十二子》，韩非子的《显学》，都带有一定的总结性，庄子的《天下篇》，更是一篇比较系统的学术评论。这些文章的出现，都在战国末期或汉初，不是偶然的。面临从奴隶制到封建一统的新局面，不同的学派都力图从自己的立场论证自己的观点是"正确"的。

司马谈的六家分类说，对于处理当时百家众说的复杂现象，是有其积极意义的，虽然不尽妥当，也不够深入，但在两千年前，也算难得了。

今天我们研究哲学史，因为有了马克思主义作为分析批判的武器，我们当然要胜过古人。我们看哲学史中的派别，首先要看它是属于唯物主义的还是属于唯心主义的。不论古人自称他属于什么家、什么派，我们不要轻信他们悬挂的招牌，重要的是掌握其本质。我们讲先秦哲学史，如果也用"六家"来分，就比司马谈多了一重错误。

司马谈不懂得唯心、唯物的区别，他可能只看到师承相传的关系。我们有了马克思主义，如果还用"六家"来讲述先秦，实际上会掩盖了哲学史上唯心主义与唯物主义斗争的真相。同是"儒家"，有孟子的唯心主义，又有荀子的唯物主义；同是"墨家"，有前期的唯心主义的墨家，有后期的唯物主义的墨家；同是"名家"，有公孙龙的唯心主义的名家,有后期墨家和荀子的唯物主义的名家。把这些不同性质的流派,勉强划归于所谓"儒""墨""名"各家,有什么必要呢?对于说明思想发展斗争的规律有什么好处呢?把那些根本不存在的"道家""阴阳家""名家"当作先秦的实际情况,又有什么根据呢?至少司马谈没有这样说过,我们也不能以《论六家要旨》作为先秦有六家的根据。再以"名家"为例,如果由于讲到"名"就算"名家",那就得把后期墨家、荀子也放在"名家"之内才行。那就打乱了六家的体例了。如果说,只有公孙龙才算"名家",别的都不算,那就是用另外的标准来划分派别了。而且公孙龙的哲学讲名实问题,也讲了其他问题。就算用"名家"来概括公孙龙一派,也是不全面的。何不把公孙龙的学派老老实实叫作公孙龙学派呢?

(原刊于《文汇报》1963 年 5 月 31 日)

# 中国古代医学和哲学的关系

## ——从《黄帝内经》来看中国古代医学的科学成就

### 一

中国医学确实有极其光辉的成就。几千年来，全国人民的医疗和保健的责任完全负担在中医的肩上。直到今天，半数以上的城市居民和几乎全部的乡村居民仍靠中医治病（据1954年11月2日《人民日报》社论："全国用中医治病的约占总人口百分之八十"）。中医对人口众多的中华民族立下了不朽的功勋，因而在广大人民中间享有很高的威信。有些西医认为难治的疾病，往往经过中医治疗收到奇效（如近来已被科学家所公认的中医治疗血吸虫病、痔漏、乙型脑炎以及针灸和气功疗法所起的作用，等等）。连具有偏见、反对中医的人们也无法否认中医能把病治好。

但也不可否认，今天也还有些人，特别是有现代科学知识的人，认为中医的理论"不科学"。我们很难设想，经得起几千年来实践考验的中国医学，对几亿人口现在继续发挥着保健作用的中国医学是建筑在"不科学"的基础上的；我们也不能承认中国医学只有一些片断的实践而没有系统理论。历代的科学史早已表明理论经常会落后于实践，中国医学也不例外。但却不能因此而做出中医只有实践而没有理论，或中医的实践是一套技术，和中医的理论"毫不相干"的结论。科学发展的历史也恰恰说明了没有理论指导的实践就是盲目的实践，盲目的实践找不出事物的客观规律，这样就不会产生科学。我们认为中医的理论基本上是符合科学原则的。

我们反对不恰当地夸大中国医学的作用和成就，把现代科学所获得的最新成果都说成"古已有之"，这样就会陷入复古主义、国粹主义的危险。我们也不能容忍把中国医学的伟大成就一笔抹杀，说它缺乏科学根据，这样也会陷入对祖国文化遗产的虚无主义的错误。只有实事求是，有几分说几分，才是科学地对待祖国文化遗产的态度。

本文目的在于通过《黄帝内经》这一部中国古代医学经典著作来说明中国医学的理论基本上是符合唯物主义原则的，它也具有丰富的辩证法思想；也还在于说明中医的理论不但指导了中国医学临床治疗方面的发展，也还促进了中国古代唯物主义哲学的发展，从而丰富了中国唯物主义哲学的内容。

中国医学的经典著作极为丰富，像《伤寒论》《灵枢经》《神农本草经》《脉经》《金匮要略》以及后来的《本草纲目》，都是极有价值的著作，这些经典著作都是长期的医疗经验和科学研究的总结。在所有的中国医学经典著作中以《黄帝内经》(《内经》是周秦以来到西汉初年古代医学的总集。它编纂的时代约在公元前 2 世纪前后。据陈振孙的《直斋书录解题》、姚际恒的《古今伪书考》和清代官书《四库全书总目提要》，都认为这部书的编纂年代在秦汉之际。张心澂的《伪书通考》和陈邦贤的《中国医学史》也有所考证，但都没有肯定它的时代)一书(以下简称《内经》)最为重要。中国医学中的其他经典著作都是在《内经》的基础上逐渐丰富和完善化的。《内经》在中国医学中所占的不朽的地位恰如《孙子兵法》在中国军事学中所占的不朽地位一样。几千年来中国医学在技术方面和临床经验方面虽然不断丰富，但中医的许多带有根本性质的医学观点，基本上没有超出《内经》的范围。因此，从理论上对《内经》做些初步的考查是必要的。

《内经》的价值不仅在于它总结了秦汉以前的医疗经验，并且在于它把医疗和保健的原则提高到古代唯物主义哲学原则的高度，并以自发的辩证法观点向形而上学的医学观点进行了斗争，从而替中国医学奠定了比较坚实可靠的理论基础。从来它被人们尊为"经"（周本《素问纠略序》认为，《内经》"词古义精，理微事著，保天和于未病，续人命于既危，彝伦益敦，王化滋盛，实医家之宗祖，犹吾儒之有五经也"），奉为"医家之宗"（宋濂：《黄帝内经》……其言深，其旨邃以弘，其考辨信而有征，是当为医家之宗。"），现代已故医学家陆渊雷先生也曾指出：

> 《黄帝内经》……原人血脉、经络、骨髓、阴阳、表里以起百病之本，死生之分，若是而冠于方技之前，谁曰不宜？（《伤寒论今释·叙例》）

我们认为以上这些人对于《内经》所做出的评价是公允的。

## 二

中国唯物主义哲学，从战国末期到秦汉之际，曾达到先秦时期所没有达到过的高峰。这时的唯物主义哲学根据科学的实践建立了"气"一元论的世界观，从而发展了春秋时代唯物主义哲学的"道"和"阴阳"学说，并且建立了阴阳五行的唯物主义哲学体系。邹衍是"阴阳家"，但古代相信阴阳五行学说绝不止邹衍一派。

中国古代唯物主义哲学流派中，有许多派是注重养生方法的，像老子、杨朱、庄周的哲学中都有这种倾向。把养生的方法和唯物主义的世界观结合起来的观点，可用《管子》和《吕氏春秋》两书作为代表。

古代道家养生学派认为人类生命的源泉是天地间自然存在的最细微、最精致，流动变化的"精""气"构成的：

> 凡人之生也，天出其精，地出其形，合此以为人。（《管子·内业篇》）
>
> 精也者，气之精者也。（《管子·内业篇》）

又说：

> 精之所舍（作者按：舍，是停留、居住），而知之所生。（《管子·内业篇》）
>
> 精存自生，其外安荣；内藏以为泉源，浩然和平，以为气渊。渊之不涸，四体乃固，泉之不竭，九窍遂通。（《管子·内业篇》）

《管子》的《内业篇》中所说的"精"，即是气的最精细的部分，它是构成人类生命，产生智慧和认识作用的最后的根源。同样的观点在《吕氏春秋》中也有所阐述：

> 精气之集也，必有入也。集于羽鸟，与为飞扬；集于走兽，与为流行；集于珠玉，与为精朗；集于树木，与为茂长；集于圣人，与为敻明。（《吕氏春秋·尽数》）
>
> 精气之来也，因轻而扬之，因走而行之，因美而良之，因长而养之，因智而明之。（《吕氏春秋·尽数》）

精气是充满宇宙的流动性的物质实体。它不但是构成个别事物的原始材料,并且是构成整个宇宙的原始材料。中国古代唯物主义哲学都认为"气"是最根本的原始物质。

> 精气一上一下,圜周复杂,无所稽留,故曰天道圜……万物殊类殊形,皆有分职(引者按:分职即为物的特殊功能),不能相为(引者按:它们的功能不能互相代替),故曰地道方。(《吕氏春秋·圜道)》

这一类的唯物主义的养生方法也还表现在战国时代其他的进步思想中。像《楚辞·远游》中曾说:

> 餐六气而饮沆瀣兮,漱正阳而含朝霞。保神明之清澄兮,精气入而粗秽除。[①]

在汉初的《淮南子》中也提出了类似的观点:

> [元气]清阳者薄靡而为天,重浊者凝滞而为地。(《淮南子·天文训》)
> 阳气胜则散而为雨露,阴气胜则凝而为霜雪。(《淮南子·天文训》)
> 毛羽者,飞行之类也,故属于阳;介鳞者,蛰伏之类也,故属于阴。(《淮南子·天文训》)

---

① 可参看夏曾佑《中国古代史》、冯友兰《先秦道家所谓道底物质性》(光明日报 1954 年 9 月 9 日)。

在以上这些不同的著作中,有着共同的主张,都承认世界上一切事物的产生、变化是阴阳两种对立的气的运动的结果,阴阳二气是万物的最后的物质根源。他们认为:

太一出两仪,两仪出阴阳。阴阳变化,一上一下,合而成章。浑浑沌沌,离则复合,合则复离,是谓天常(引者按:天常即自然界经常的规律)。(《吕氏春秋·大乐》)

这里所谓"太一"就是混沌未分的气,两仪、阴阳是已分的气。这是中国古代唯物主义哲学对于阴阳二气一般公认的解释。

阴阳五行学说认为,世界上一切事物都是由金、木、水、火、土五种元素相互配合而成的。成分简单的东西,是由一种元素构成的,比较复杂的东西,像生物、人类就是由五种元素在复杂条件之下互相配合产生的。自然界中,一切东西都不能离开这五种物质元素。这种学说并不玄妙,它是从人民日常生活中所经常接触的五种物质和它们的属性中抽象出来的。

这一派认为五种元素之间有相互推动、孳生的关系,就是所谓五行相生的观点。五行相生是循环无尽的,它们的次序是:

金→水→木→火→土→(金)……

五种元素之间同时具有相互克服、限制的关系,这就是所谓"五行相胜"(或相克)。这种关系也是循环无尽的,它们的次序是:

水→火→金→木→土→(水)……

阴阳五行学派,在战国末期,由于自然科学的发展,特别是天文学的发展,得到极大的发展。这一派认为自然界以及人类社会现象的一些特点都可以用阴阳五行来表示,这些现象也都是阴阳五行的表现。他们试图用自然界存在的物质的性能说明各种现象在性质上的差异。

阴阳五行学派不但用阴阳五行的范畴去考察自然现象,也用这些范畴去考察人类的感情、意志、身体的机构、器官和其他现象。

阴阳五行学说在古代绝不止邹衍一派,像《礼记》的《月令》,《管子》的《四时》篇,《吕氏春秋》的十二"纪",以及汉代的《淮南子》《春秋繁露》都是属于阴阳五行学派的。在哲学上,唯物主义固然用阴阳五行的学说来说明世界万物的物质根源,而唯心主义也利用这阴阳五行的间架给充填上神秘主义的内容。实际上,阴阳五行学说是和古代的自然科学密切关联的。这一派哲学和古代的天文学、医学、历法等自然科学的发展是分不开的。司马迁父子曾指出阴阳家虽然有缺点,但是他们对天文历法的贡献是肯定的(《史记·太史公自序》:"然其顺四时之序,不可失也。")。

阴阳五行学派(也就是太史公所说的阴阳家)的唯心主义观点,并不表现在它的自然观方面,而是表现在它的社会观、历史观方面。邹衍的"五德终始",和董仲舒用阴阳五行来宣扬他的宗教迷信的历史观,都是唯心主义的思想。这种思想的主要错误,在于它用阴阳五行的观点解释社会、历史、伦理观念等。

上面所说的,唯物主义的阴阳五行学派的主要贡献,就在于它力图从物质世界以内寻找万物发生、发展的原因。在医学方面,《内经》就是根据阴阳五行的学说来说明人类生理现象、心理现象、疾病现象的。它是素朴的唯物主义的观点而不是唯心主义的观点。

有人对阴阳五行学说抱着成见，一提到阴阳五行，就认为它是"不科学"的、"神秘"的，认为是邹衍独家经营的货色，这都是不正确的看法。阴阳五行的学说起源很早，在《尚书·洪范》中已经提到五行是人生日用不可缺少的五种物质。一切事物都具有这五种不同的属性。阴阳对立的两种气的作用在《周易》中早有深刻的发挥（因为这不是本文所论述的范围，这里不详细谈这个问题）。阴阳五行学说的普遍流行，是战国末期到秦汉之际的事。秦汉以后阴阳五行学说几千年来一直是中国自然科学的唯物主义世界观的基础。不但本文所要论述的《黄帝内经》和中国其他医学著作是以阴阳五行学说为基础的，就是医学以外的其他科学，如天文学、历法、中国古代的化学也都是和唯物主义的阴阳五行的学说密切联系着的。

阴阳五行学说在战国末期形成一套完整的、素朴的唯物主义世界观的体系。这一学派的出现，标志着中国古代唯物主义哲学和科学的进一步结合，也意味着中国古代唯物主义哲学得到进一步的发展和提高。因为在这以前，中国唯物主义哲学重点在于说明宇宙万有的生成和发展的原因。中国古代的唯物主义哲学对于自然界现象的复杂性、多样性的根据涉及很少。至于有关人类本身的生理现象、心理现象、疾病现象的说明就更加不够了。如果对这些人类切身问题不能给以科学的说明，那就等于把这些问题留给宗教迷信去随便解释。秦汉之际的医学积累了千百年的丰富的经验，因而有可能对人类切身问题做出初步的，但是全面的、符合当时科学要求的说明。医学和当时的阴阳五行学说密切结合，向宗教迷信的唯心主义思想展开了进攻。中国古代医学通过科学实践（医疗实践），唯物主义地说明人类的生理现象、心理现象、疾病现象，扩大了科学的领域，也扩大了唯物主义哲学的阵地。过去唯物主义还没有来得及涉及的许多问题,这才通过秦汉的医学而得到了比较符合事实的结论。我们说秦汉之际的阴阳五行的学派是先秦唯物主义哲学的进一步发展和提高,并不是过分夸张。但也必须指出,唯物主义哲学的发展和提高和当时的医学的巨大成就是分不开的。

郭沫若先生在他的《十批判书》中说:

> 这一思想(引者按:即阴阳五行学说)在它初发生的时候,我们倒应当说它是反迷信的,更近于科学的。在神权思想动摇了的时代,学者不满足于万物为神所造的那种陈腐的观念,故尔有无神论出现,有太一、阴阳等新的观念产生。对这新的观念犹嫌其笼统,还要更分析入微,还要更具体化一点,于是便有原始原子说的金木水火土的五行出现。万物的构成求之于这些实质的五个大元素,这思想应该算是一大进步。(《十批判书·吕不韦与秦王政的批判》)

郭沫若先生的基本论点是符合当时的历史情况的,我们可以毫不夸张地说,古代的阴阳五行学说是古代唯物主义哲学的原则,也是古代自然科学的原则。

事实上中国古代的自然科学部门,像古代的天文学、化学(包括炼金、制药等)、算学、音乐和医学都是在阴阳五行学说协助之下发展起来的。如果企图理解中国任何一部门的科学史而不注意阴阳五行学说,也是不可能的。用阴阳五行学说来解释世界的多样性和它的内在的联系性,显然比用"道""气"更具有说服力,更能较为深刻地反映事物的矛盾对立和相互关联。

中国古代医学完全接受了阴阳五行学说,并且通过了医学这门科学独特的道路向前发展。《内经》认为阴阳二气是产生一切的根源：

> 阴阳者,血气之男女也;左右者,阴阳之道路也;水火者,阴阳之征兆也;阴阳者,万物之能始也。(《内经·阴阳应象大论》)

《内经》认为世界是物质性的整体,世界本身是阴阳二气相互对立的作用的结果：

> 故清阳为天,浊阴为地,地气上为云,天气下为雨。(《内经·阴阳应象大论》)
>
> 故清阳出上窍,浊阴出下窍,清阳发腠理,浊阴走五藏。清阳实四支,浊阴归六府。(《内经·阴阳应象大论》)

由于以上的观点,中国医学在治疗方法上也主张必须与自然规律密切结合：

> 治不本四时,不知日月,不审逆从,病形已成,乃欲微针治其外,汤液治其内,粗工凶凶,以此为可攻。故(旧的)病未已,新病复起。(《内经·移精变气论》)

《内经》认为人的身体的结构是自然界的一部分。自然界的变化发展的一般原则也是人类身体的发展变化的一般原则。中国古代医学从来不把病理现象、生理现象从全部自然现象中割裂开来,因而提供了从自然界中寻找病理的唯物主义和辩证观点的医疗理论,《内经》中贯彻了自然规律统一的原则。

《内经》是根据唯物主义的阴阳五行观点来说明医学原理的，这里不做详细引证了。

中国古代医学采用了当时阴阳五行唯物主义哲学观点，它和宗教迷信、巫术思想没有丝毫共同之处，它继承了反迷信的优良传统。

战国末期，伟大的唯物主义哲学家荀子曾提出过反对宗教迷信的保健卫生的主张。他说："只要调养完善，按照时令活动，'天'是不能使人生病的。"（"养备而动时，则天不能病。"《荀子·天论》）

在《吕氏春秋》一书中也提过反对巫术的论点：

今世上卜筮祷祠，故疾病愈来。（《吕氏春秋·尽数》）

中国古代医学和宗教迷信的巫术站在尖锐对立的地位。《史记·扁鹊仓公列传》曾记载着古代名医扁鹊所提出的"六不治"的说法，其中有一条说："信巫不信医，亦不治也。"

中国古代医学的发展，标志着人类向疾病斗争所取得的胜利。它用当时科学原理来解释人类生命的起源、疾病的成因，从而丰富了古代唯物主义哲学。它不但有它本身医学的价值，也还有哲学方面的贡献。

三

《内经》的医疗理论和当时的阴阳五行唯物主义哲学的世界观是一致的。它认为人类生命变化是按照阴阳对立、五行相生的原则进行的，自然的变化、生命的变化、精神的作用，都是建立在物质基础上的：

夫五运(作者按:五运即五行)阴阳者,天地之道也。万物之纲纪,变化之父母,生杀之本始,神明之府也。(《内经·天元纪大论》)

又说:

夫自古通天者,生之本,本于阴阳。天地之间,六合之内,其气九州九窍,五藏十二节皆通乎天气。(《内经·生气通天论》)

夫四时阴阳者,万物之根本也。(《内经·四气调神大论》)

《内经》不但指出人类的生命的根源,还指出人类精神活动的物质根源。《内经》对待物质与精神的依存关系时,明确地采取了唯物主义观点,认为精神(神明)依托的地方是物质,精神现象是物质的产物。

《内经》还力图把万物、自然现象、人类的生理现象、精神活动,统一于客观的物质世界。这和古代原始宗教迷信宣扬上帝创造世界、上帝决定人类生命的观点是尖锐对立的。

《内经》针对当时宗教迷信的思想,提出疾病是由于自然界的外在的某些物质因素的侵害而产生的,实际上打击了古代流行的鬼神使人生病的反科学的观点。《内经》认为:

阴阳四时者,万物之终始也,死生之本也。逆之则灾害生,从之则苛疾不起。是谓得道。道者,圣人行之,愚者佩之。从阴阳则生,逆之则死。(《内经·四气调神大论》)

只要顺着阴阳四时变化的规律,适应季节的变化,就不会生病;违反了，就会生病。这种规律（道），"圣人"自觉地照着做，愚笨的人不自觉地照着做（佩之）。但无论如何，顺从阴阳四时原则的则可以维持生命；违反了这个原则，就会招致死亡。

中国古代医学也还指出，疾病的发生由于外界物质（气）的影响：

> 四时皆有疠疾。春时有痟首疾，夏时有痒疥疾，秋时有疟寒疾，冬时有嗽上气疾。（《周礼·天官冢宰》下）

《内经》中也指出：

> 数犯此（按：四时阴阳）者，则邪气伤人，此寿命之本也。苍天之气清净，则志意治，顺之，则阳气固，虽有贼邪，弗能害也，此因时之序，故圣人传精神、服天气而通神明。失之则内闭九窍，外壅肌肉，卫气散解，此谓自伤，气之削也。（《内经·生气通天论》）

《内经》明确指出，自然界中有某种不利于人类身体的极细微的物质（邪气）（"气"是充满了自然界的最细微的、流动性的原始物质，肉眼不能看到它。"气"是中国古代唯物主义哲学的根本范畴之一）。这种"邪气"进入人的身体内部，就会使人生病。古代没有认识病菌的可能，但由于中医有丰富的、长期积累的科学实践作为他们考察病源的根据，他们已意识到有某些具有感染性的、对人有伤害作用的"邪气"。中医也明确指出，只要身体健康，有充分的抵抗能力（阳气固），就可以避免邪气的侵害。这种观察和认识病源的方法是有科学根据的，是唯物主义的。《内经》教人从自然界本身，从人类身体本身去寻找病源，所以在治疗方式上，一方面要排除"邪气"，一方面要增强体质,二者并重而不采取片面的治疗。《内经》在这一方面对生命、疾病和健康的内在联系做出了唯物主义的说明,这也就直接从科学上捍卫了唯物主义哲学。

《内经》以唯物主义的观点去认识病理现象,因而在治疗理论方面也贯彻了唯物主义根据疾病具体情况对症下药的原则:

> 病之始起也,可刺而已,其盛,可待衰而已。故因其轻而扬之,因其重而减之,因其衰而彰之。形不足者,温之以气,精不足者,补之以味。其高者因而越之,其下者引而竭之。中满者,泻之于内。其有邪者,渍形以为汗;其在皮者,汗而发之。其剽悍者,按而收之;其实者,散而写(泻)之。审其阴阳,以别柔刚,阳病治阴,阴病治阳,定其血气,各守其乡。血实宜决之,气虚宜掣引之。(《内经·阴阳应象大论》)

中医经常注意,根据不同的情况,有的要补,有的要泄,有的要发汗,有的要休息。我们在这里没有必要一一阐述以上所说的那些具体的治疗过程,但我们可以通过以上所提供的治疗原则,理解中国古代医学是怎样根据不同的病情来定出不同的医疗方案的。

中国古代医学所依据的唯物主义哲学观点,是从它丰富的科学实践中得来的。相传神农乃始教民尝百草之滋味,当时一日而遇七十毒,由此医方兴焉(参见《淮南子·修务训》)。这些古代传说的可靠性固然有它一定的限度,但却有它一定事实的根据。中国医学是通过无数次科学实践,经过若干痛苦、失败的过程,才逐渐积累起成功的经验。

中国两千年前曾建立过保存病历的优良制度:

凡民之有疾病者，分而治之，死（不治而死的叫作"死"）、终（不是由于医疗过失而死的叫作"终"）则各书其所以（分别记录下病者死亡的缘故）而入于医师。（《周礼·天官冢宰下》）

根据以上的事实，可见中国古代医学所取得的成就不是偶然的，它根据了大量事实，总结了无数次失败和成功的经验，最后才做出符合科学原则的结果。

中国古代医学还发展了古代唯物主义哲学理论。先秦时期伟大的唯物主义哲学家，像老子、荀子、韩非对自然规律的认识，对辩证法认识论都在不同程度上做出了贡献，并击溃了古代原始宗教迷信的某些宣传，但是对于生命的起源、精神的作用、疾病的产生还缺少详尽的说明。这样，就必然给古代宗教迷信的宣传家所谓鬼神可以给人带来吉凶祸福、疾病灾害的谬说留下了活动的空隙。《内经》恰恰在这一方面用科学事实打击了宗教迷信思想。

《内经》根据当时医学可能达到的科学水平，针对生命、精神和身体的物质统一性做出了说明，指出万物产生的物质根源：

在天为气，在地成形。形气相感，而化生万物矣。（《内经·天元纪大论》）

物生谓之化，物极谓之变，阴阳不测谓之神，神用无方谓之圣。（《内经·天元纪大论》）

变化之为用也，在天为玄，在人为道，在地为化。（《内经·天元纪大论》）

《内经》还对生命、变化、精神作用，以及带有超乎常人的"圣人的能力"，都指出了它们的物质基础，并且把道（规律）、气（物质）和心理、精神（神）作用有机地统一起来。

上述这些成就固然是无可争辩的事实，但也必须指出它的理论也还没有脱离古代唯物主义哲学共同具有的直观性和臆测性的局限。有些观点它说对了，但它却不能对于许多复杂的问题做出完全符合科学原则的说明。它里面有科学根据，也夹杂着推测。像以上所举的"邪气"伤人的病理观点，以及中医在其他方面所惯用的"四时不正之气"，这种假说，确曾有力地打击了鬼神给人带来疾病的谬说，但是用它们来彻底说明病理现象和疾病起源，那还是不够的。

# 四

中国古代医学以阴阳五行的学说作为理论基础。它一方面贯彻了素朴的唯物主义思想，一方面也体现了自发的辩证法思想。这一派的哲学认为世界上的一切事物的根源是原始物质的气，事物并不是一成不变的，而是在阴阳二气对抗的矛盾斗争中发展变化的：

是故阴阳者，天地之大理也。四时者，阴阳之大经也。（《管子·四时篇》）

阴阳二气在人身体内如果能够维持正常的对立平衡的状态，人的身体就会健康；阴阳二气在人身体内如果不能维持正常的对立平衡的状态，人的身体就会生病。所以《内经》中说：

阴平阳秘，精神乃治；阴阳离决，精气乃绝。（《内经·生气通天论》）

人的身体必须在阴阳二气对立平衡的情况下，又经常维持精气和血脉的流通，而不至于壅塞不通，才能够保持健康：

> 流水不腐，户枢不蠹，动也。形气亦然。形不动则精不流，精不流则气郁。（《吕氏春秋·尽数》）
>
> 动摇则谷气得销，血脉流通，病不得生。譬犹户枢终不朽是也。（《后汉书·华佗传》）

同样的观点，在《内经》中有更充分的阐述：

> 阴不胜其阳，则脉流薄（迫）疾，并乃狂；阳不胜其阴，则五藏气争，九穿不通。是以圣人陈阴阳，筋脉和同，骨髓坚固，气血皆从。（《内经·生气通天论》）

又说：

> 重阴必阳，重阳必阴。（《内经·阴阳应象大论》）

中国古代医学从阴阳对立统一的观点来理解一切病理现象。《内经》开始把人类内科病症分为六类（汉代的《伤寒论》对这一点有更详细的发挥）：太阳、阳明、少阳、太阴、少阴、厥阴。这六类病症的具体内容不能在这里解释。对于三阴三阳的涵义，医学家阎德润先生作过明确的解释。他认为：

> 凡病之热者可阳，寒者可阴；实者为阳，虚者为阴。若以西

医之名词注释，则病之属于进行性者为阳，属于退行性者为阴；机能亢进者为阳，机能衰减者为阴。[1]

　　阎德润先生虽然讲的是《伤寒论》，但用来解释《内经》也还是适用的。如果从哲学的观点来理解，我们可以看出"太阳""阳明""少阴"等病象，都是由于人类身体内部的机能和作用失去平衡的结果。《内经》根据身体内部失去平衡的性质分为阴阳两种类型，又按照性质的轻重，阴阳两种类型的病症各分为三等。这种方法也是符合科学原则，有客观事实作为根据的。由于当时的科学发展的局限性，缺少正确的解剖学的知识，古代医学家对于人类内脏的结构、功能的认识，还不能达到像今天的医学的水平，因而有些地方对于病理的解释不能令人满意，也如近代医学家陆渊雷先生所说的：

　　　　血脉、经络、骨髓，深藏而不可见也。阴阳表里，暗昧而难征验也。今有病脑者，啼笑无节，举措失常，而医经家指为心病。其持之有故，言之成理，闻者则以为心病矣。有病内分泌者，肌肤黯淡，支体罢敝，而医经家指为肾病。其持之有故，言之成理，闻者则以为肾病矣。（《伤寒论今释·叙例》）

　　中国古代医学认为人类生理各器官部位是相互影响、相互联系的整体。《内经》从阴阳五行学说的观点来解释五脏各器官之间的相互联系。《内经》以为五行是相生相克、不可分割的整体，五脏也是相生相克、不可分割的整体。如果某一器官发生了疾病，它必然影响到

---

① 阎德润著：《伤寒论评释》，人民卫生出版社1955年版，第7页。

其他器官。如果肝脏发生了阴阳失调的现象，它会影响到眼睛的视力，还会影响到消化系统的不正常；它会导致到情绪容易激动。其他部位的器官也是这样。所以"头痛医头，足痛医足"，成为中国医学理论对于形而上学观点的绝妙讽刺。可惜我们今天也还有些医学家坚持他们的形而上学的观点。这种观点不但落后于今天的先进医学观点，甚至也落后于二千年前的医学理论早已达到的成就。

《内经》认为生理现象和心理现象是相互联系的，近代的科学实践已经证实了生理现象和心理现象是紧密联系而不可分割的。中国古代医学对于这一点已有了初步认识。《内经》曾说过：肝脏的疾病和人类的愤怒的情绪相关联——"怒伤肝"；心脏的疾病和人类的喜悦情绪相关联——"喜伤心"；脾脏的疾病和人类的思虑作用相关联——"思伤脾"；肺脏的疾病和人类的忧郁的情绪相关联——"忧伤肺"；肾脏的疾病和人类的恐惧的情绪相关联——"恐伤肾"（参看《内经·阴阳应象大论》及其他各篇）。现在我们应当指出，问题倒还不在于论证身体的各个内脏器官和情绪之间是否具有像《内经》所说的那样机械联系。这种说法可能有一定的科学根据，还要继续深入研究，这一点对于我们来说，并不是主要的。在这里应当特别指出的乃是《内经》通过一定的科学实践，在二千多年前就明确地指出了人类生理现象和心理现象的内在联系这一基本观点，这在今天看来也是正确的。这样，在哲学上就给唯物主义的认识论提供了可靠的理论保证。

精神活动是由于人类的分析器官受到外界刺激后引起的大脑皮质的兴奋和抑制的作用。心理活动和人类的呼吸、消化、循环、内分泌各个系统有关联（这些关联虽然未必完全像中国古代医学所猜想的那样的关联），这是事实。我们应当指出的乃是中国古代医学天才地提出了生理和心理活动的互相关联的辩证观点，因而在医疗实践上才可能取得一定的成绩。伟大的历史家司马迁在他的不朽的古典历史著作《史记》中，以相当的篇幅记载了一些著名医生的活动。汉初的名医淳于意诊断齐王的儿子的疾病时曾指出他的病源，说：

> 此悲心所生也，病得之忧也。（《史记·扁鹊仓公列传》）

三国时代，中国名医华佗也有过从精神上治疗病人的故事：

> ……郡守病，佗以为其人盛怒则差，乃多受其货而不加治，无何弃去，留书骂之。郡守果大怒，令人追捉杀佗。郡守子知之，属使勿逐。守瞋恚既甚，吐黑血数升而愈。（《三国志·华佗传》）

这些故事中的人物用不着详细地考订，先秦两汉各书中不断出现同类性质的传说和记载，应当认为这是在广大人民中间流传的事实。这类事实说明了中国古代医学早已认识到生理和心理活动的相互关系是十分密切的。这种影响是内在的、有机的、不可分割的。根据上述的观点，《内经》经常提醒人们要适当控制个人的感情，使感情不要过于放纵。《内经》说：

> 天有四时五行以生、长、收、藏，以生寒、暑、燥、湿、风。人有五藏化五气以生喜、怒、悲、忧、恐。故喜怒伤气，寒暑伤形。暴怒伤阴，暴喜伤阳。（《内经·阴阳应象大论》《内经·天元纪大论》略同）

中国古代道家哲学的养生一派的哲学和《内经》有相类似的见解。像《淮南子》也曾说过：

> 人，大怒破阴，大喜坠阳，大忧内崩，大怖生狂。（《淮南子·精神训》）

《内经》并且指出人类身体的健康和自然环境是相互关联的，因而在进行治疗时要经常考虑到疾病患者所处的自然环境的具体条件。这种观点在《内经》中也曾反复地申述：

> 喜怒不节，寒暑过度，生乃不固。故重阴必阳、重阳必阴。故曰冬伤于寒，春必温病；春伤于风，夏生飧泄；夏伤于暑，秋必痎疟；秋伤于湿，冬生咳嗽。（《内经·阴阳应象大论》）

又说：

> 逆春气，则少阳不生，肝气内变；逆夏气，则太阳不长，心气内洞；逆秋气，则太阴不收，肺气焦满；逆冬气，则少阴不藏，肾气独沈。（《内经·四气调神大论》）

从以上的观点出发，《内经》始终认为在医疗方面必须充分考虑客观环境：

> 故治，不法天之纪，不用地之理，则灾害至矣。（《内经·阴阳应象大论》）

中国古代医学还建立了对待疾病和健康的整体观念。中国古代医学从来不把健康和疾病的关系割裂开来，因而能够比较全面地建立它的治疗的理论，并且恰当地估计医疗作用，而不陷于医学万能论的错误。中国古代医学有极丰富的医疗经验，但是都能够老老实实地承认医疗对生命的作用是有限的。当扁鹊治好了"暴魇而死"的虢国太子时，"天下尽以为扁鹊能生死人"。扁鹊说："越人(扁鹊自称)非能生死人也，此自当生者，越人能使之起耳。"（《史记·扁鹊仓公列传》）

由于中国古代医学对疾病和康健的认识是建立在全面的认识基础之上，所以一向把保健放在第一位，把药物治疗放在次要的地位：

> 动作以避寒，阴居以避暑，内无眷慕之累，外无伸宦之形，此恬憺之世，邪不能深入也。（《内经·移精变气论》）

如果不注意平日的卫生，那就会：

> 忧患缘其内，苦形伤其外，又失四时之从，逆寒暑之宜。贼风数至，虚邪朝夕，内至五藏骨髓，外伤空窍肌肤。所以小病必甚，大病必死。（《内经·移精变气论》）

《内经》从上述的整体观念出发，建立了以预防为主的正确的保健观点。把保健和营养放在首要地位，认为医疗乃是不得已的情况下采取的被动的措施。所以《内经》中屡次叮嘱说：

> 是故圣人不治已病治未病，不治已乱治未乱，此之谓也。夫病已成而后药之，乱已成而后治之，譬犹渴而穿井，斗而铸锥，不

亦晚乎？（《内经·四气调神大论》）

中国医学认为，即使因不得已而治疗时，也要及时、早治，不要等到病重再治。中国过去有人称赞高明的医生能"起死回生"，但是一个高明的医生经常是反对这种被动的治疗方法的。所以《内经》说：

> 善治者治皮毛（疾病未深入，仅仅有一些疾病的征象时，就开始治疗），其次治肌肤；其次治筋脉；其次治六府；其次治五藏，治五藏者半死半生也。（《内经·阴阳应象大论》）

唐代著名医学理论家王冰对《内经》中这一段话作了精确的注解，他说：

> 病势已成，可得半愈。然初成者获愈，固久者伐形。故治五藏者半生半死也。（《内经·阴阳应象大论》）

总起来看，《内经》一书体现了中国古代哲学中的丰富的辩证法思想，而且在中医的医疗、营养、保健各方面也都贯彻了辩证法的原则，从来不把某一措施孤立起来对待。这种观点是极其珍贵的、值得吸取的。

辩证观点，并不是哪一个人想出来的，而是一切事物本来就在辩证地发展着。古代的科学家通过精密的观察、无数次的实践，把这一客观存在的普遍现象提高到理论原则，并根据这种理论又来推动科学的实践。中国古代的医学就是这样反复实践，反复认识，不断提高，不断丰富起来的。

但是我们也必须承认中国古代的辩证法还不可能发展到十分完

善的地步，它也具有一般古代辩证法所共有的历史的弱点。正如毛泽东同志在《矛盾论》中所指示的：

> 辩证法的宇宙观，不论在中国，在欧洲，在古代就产生了。但是古代的辩证法带着自发的朴素的性质，根据当时的社会历史条件，还不可能有完备的理论，因而不能完全解释宇宙，后来就被形而上学所代替。①

自然现象、生命现象、病理现象是复杂的，远在二千多年前的科学成就绝不可能全面地、深刻地认识这些规律。但古代的自然科学和唯物主义哲学在和宗教唯心主义的观点做斗争时又不能回避这些问题，对于一些当时还不能解释的现象，也要勉强加以解释，遂不免有主观的牵强附会的地方，其中也夹杂着神秘主义的因素，有时把自然现象和生理现象互相比附：

> 惟贤人上配天以养头，下象地以养足，中傍人事以养五藏。天气通于肺，地气通于嗌，风气通于肝，雷气通于心，谷气通于脾，雨气通于肾，六经为川，肠胃为海，九窍为水……阳之汗，以天地之雨名之；阳之气，以天地之疾风名之。暴气象雷，逆气象阳。（《内经·阴阳应象大论》）

像这种唯心主义的、神秘主义倾向的观点，在中国古代医学中也还不是个别的现象，在《内经》中到处可以发现这些不合科学原则的说法：

---

① 《毛泽东选集》第 1 卷，人民出版社 1966 年版，第 278 页。

天不足西北，故西北方阴也，而人右耳目不如左明也。地不满东南，故东南方阳也，而人左手足不如右强也。……东方阳也，阳者，其精并于上。并于上，则上明而下虚。故使耳目聪明而手足不便也。西方阴也，阴者其精并于下。并于下则下盛而上虚，故其耳目不聪明而手足便也。故俱感于邪，其在上则右甚，在下则左甚。此天地阴阳所不能全也，故邪居之。（《内经·阴阳应象大论》）

我们今天没有必要隐瞒这些缺点，因为这是事实。现在有些反对中医的人常常片面地夸大了中医在这一方面的缺点，甚至连其中的合理的部分也一并否定，这不是实事求是的科学态度。恩格斯的教导永远值得我们记住：

而自然哲学只能这样来描绘：用理想的、幻想的联系来代替尚未知道的现实的联系，用臆想来补充缺少的事实，用纯粹的想象来填补现实的空白。它在这样做的时候提出了一些天才的思想，预测到一些后来的发现，但是也说出了十分荒唐的见解，这在当时是不可能不这样的。[①]

恩格斯的指示，是说由于当时的具体条件，由于历史的局限性，古代的唯物主义哲学“这在当时不能不如此”。我们决不能非历史主义地否定了中国古代医学中最有价值的唯物主义因素和辩证法思想，马克思主义的原则教导我们判断某些哲学流派，主要应当看它们是怎

---

① 《路德维希·费尔巴哈和德国古典哲学的终结》，《马克思恩格斯选集》第4卷，第242页。

样解决实际问题,用的什么观点和方法,同什么人携手并进,在客观上支持的是什么、反对的是什么,并且对以后的哲学思想起过什么影响。

如果根据这样的尺度来检查一下《内经》以及其他古代有关中医理论的著作,我们可以肯定地说:中国古代医学是用素朴的唯物主义原则来认识生命问题、疾病问题、精神作用问题的,它包括了丰富的辩证的思想方法,并且和当时的唯物主义哲学携手并进。在客观上(以至在主观上)一直在和宗教迷信思想做斗争,并且替后来的医学的进一步发展开辟了道路,对以后的哲学无神论思想起了启发作用。这些事实,尽够雄辩地粉碎那些腐朽的资产阶级学者轻视文化遗产、诬蔑中国医学的谰言。

<h1 style="text-align:center">五</h1>

中国古代医学的理论表明了科学的发展和唯物主义哲学的发展经常是血肉相连的。科学研究的实践不断丰富和巩固了唯物主义哲学,同时每一个时代的唯物主义哲学思想也经常对科学的发展起着促进作用。

中国古代医学发展的道路又一次证明了科学和唯物主义哲学是唯心主义和宗教思想的敌人。它们是在和当时流行的宗教迷信思想斗争中成长起来的。

中国古代医学中有许多观点和方法不仅在过去有价值,其中有许多内容在今天仍旧有它们的价值。因为医学是自然科学,它不是社会的上层建筑,它的发展和成长是建立在科学实践的基础上的。只有那些做了资产阶级思想俘虏的学者才诬蔑中医是"封建医",只有那些不看事实的人才诬蔑中医是"不科学"的。

中国古代医学的理论不但捍卫了它自己的科学阵地，同时也给中国古代哲学史上的无神论思想提供了强有力的科学论据。如果没有秦汉之际的阴阳五行的唯物主义学说，没有《内经》这部光辉的经典医学著作，后来汉代的伟大无神论者王充的思想的出现那是很难设想的。

如何吸取中国古代医学的珍贵遗产，这是当前极为迫切的任务。《内经》一书在中医的经典著作中有着特别重要的地位，但是目前似乎还没有引起学者们足够的注意。希望全国医学家对这一方面能做进一步深入的研究。这不但对中国文化有益，我们相信这一研究工作会对世界文化有所贡献。

（原刊于《历史研究》1956 年第 5 期）

# 论墨子

墨子的学说中,他的认识论是比较光辉的一部分,具有唯物主义的观点。他所提出的认识客观事物的方法和检查认识可靠性的标准就是有名的"三表"或"三法"。"表"和"法"都是标志、标准的意思。"三表"就是判断认识正确与否的三个标准。在《非命上》中说:

> 言必有三表。何谓三表? 子墨子言曰:有本之者,有原之者,有用之者。于何本之? 上本之于古者圣王之事。于何原之? 下原察百姓耳目之实。于何用之? 废(发)以为刑政,观其中国家百姓人民之利。

在《非命中》和《非命下》中,也有类似的记述,这里只就《非命上》的"三表"加以阐述。至于"三法"也即上篇中的"三表",就不再重述了。

墨子的第一表认为,要判断事情的真假是非,不能只凭主观的印象,而要有历史的根据、前人的经验。这就是他所谓"上本之于古者圣王之事"。墨子和孔子在当时都是博学的人,今天我们所读到的《墨子》中,有许多地方引用了《尚书》《诗经》,也引用了当时周、郑、燕、齐等国的历史——《春秋》。墨子并不是故意掉书袋,自炫博学,而是为了说明他的论证有根据,他要在前人的经验、历史的记载中寻找间接的经验。间接的经验在认识过程中是必不可少的。这是人类认识的特点之一,是其他动物所没有的。

墨子和他的论敌展开辩论时,经常使用这一武器。墨子在驳斥

命定论的主张时,就曾举出古代的一些例子作为证据。他说:

> 古者桀之所乱,汤受而治之。纣之所乱,武王受而治之。此世未易,民未渝,在于桀、纣,则天下乱,在于汤、武,则天下治,岂可谓有命哉?(《墨子·非命上》)

墨子更进一步追问那些相信有命的人说:

> 先王之宪亦尝曰:福不可请,而祸不可讳(违)。敬无益、暴无伤者乎?先王之刑亦尝有曰:福不可请,祸不可讳。敬无益、暴无伤者乎?先王之誓亦尝有曰:福不可请,祸不可讳。敬无益、暴无伤者乎?(《墨子·非命上》)

墨子的非命学说给当时的命定论者以有力的打击。

　　墨子的第二表认为判断事情的真伪是非,要根据"百姓耳目之实",就是说要用广大人民亲身的经验作为标准,不能只凭主观想象。他在反对命定论者的辩论中也曾使用过这一武器。他反问那些相信有命的人说:

> 我所以知命之有与亡("亡"即"无")者,以众人耳目之情知有与亡。有闻之,有见之,谓之有。莫之闻,莫之见,谓之亡。(《墨子·非命中》)

墨子又说,可是事实上,自古及今,"亦尝见命之物,闻命之声者乎?则未尝有也"(《墨子·非命中》)。耳目感官经验是知识的直接来源,通过直接经验可以得到正确的知识，这是一般认识的途径。我们必须肯定，墨子提出了这一点，是对的。但是认识的对象不只是感官所能直接接触得到的，比如墨子在上面所举的"命"，根本就是一个抽象名词，即使有，也是看不见、摸不着的东西。墨子攻击别人时，常说人家"不知类"，对于这一问题，墨子自己也犯了"不知类"的毛病。如果有人用墨子的方法驳斥墨子，问他，请他把"义"的形状、声音拿出来让大家看看，墨子一定也拿不出来。这是墨子思想不够缜密的地方。

第一表和第二表的重要性已如上述，但墨子的认识论还不是严格的、合乎科学标准的认识论。墨子的认识论的主要缺点，在于他不能分别感性认识和理性认识在本质上既有区别而又有联系的辩证的关系。墨子的认识论更多地停留在仅靠感觉经验（有的是古人的——第一表，有的是当前的——第二表）这方面，而忽略了理性认识的重要性。这里，主要的是他不认识实践在认识过程中的作用。因而，墨子知道只凭主观印象容易出错误（这是对的），但他把过去的以及现在的某些根本无法通过实践来证实的所谓"经验"，又常常当作衡量事情真假的标准，这显然是不对的。

墨子所提出的第一表、第二表是唯物主义认识论起脚的第一步，认识必须通过感觉，通过直接经验和间接经验。但是仅仅停留在这一步是不够的，感性认识不上升到理性认识，就不能使人认识到事物的本质，就形不成科学的认识。

关于第三表，墨子认为判断事情的真假是非，要根据"发以为刑政，观其中国家百姓人民之利"。这是墨子的认识论的最主要、也是最根本的思想方法。墨子反对战争，反对世袭贵族奢侈浪费的生活，甚至最为人诟病的《天志》《明鬼》《尚同》各篇言论，也都是从这一标准，即以它合不合"国家百姓人民之利"为出发点的。墨子思想中许多丰富的、带有人民性的进步因素,都是在这一标准指导下发展出来的。

当然第三表也有缺点,墨子经常把国家的利益和人民的利益看得没有矛盾,实际上王公大人和百姓的要求和利益有很大的差异,二者既有共同性,也有矛盾性。因此他所提出的"国家百姓人民之利"就失去了标准,因而往往产生了墨子的主观愿望和客观事实相矛盾的结果。

总之,墨子的思想方法和判断真理的标准("三表")的根本精神是唯物主义的。墨子认为判断事物的总的精神和方法,是反对主观,相信客观。他的"三表"都是为了防止认识上的片面性和主观性而提出的。"三表"也都是根据经验(第一表、第二表)、根据客观效果(第三表)才做出判断。缺点是他没有把唯物主义贯彻到底。

应当指出,墨子不明白认识和实践的辩证统一的关系(上文已做过分析),但也不是完全不认识实践的重要性。墨子在某些问题上也还是相当重视客观实践的效果的。他曾在《耕柱》篇中说:

> 言足以复行者,常(尚)之;不足以举行者,勿常(尚)。(《墨子·耕柱》)

又说:

> 言足以迁行者,常之,不足以迁行者,勿常。(《墨子·贵义》)
> 今瞽曰:巨者白也,黔者黑也。虽明目者无以易之。兼白黑,使瞽取焉,不能知也。故我曰:瞽不知白黑者,非以其名也,以其取也。(《墨子·贵义》)

这里墨子的意思是说,议论经得起实践考验的,才重视它;经不起实践考验的,就不重视它。现在如果有一个瞎子说:"巨是白色,黔是黑色。"即使明眼的人也无法说他不对。可是把白色、黑色混在一起,叫瞎子选择,他就不能辨别了。所以说瞎子不认识黑白,不是凭他口说,而是看他的选择。从以上这些话来看,墨子并不是完全不知道实践在认识中的作用的,并且也承认实践是辨别真假的客观标准。这都是他的认识论中的唯物主义因素。但是遇到另外一些问题,比如关于宗教方面的、关于古代传说方面的许多鬼神迷信的记载,他就放弃了以实践检查真理这一科学原则。

墨子和他的弟子们既然出身于具有丰富生产知识的劳动者阶层,而且他们还会制造守城的器械,足证他们具有一定的科学知识,在他们科学实践的基础上,会产生自发的唯物主义倾向的认识论,这是完全可以理解的。事实告诉我们,有许多科学家,尽管在他们所研究的某些小范围内是自发的唯物论者,但是在更广大的知识领域内,特别是对于社会、对于文化、对于历史的发展这些性质复杂、变化繁多的现象面前,他们很容易变成唯心主义者。墨子的社会历史的观点也是唯心主义的,而在认识论方面有唯物主义的因素,这一矛盾不但不值得惊诧,倒是可以理解的。

此外,墨子在思想方法上提出了推理的重要性:

> 彭轻生子曰:往者可知,来者不可知。子墨子曰:籍设而(尔)亲在百里之外,则遇难焉。期以一日也,及之则生,不及则死。今有固车良马于此,又有奴(驽)马四隅之轮于此,使子择焉,子将何乘?对曰:乘良马固车,可以速至。子墨子曰:焉在不知来(怎么说未来的事无法知道)?(《墨子·鲁问》)

墨子也最早提出具有科学意义的"类"的概念,指出逻辑上的"界说"(定义)的重要性。墨子经常用揭露论敌分类观念混淆的方法来驳倒对方。例如公输般只知道不可无故杀一个人,可是却替楚国造云梯攻宋国,准备杀害很多的人。墨子在《公输》篇中就曾指斥他"义不杀少而杀众,不可谓知类",把公输般驳得没有话讲。

墨子对于"界说"的认识也是相当明确的。下面有这样一个有名的辩论:

> 子墨子问于儒者曰:何故为乐?曰:乐以为乐也。子墨子曰:子未我应也。今我问曰:何故为室?曰:冬避寒焉,夏避暑焉,室以为男女之别也。则子告我为室之故矣。今我问曰:何故为乐?曰:乐以为乐也,是犹曰:何故为室?曰:室以为室也。(《墨子·公孟》)

通过以上这一论辩,我们可以清楚地看出墨子思想方法逻辑的严密性。在墨子思想方法的逻辑性的严密的基础上,后期墨家又进一步做出了极有价值的贡献。

(选自《十家论墨》,原题为《任继愈论墨子》,上海人民出版社2004年版)

第四辑
中国社会：感叹与希望

# 李贽的悲剧结局

李贽曾以狂狷激烈的言行,引起社会的关注,人们认为他不合时宜,性情古怪孤僻。做地方官及学校教官,为上级所不喜。退而著书、讲学,也遭到道学者们的围攻,终于以 76 岁的高龄被迫害,死于狱中。

中国思想史上出现了这样一位怪杰,值得引起治学者的深思。

研究中国哲学史,不能忽略其地区性。秦汉以后,中国是个统一的大国。这个统一的大国,给广大人民带来了实际利益。同时,为使这个大国保持巩固,除了政治上要高度集中以外,还要思想上的集中统一。为了强化集中,必须限制那些不利于集中统一的现象。

秦汉以前,中国学术界普遍关心的问题是如何建立一个集中统一的多民族国家。由于地域辽阔,民族众多,各地区风俗各异。为了推进这个多民族统一大国巩固完善,中国人民花费很长时间,不断使这个制度完善。经过若干朝代的努力,达到了中央高度集权的目的。凡事物的利弊,往往相伴出现,高度统一做到了,随之带来了原先没有的弊端。

李贽生活在明朝嘉靖、万历时期。庸劣昏聩的两个皇帝长期掌握着全国最高权力。明朝开国时期,朱元璋英武过人,而且来自民间,他废除宰相制,皇帝直接行使政府职权(指挥六部),提高了行政效率,暂时舒缓了民间疾困,没有出现什么问题。传了几代以后,接连出现几位庸劣皇帝,大小政事都要由皇帝亲手裁决,高度集中的权力很自然地落在皇帝亲信的宦官手中。宦官包围着皇帝,形成明朝致命的祸害,宦官的祸害伴随着明朝的终结。

政治的腐败,影响到社会风气的败坏。

明朝以科举取士,造就了大批说假话的官僚。因为科举考试的答案早有规定,应试者"代圣贤立言",不能发表与标准答案不同的意见,诱迫士子说假话。这批应试士子自幼被训练成揣摩试官的意图、随波逐流的文风、唯上是从的性格。名为学习孔孟之学,实际上背叛孔孟的宗旨。

李贽是科举考试中的过来人,深悉其中的积弊,只是如实揭示出当时一些假道学的真面目,自然地遭到多数庸众的围攻。以个人的力量与社会力量抗争,其悲剧性的结局不言而喻。李贽这个人的出现,与他的时代及地区文化环境的关系,也应引起我们的注意。

泉州在宋代是中国对外贸易的重要港口,李贽自幼生长在这里。泉州是李贽新思想的温床。福建又是中国理学大师朱熹一生讲学活动的重要基地,也是传统文化很发达的地区(当时文化发达的地区还有浙江、江西、湖南。福建文化最发达)。福建刻书业的兴旺可以侧面说明闽学的兴盛。李贽生长在闽学盛行、中外文化交汇的泉州,有可能从另一个视角来看待传统文化,因而感到"读传注不省,不能契朱夫子深心"(《焚书》卷三)。

中国地域辽阔,各地区经济发展极不平衡,明朝中叶以后沿海及长江下游经济比较发达,出现了手工业工场,如苏州纺织工人的集体反抗官吏盘剥即是一例。福建泉州得风气之先,在海外与内陆交会处,外来最新非传统文化(特别是早期市民的公平交易观及重商观念)与中国最系统的传统文化的接触,必然会引导有识之士认真思考。一些切近生活的实际问题,如凭本领生活(种田),将本求利(经商),与士大夫比起来,并不见得低人一等。个人合理的要求应当被认可。

"夫私者,人之心也。人必有私,而后其心乃见。若无私,则无心矣。如服田者,私其秋之获,而后治田必力"(《藏书》卷三二),"穿衣吃饭即是人伦物理。除却穿衣吃饭,无伦物矣"(《焚书》卷一)。

如果李贽当初不是定居在湖北的麻城,最后不是定居在北京通州,而是辞官后告老还乡,回到泉州,或在深得人民拥戴的云南姚安度其晚年,即使他仍然抨击腐败,讲学收徒,所受的迫害也会相对减轻一些,也许得以终其天年。

李贽虽然以出家人的姿态,却抱着一颗火热的童心,无所顾忌地指摘社会积弊,活动在保守势力很强的内陆湖北和北京,又是孤军作战,用匕首直刺敌人的要害,其悲剧性的结局势难避免。

由于中国儒教势力过大,中央集权的政治结构过于严密、完整,新的社会因素资本主义势力,难得发展,虽有几次萌发的机遇(一次在明中叶,一次在清初),都未能成长起来,一直到鸦片战争(1840),中国社会自然经济堡垒依然难以打破。

李贽的狂狷性格早已为人们所熟知,狂狷性格、不羁言行的背后,确有它的社会基础。李贽从内心还是希望这个大明王朝祛除积病,恢复真正的纲常名教,疾恨欺世盗名、言不由衷的伪道学。只是当时新生的社会力量尚未成熟,尚不能作为一个独立的阶级出现在历史舞台上。直到第一次欧洲大战期间,中国才有了真正的新生的社会力量。经济变革在先,文化思潮随之继起,李贽的真价值得以揭示出来。应该对他做出公允、可信,为多数人认可的评价。


(原刊于《首都师范大学学报[社会科学版]》2000年第4期)

# 李贽改革悲剧给后人的启示

　　李贽是卓越的思想家,生长于嘉靖与万历皇帝统治时期。明朝这两个皇帝十分昏庸,而又统治时期最长。这两位昏君中间,经过张居正的短期整顿,有所起色,随后又回到文恬武嬉的老样子。

　　李贽主张改革,从理论上提出"童心说",就是说号召人们说真话,不要说假话。偏偏这又是一个从上到下弥漫假话的社会。之所以出现这种现象,是皇帝为首的政府大力提倡的结果。明朝科举考试以八股取士,政府限定用朱熹的《四书集注》的观点为标准答案,美其名曰"代圣贤立言"。应试者不得用自己观点来做文章,只允许用圣贤的口气来诠释"四书五经"上的文句。这就是说,用科举取士的指挥棒,指导天下读书人,照抄程朱学派的文句应付考试。应付得好就可以从此走上做官的道路,不按这条道路走,就没有上进的机会。

　　读书人必须走科举这条道路。明朝立国二百多年,通过八股考试走上仕途的何止成千上万,李贽面对的几乎全部是八股应试的读书人。可以断言,李贽打击面太宽,遭到的阻力自然也大。

　　中国的改革家都有他们的抱负、理想。最早的商鞅、吴起,以后的范仲淹、王安石,直到清末的康有为,这些改革家、思想家针对他们所面临的社会问题提出过有益的改革方案,都有贡献。改革家必须上边得到国君的支持,下边有一批同僚的支持。他们的改革主张,有的得到贯彻执行,有的夭折了。不论成功与否,改革家们的命运、结局都不太好,有的为改革牺牲了性命,有的事业无成,受到政治迫害。李贽的改革遭遇比所有改革者都惨。他的改革思想上边遭到皇帝的反对，下边遭到保守官僚的反对。因为李贽的主张触犯了他们的利益和名誉。李贽的对立面强大而顽固，李贽为了捍卫自己的理想，不计后果，孤军奋战，只能以悲剧结局。

明末有东林党出现，也提倡政治改革。东林党打击面偏重在某些政治人物或政府的某些政治措施，涉及方面较狭窄，以聚徒讲学形式，稍后逐渐形成了一个议政团体，比李贽当年孤军奋战的处境强一些。东林党遭遇迍邅，但略胜于李贽。

李贽并不主张推倒明朝皇帝，另起炉灶，他主观上还是希望明朝上下能够改弦更张，由萎靡疲沓到清明有为。有识之士，如李贽这样的思想家早看到病情危急，病入膏肓。而当时在位者"自我感觉良好"，不以为然。

明朝的万历时期，欧洲已开始萌发资本主义，向近代社会迈进。中国在世界的地位开始下滑。当时流行谚语，讽刺朝廷腐败："翰林院的文章，太医院的药方，武器库的刀枪，光禄寺的茶汤。"（《万历野获编》卷二十四）明朝皇帝出自民间，从朱元璋始，对于知识分子只是在必要时利用一下，并不重视，他对知识分子有一种本能的不信任感。明朝几个起作用的文人，如宋濂、刘基，结局都不好。后来对知识分子用廷杖责罚，有的死于杖下。皇帝选后妃，不信任知识分子家庭出身，多选自民间。皇帝不重视文化，皇帝幼年受的教育也不正规。如武宗亲征宸濠造反，不当皇帝而当"威武大将军"。因为他在幼年听到保姆讲故事，最高的官是大将军，不知道皇帝的超越地位。明朝皇帝文化水平一般不高，兴趣庸俗，喜好斗蟋蟀，玩鹰术，游猎，寻求性刺激。在历代王朝中明朝的皇帝兴趣低下，文化不高，算是比较突出的。李时珍青年时曾被推荐在太医院，他看不惯太医院的腐败，抛弃京官的优越待遇，回到乡下，深入民间，广泛搜集药材标本，著成《本草纲目》这部药学宝典。

《儒林外史》所描写的明朝中期以后的知识分子精神状态，可以帮助我们更好地理解当时的社会风气。李贽致耿定向的信指出，当时读书人只知道中举、发迹，为子孙谋。明朝士大夫虽然都曾熟读"四书五经"，他们的行动完全是另一回事。

李贽在云南姚安任地方官，亲身经历了当官者的污浊与百姓的苦难。他对现实政治改革绝望了，决定辞官不做，另谋挽救社会危机的道路。他定居麻城后，认真反思，结合古今历史经验，写了许多史论、政论的专著，提出了一整套社会改革理想。探讨李贽的改革经验，并不是发思古之幽情，而是我们今天也面临着非改不可的新形势。因为我们正处在新旧制度交替之间，比如行政效率低下，腐败之风屡禁不止，市场经济与计划经济转轨时期的不相衔接，等等。与李贽的改革有相似处，也有不相同处，就是世界竞争的激烈，国际环境的复杂，远远超过李贽所遇到的。

现在要指出的是，李贽所处的时代和他所遭遇的障碍，我们今天已不存在。要求改革的不是少数人而是多数人，我们是从上到下都致力于改革。走向现代化，是全国上下共同的愿望，凡是不利于现代化的都要改。李贽所要求的改革，在明朝始终推行不开，只有等到农民起义军李自成推翻明王朝时才结束这场争辩。

新中国成立后，也出现不少失误，给国家和人民造成不少损失（如"大跃进"、人民公社、"文化大革命"）。这些错误都由政府自己改正，改正后又走上正轨。

马克思主义哲学不同于过去一切哲学，就在于它提出了群体的认识。掌握真理，不能只限于某一两个先知先觉的哲学家，社会改革不是少数哲学家的事，而是人民群众自己的事。现代社会的改革，不靠神仙皇帝的拯救,而是靠觉醒的群众自己来争取。群众愚昧,不自觉的环境下孤军奋战,成功的可能性很小。从策略上讲,李贽反对虚伪,反对说假话,是正确的。但他指摘了孔子,自然犯了众怒。王阳明也主张改革,反对说假话,他以朱熹为靶子,指名道姓批评朱熹。批评朱熹,实际上也涉及孔子。李贽的改革思想提出的问题过于超前,比如男女平等的思想,当时的妇女没有自觉的平等要求,更难被男人为主体的广大群众所接受。于是反对者对李贽进行人身攻击。谣诼四起,使李贽处于孤立地位,有口难辩。自诩民主先进的美国,直到1920年,美国妇女才取得与男人同等的选举权,时间比中国的五四运动还迟了一年。李贽的主张比美国的男女平等观提前了三四百年,显然太超前,难为多数人所理解。

今天我们要的是,不但改革方向要对,而且要看到今天中国的处境已不同于李贽。当年李贽提出的改革,只限于中国一国之内。今天的中国是跻身于世界的中国,中国的改革既是中国的,又涉及世界。中国处在世界激烈竞争大潮中,落后就要挨打,不改不行,改得慢了也不行。落后就要挨打,中国人民对此有切身感受。我们有充分信心迎接新世纪,把自己应当改革的事办好。李贽的改革,对我们有启发。

(原刊于《首都师范大学学报[社会科学版]》2002年第6期)

# 中国古代宰相的职能

秦汉以来,中国已形成大一统的封建专制国家,它的主要职能是组织全国的农业生产,安定社会秩序。这样一个大国,统一政权要求政治上的高度集中。封建小农自然经济,它的特性则为极端分散。集中与分散的一对基本矛盾,贯穿了中国秦汉以后两千年的历史。如何有效地协调其矛盾,也成了历代统治者的重大课题。主要负责人当然是处在统治最高层的皇帝和他的助手们(宰相)。

雄才大略的皇帝秦始皇,喜欢大权独揽,每天批阅定量文书("以衡石量书"。阅读文件用秤称过,不到一定数量不休息)(见《史记·秦本纪》),虽设有宰相(秦称丞相),权力有限。这个办法并不太成功。秦亡,刘邦当皇帝,他注意选择文武统帅人才,给他们实权,经他选用的大臣、宰相都很称职。刘邦在用人方面比秦始皇更高明,他与秦始皇比,更像个皇帝的样子。

汉初第一位宰相萧何,主要致力于建立规章制度。萧何不愧为汉代第一名相,他抓住了国家政治建设的重点,建立法制。没有一套规章制度,光靠打天下时积累的那些经验,用打天下的办法来治天下,没有不偾事的。[①] 秦朝用武力来征服六国,统一全国后,继续用武力震慑天下,很快失败,就是因为不懂得"逆取顺守"的道理。萧何等人制定的规章制度,今已不可详考,他的继任者曹参完全照他们的规章去办,取得安定社会的效果,百姓歌之曰:

---

① "陆生时时前说称《诗》《书》。高帝骂之曰:'公居马上而得之,安事《诗》《书》?'陆生曰:'居马上得之,宁可以马上治之乎?'"(《史记》卷九十七)。

萧何为法,颛若画一;曹参代之,守而勿失。载其清静,民以宁一。

"萧规曹随"后世传为美谈。汉初天下初定,百姓需要休养生息,不好大喜功,不生事扰民,是当时唯一可行的治国方针。宰相抓住这个总政策,抓到了点子上,所以取得成功。人们称赞曹参不是称赞他"不干工作",而是称赞他用少生事、少扰民作为施政方针。不干事就是干了最好的事,它符合社会发展的需要。

汉文帝平定诸吕,任用周勃、陈平为宰相。周勃为第一首相(右相),陈平为第二首相(左相)。有一天文帝问右相周勃:

"天下一岁决狱几何?"勃谢曰:"不知。"问:"天下一岁钱谷出入几何?"勃又谢曰:"不知。"汗出沾背,愧不能对。(《史记·陈丞相世家》)

文帝又问左相陈平。

平曰:"有主者。"上曰:"主者谓谁?"平曰:"陛下即问决狱,责廷尉,问钱谷,责治粟内史。"

上曰:"苟各有主者,而君所主何事也?"平谢曰:"主臣。陛下不知其驽下,使待罪宰相。宰相者,上佐天子理阴阳,顺四时,下育万物之宜,外镇抚四夷诸侯,内亲附百姓,使卿大夫各得任其职焉。"孝文帝乃称善。(《史记》卷五十六)

所谓"理阴阳,顺四时",即关心天时。因为小农经济社会生产只能靠天吃饭。皇帝和宰相的头等大事即农业生产,要关心自然灾害的发生和补救办法;对外要处理好邻国关系,对内要安抚百姓;选用各级官吏的适当人选。

从高帝建国,萧何、曹参为宰相,到汉文帝,中间又过了几十年,国家仍然贯彻与民休息的政策,但随着社会的发展,需要积累更多一些的管理经验。因为当时的社会情况相比汉初大乱之后疮痍满目、社会残破的状况有所改善。陈平这些人,根据当时的情况,明确宰相与百官的职责,有见地,很高明。古人这种认识,颇有岗位责任制的味道。中央到地方,分层管理,分层负责,人各有事,人各有责。这一领导方式,得到中央的认可,也应用到地方政府。后来汉武帝命汲黯为东海太守,"黯多病,卧闺阁内不出,岁余,东海大治"(《史记》卷一百二十)。汲黯为治,"弘大体不拘文法"。作为太守,可以不管那些细小的事,只要掌握大原则(弘大体)就行了,不可能设想该郡大小官吏都"卧闺阁内不出",如果那样,就不能达到"大治"的目的。

东汉末,天下大乱,朝廷名存实亡,宰相也不能起什么作用。于是出现了三国鼎立的局面。

三国最有名的贤相,首推诸葛亮。他有才干,道德品行受人尊敬,西蜀在他的管理下,很有起色。他事必躬亲,不辞劳苦。"鞠躬尽瘁,死而后已"的作风,传为千古美谈。

史传记载,诸葛亮治蜀,管的事情太具体,太琐碎,应当交给下级人员办的事,他总感到不放心,大小事要亲自过问。作为一个国家的宰相,不敢放手用人,不敢分层放权,永远把自己摆在工作第一线。国家大事小事,一日万机,怎能照顾得周全?亲细务多了,顾大局就少了,将有害于国家的宏观管理;工作时间过长,休息时间就少了,必有害于身体健康。司马懿看透了诸葛亮的这个弱点,专和他打时间消耗战,坐待他劳瘁以死。

中国是个小农经济的大国,个体农民的意识渗透到每一个阶层,小农意识的一般特点是眼光短浅,事必躬亲才放心。陈平的地位远不能和诸葛亮相提并论。陈平个人的历史比起诸葛亮来,也显得不怎么高贵,他曾遭到"受金、盗嫂"的指责。诸葛亮世代贵族,隆中高卧,一生清正廉洁,生活作风无可指责。但用宰相的职能和办事作风来衡量两人的高下,陈平管大事不管小事,诸葛亮大小事一齐抓,陈平更像个大国的宰相,诸葛亮的管理方法低了一个层次。陈平的时代人才辈出,宏大而不琐细,体现了汉代大一统的开国气象,给后代留下几百年活动的余地。诸葛亮逝世不久,蜀国后继无人,旋即灭亡。西汉的兴起,西蜀的灭亡,有多种因素,不是陈平、诸葛亮的责任。诸葛亮其人可敬,其志可嘉,其情可悯,其遭遇可悲,是个悲剧性的英雄人物。"出师未捷身先死,长使英雄泪满襟。"有的诗人把他比作萧(何)、曹(参),实际上他比不上萧、曹。后人崇敬他,怀念他,偏重同情他的悲壮遭遇,失败的英雄更能引起人们的关注。

封建社会后期,中央集权的势头越来越大,政府权力集中到皇帝一个人手上,宰相的制度也取消了。明清两代的内阁大臣成了皇帝身边起草文件的秘书班子,不再具有"佐天子理阴阳,顺四时"的职能。明中叶,有个张居正,主持中央政府十几年,很有成绩,明代名将戚继光是在他的全力支持下,才得以成功。全国吏治整顿也有成效,真做到令行、禁止。这是在皇帝年幼、太后委托信任的特殊条件下有所成就的。太后死了,小皇帝长大了,发泄了对这位"张先生"积压了多年的宿怨,张居正死后遭到抄家问罪的报复。明清内阁大臣,不都是低能,而内阁大臣不具有汉唐宰相的职能,因而无所作为。如明朝内阁首辅严嵩,多年当政,势力显赫,但每次皇帝召见他进宫,见到宫中的小太监,连忙打躬作揖,奴颜婢膝不像个宰相的样子。

清朝末年,曾国藩、左宗棠、李鸿章,拥有内阁头衔,打太平天国,打捻军,平定新疆内乱,有职有权,那是因为朝廷自顾不暇,只好放手让他们干。等到天下粗定,大权又收回到皇帝手中。曾国藩按照朝廷的指示,屈辱地处理了天津教案;李鸿章奉命签订卖国条约。封建社会后期,朝廷统治力量越脆弱,越不敢放权,结果皇帝真成了孤家寡人,孤零零地在宝座上发号施令。

辛亥革命,才结束了高度集中统治的局面。

皇帝个人统治的不断加强,说到底,是中国大一统的封建小农经济的产物。因为要维持一统,就要高度集中。尽管社会内部孕育着新的生产关系的萌芽,必然遭到政治扼杀。中国在明中叶,在世界大国行列中开始落后,主要原因是政治上君主高度集权;思想上儒教统治,禁锢科学思想、民主思想的结果。

明以后的内阁大臣,当然没有萧何、曹参、陈平那样的揽大纲、佐理阴阳的作为。连亲细务、忙忙碌碌的诸葛亮型的作风也几乎绝迹。其中绝大多数利用他们便于接近皇帝的特殊地位,为父祖三代谋封赠,封妻荫子,为子孙置田产,身为大官,实为市侩,更不值一提。

（选自《任继愈学术论著自选集》。原刊于《群言》1989 年第 1 期）

# 中国古代的宦官与君主专制

从秦汉开始,在这块土地面积约相当于欧洲的东亚大陆上建成大一统的王朝。由中央直接发号施令,真正做到车同轨、书同文、行同伦,地方政府官吏任命、财政收入都由中央支配。分封的一些世袭贵族,按规定只有食俸的特权,却没有地方财政、人事权。这是从政治管理方面说的。其经济结构,则是一家一户为生产单位和消费单位的小农经济。小农经济的特点是封闭型的,是个体的、分散的,商品交换范围很小。政治上的高度集中,经济上的极端分散,构成贯彻中国封建社会历史的一对矛盾。政府要维持统治,要不断加强中央集权统治职能;小农经济的本性则不喜欢政府过多干涉。这两者的关系协调得好,就算太平盛世。太平盛世的涵义,就是中央政府正常发挥其统一的职能,令行禁止;小农经济有发展的机会,家给人足。这种盛世历史上不经常出现。

中国历史上的"宦官之祸"共有过三次,第一次在东汉,第二次在唐朝,第三次在明朝。中央政府专政的职能从秦汉以后,在不断加强。汉朝宰相权力相当大,三公与皇帝坐而论道。西汉时,宰相可以管得住宦官。东汉时,政治体制基本上继承了西汉,但东汉皇帝家族可能由于什么遗传原因,出现了不少短命皇帝。小皇帝当政,是个不懂事的孩子,中央大权不得不由母后代管。青年母后没有多少行政能力,习惯地援引自己娘家弟兄协助管理国家,史书上称之为"外戚干政"。小皇帝长大后,不甘心当傀儡,便联合宦官驱逐外戚,新旧皇帝不断更换,外戚一茬一茬地改换,而宦官却长住宫内,其人员组成变动不大,于是宦官这个集团形成一种顽固的势力。宦官必须假借皇帝名义发号施令。宦官的权力是中国大一统局面出现后,中央权力加强的现象。

第二次宦官之祸,在唐中叶以后,持续到唐朝灭亡。安史之乱以前,唐朝政治基本稳定,中央与地方的矛盾协调得比较好。安史之乱以后,地方割据势力抬头,中央政府无法控制。玄宗以后,历代皇帝都力图加强中央政府的权力,恢复变乱以前的局面。肃宗、代宗、德宗并不像传说的那样昏庸无能。他们祖孙几代人不断努力,加强中央集权,先是太监代表皇帝监视军队的调动、指挥,后来发现地方军队难以完全信赖,开始由皇帝直接培植军队(即左、右神策军)。皇帝有了自己指挥的军队即可稳定中央政权,震慑地方割据势力。唐朝的宦官有权有势有军队,比东汉的宦官的势力更大了。但宦官内部也有权力的斗争。大宦官有权有势,他们的权势有时威胁到皇帝的号令,皇帝不甘心受宦官的摆布,往往利用宦官内部矛盾,利用不掌权的小宦官除掉权高震主的大宦官,程元振、李辅国、鱼朝恩等掌握兵权的宦官都是由皇帝除掉的。皇帝在位时间总比宦官在宫内时间短,有的小皇帝是在宦官照料下长大的。宦官最能吃透皇帝的偏好、习性和性格弱点,这往往被宦官所利用。有一次唐文宗问大臣,他像古代的哪些皇帝?大臣说,他是尧舜之君。文宗说,他可以和汉献帝相比,甚至还不如汉献帝。汉献帝受制于权臣,而他却受制于家奴。

宦官们为了保住自己这集团的特权,也不断总结经验,传授给他们的同党。大宦官仇士良掌权多年,唐武宗不喜欢他,让他退休(致仕)。他的党徒把他送归私第,士良教以固权之术曰:

> 天子不可令闲,常宜以奢靡娱其耳目,使日新月盛,无暇更

及他事,然后吾辈可以得志。慎勿使之读书,亲近儒生。彼见前代兴亡,心知忧惧,则吾辈疏斥矣。(《资治通鉴》)

也有时宦官发现皇帝要罢黜他们,他们就先下手对付皇帝。唐朝皇帝被宦官暗害的竟有好几起,直到唐朝灭亡,宦官一直依附在皇权这棵大树上,最后与大树同归于尽。

汉朝宦官专权起于东汉中叶,唐朝宦官专权起于安史乱后,都在该朝代中期以后。明朝除明太祖时明令宦官不得干政外,到了第二代朱棣即皇帝位,宦官即参与政治。明朝皇帝比前朝皇帝权力更大,更集中。明太祖后期,为了把权力更加集中,不设宰相而建立内阁,内阁大臣只能为皇帝草拟诏令,而没有行政权。中央政权高度集中的制度,是从明朝开始的。过分集中的权力如不能善于运用,再遇到低能、昏庸的皇帝,宦官的权力就不受约束了。皇帝权力有多大,宦官的权力就有多大。明朝宦官不但可以盗用行政权,还拥有司法权。明朝设东厂、西厂、内厂,是皇帝特设的刑庭,既司侦察,又主刑狱。权力大于刑部。遇有战事,太监出任监军,胜则争功,败则诿过。明朝打了许多败仗,多与宦官监军制度有关。

用宦官在宫廷内供驱使,中外都有过。宦官干大政,则是中国的特产。中国大一统的封建社会,中央政权要有高度集中,否则就不能统一。历史表明,中国的封建政权是越来越集中、越来越专制的,到明清两朝达到顶点。最高权力掌有者是皇帝。皇帝也是人,有英明的,有平庸的,有品质低劣的,也有早年英明、晚年昏聩的,如开元盛世、天宝乱世都是同一个唐玄宗的"业绩"。英明皇帝可利用高度集中的权力办些好事,如抵御外来侵略,平定内乱,兴修跨省区的大型水利,运用国家权力救灾荒,以丰补歉等,只有大一统的国家才能发挥出这些优势。有了大权办起坏事来，比不集中统一的后果也更严重。宦官干政，是中央集权体制伴生的一种病变。发生在三个朝代的宦官集团，都是多年发展起来的，盘根错节，难以根除。汉、唐宦官病变都是用外来力量杀绝的，明朝的宦官被永历皇帝带到了缅甸，与明朝共终始。防止宦官弄权，运用得好，可以适当限制其恶性发展，但不能根绝。宋朝、清朝宦官的权力不算大，但也利用其亲近皇帝的特殊地位干了一些坏事。封建社会的地方各级政府、各级官吏虽身边没有宦官，却也有亲信干政、小书吏管大事的现象，窃权弄权、违法干纪的事屡见不鲜。这种封建社会的病毒，流毒深远，靠封建制度自身是无法制约的。

（原刊于《群言》1989 年第 11 期）

# 为《四库全书》正名

　　经国家有关部门批准，商务印书馆将印行国家图书馆所珍藏的文津阁本《四库全书》，这是中国出版史上的一桩伟业，更是中国文化发展史上的一件盛事。

　　对文津阁本《四库全书》的出版，中国出版集团和商务印书馆组织专家队伍进行了多次学术论证，大家都一致认为，无论是从文物保护还是学术研究均有出版的价值和必要。我们国家图书馆也表示大力支持。现借这次出版之机，我谈三个方面的问题：

　　十多年来，国家图书馆专门组织人力对文津阁本《四库全书》和文渊阁本进行比较研究，杨讷先生带领助手们一页一页、一卷一卷、一书一书地对比，花费了大量的精力和时间，发现两阁本差异很大。从书名到篇、卷、收书、版本等都有歧异，文字上的差别则更多。这种差异或区别大大出乎原来的想象。就目前初步的研究来看，两阁之间差异较大，不同的阁本有不同的价值。因此，我们率先安排将集部中文渊阁本所没有的文章内容刊刻为《文渊阁四库全书补遗（集部）》，共达十五册之多。这还不包括个别的文字差异。此书的出版，给学术研究带来了很大的帮助。这当然还很不够，全部印行才是办法。我们应该认定其作为阁本的地位和价值，文渊阁本是不能取代文津阁本的，文津阁本《四库全书》具有特殊的内涵，这一点尤其值得我们的重视。至于为什么会形成这样大的差异，还有待深入细致的研究。全部印行是最好的体现。我相信，学术界会翘首以待。

　　尽管学者们都在用《四库全书总目》，但对《四库全书》本身各种评价差异较大，做学问的人著述一般也不引用《四库全书》作为版本依据，这里面的原因很复杂，主要是认识上的误区。我认为，过去学术界、文化界对《四库全书》的批评性意见过多，过激。所以，我认为有必要趁此机会为《四库全书》做一些"正名"工作。

无论如何，《四库全书》的编纂是一项前无古人的文化伟业，迄今为止，它也是最能代表中华文化博大精深的载体。二百三十多年前，乾隆依托鼎盛的国力和个人的雄心，费去十余年的心力，动员全国成百上千的优秀学者的力量编成此书，这在世界文化史上是无可比拟的。《四库全书》为学术文化界所诟病、诋毁之处是其禁书、改书。说到禁书，这实际上是历代封建王朝皆有的事情，历代统治者莫不为之，在《四库全书》编纂之前、完成之后，亦皆有之。实际上，这是两回事，不能说与《四库全书》的编纂有必然的因果关系。当然，两者是有因果关联的。至于删改典籍，这恐怕也不是乾隆一个人的专利。乾隆从政治需要出发，对许多文献进行删改，其实也是符合历史逻辑的，这是历代统治者所惯用的做法。我们不能因噎废食。《四库全书》的编纂集中了当时众多的著名学者，他们的判断力和学识对《四库全书》的贡献非常巨大，仅从《永乐大典》中辑出的佚书就有三百多种，这本身便是一项了不起的贡献。我们应该充分挖掘出蕴藏在其中的学术文化价值，简单、粗浅地否定这样一桩举世皆知的文化伟业，不是狂妄，便是文化虚无主义。值得注意的是，许多否定《四库全书》的人，大多对《四库全书》本身没有多少了解，但往往攻其一点，不及其余。其所发表的评论也多耳食之言。真正研究过《四库全书》的学者，反而对《四库全书》十分重视。像陈垣先生就是一例。

因此，从历史的角度认识《四库全书》的编修，从学术的需要深入了解《四库全书》自身的价值，对今天的学术界来说是十分必要的。

所以，"正名"之说并不过分。

商务印书馆和国家图书馆的因缘从两家创立伊始便发生了，二者都是中国传统文化走向现代化的先驱，同时又都在不遗余力地弘扬和保护传统文化。值得介绍的是，商务印书馆从文津阁本《四库全书》于1915年拨入本馆起，就谋求刊刻。20世纪二三十年代，张元济先生便一而再、再而三地希望将其刊刻出版，或欲与政府合作，或欲独立运行，只是因时代及政治等各方面的原因而始终未成。20世纪三十年代商务印书馆所刊行的《四库珍本初集》，是《四库全书》成书以来出版印行的第一次。不过，囿于当时的条件，《四库珍本初集》也有它的不足，一是选用文渊阁本为底本，一是选印量仅全书的二十分之一。当然，众所周知，20世纪八十年代，台湾商务印书馆始得以印行全套文渊阁本《四库全书》。虽然是两家机构，但属于同一个品牌。今天，商务印书馆踵事增华，刊行文津阁本，既是赓续其历史的承诺，又有更为重要的文化意义，那就是，两阁并行于世，化百成千，不再拘于深藏密封，既大大便利于学术文化界取资，也对建立和推动《四库》学研究起到根本性的作用，其意义与价值是不可估量的，也是百年商务追求文化理想的完美体现。

我们可以期待，文津阁本《四库全书》的出版不仅是一件有历史性意义的大事，也必将让世人更加深切地体会到民族文化的伟大与辉煌。所以，我谨为此巨制的问世可期而鼓与呼。

（原刊于《中华读书报》2003年8月13日）

# 汉字为中华民族立了大功

汉字是中国各民族各地区共同使用的交流工具,汉字对中华文化、对中华民族、对几千年的中国政治等多方面功绩值得引起高度关注。

世界文明大国,不止中国,与中国并称为文明古国的还有埃及、巴比伦等好几个国家,它们最早的文字都是象形的方块字。后来,其他各国的象形方块文字没有继续发展,而是走上拼音文字的道路,她们的古文字发展出现断层,无人能识,到了近代才有专家研究进行破译,终于弄清了它们的涵义。唯有中国方块字没走拼音的道路,而是在象形字的基础上,吸收了标音文字的因素,创造了汉字特有的系统。所谓形声,是保留了象形,又表达了音和意,形声结合,开创了中国特色的汉字。

"五四"以来,广大爱国知识分子、仁人志士唤起民众,要改变当时中国人被奴役、被压迫的处境。中国要自强,要脱贫,要消灭愚昧,要学文化、学科学。当时中国文盲占绝大多数,文盲成堆的民族怎能富强? 多方寻找与西方人的差距,有人认为中国文盲多,是吃了汉字的亏。"五四"前后,不少有识之士主张改汉字为拼音文字。只要学会拼音,学了几十个字母,即可以自由阅读。当年的爱国知识青年鲁迅、钱玄同等倡导过废汉字、改拼音,当时就形成一股思潮。还有人更为激进,认为汉字写成的书大多讲忠君,记载了保守思想,只讲服从,不讲个人自由,主张把古书抛到垃圾堆里去。这些人的动机出于救国热忱,他们关怀民族前途的热忱值得尊重,有些过激言行是可以理解的。

　　也有些欧美留学回来的教育家,看到西方使用拼音文字的国家,只要能读得出就能写得出。我们的小学生,入学三四年才能写作文。人家使用拼音文字国家的儿童已经能写作文,我们的儿童还在学识字。认为我们小学生比拼音文字的国家的儿童从小学生就吃两三年的亏,汉字使我们的教育的效率低于西方用拼音文字的国家。从普及教育、促进中国的现代化着想,他们的用心也是可以值得尊重的。

　　新中国成立半个多世纪以来,国际交往增多,对世界各国情况了解得多了,我们看到用拼音文字的国家的儿童知识技能和文化素养与我国同龄儿童水平差不多,并不占优势,使用拼音文字的国家也有文盲。人们逐渐明白一个道理:办教育的目的是培养人的全面发展,这是一种系统工程,它要遵循积累、熏陶、渐进的规律,而识字、会写、会说,并不等于学通、学懂。五六岁的儿童可以会说、会写“人生若梦”,但五六岁的儿童对“人生若梦”的理解,和一个经历世态炎凉的六七十岁的退休老人很不一样。中国古代儿童入学首先熟读《三字经》,《三字经》第一句“人之初,性本善”小孩子都会背诵,至于“人之初,性本善”是什么意思,并不明白。可见识字与文化关系密切,但不是一回事。美国拳击明星泰森,不能说不识字,但他看不懂合同,看不懂政府的文告。美国称这种人是“功能性的文盲”(Functional illiterate)。中国古代哲学家老子《道德经》第一章讲“道可道,非常道”,这六个字,今天的小学生都识得,也读得出,但有些大学的教授们未必了解它的涵义。

　　新中国成立五十多年来,我国国民经济连续二十多年保持高速度的发展,取得举世瞩目的成绩。这种发展的势头方兴未艾。旧中国和新中国都一直在使用汉字,旧中国贫弱,新中国站起来了,从脱贫走向小康以至走向富强。可见汉字并没有拖中国现代化后腿，"五四"时代有些爱国人士把国家的贫弱的原因加罪于汉字，是不公平的。

秦汉建成多民族的统一大国，国土面积相当于欧洲。民族多到五十六个。方言众多，如广东、福建，如果用拼音文字，与其他地区无法沟通；西藏、新疆、甘肃等地方言的差异更大。今天，我们的《人民日报》在全国通行无阻，主要工具是汉字。如果没有一种通用的文字，中央政令不能通行全国，中国将分成许多国家。

这个多民族统一的大国，带给中华民族的好处一时说不尽了，它使中华民族多次战胜外来侵略。统一大国集中全国人力、物力能办重大工程，古代的如长城、运河。如治理水灾、救济灾荒，只有调动广大人民的力量才能办成。直到新中国成立之前，我们还是个穷国，又是个弱国。正是由于我国是多民族统一的大国，才能顶住外来各种侵略势力，打退入侵的日寇。我们这个综合国力来自多民族的统一大国，汉字是一个不可缺少的联系纽带。

（原刊于《北京日报》2006 年 2 月 13 日）

# 汉字识繁用简的必要与可能

中国汉字为中华民族立下了不朽的功勋。中国这个多民族的统一大国,地域辽阔,民族众多,方言复杂。正是借助汉字,才可以把中央政令贯彻到全国各地。广东、福建的方言,如果用拼音文字,很难与外界交流。西方欧洲从中世纪罗马帝国灭亡后,民族独立,分裂成许多分散割据的邦国,迄今为止,还是多种文字并存。他的生产能力的总和已超过美国,但是他们深感分散给发展带来的弊端,只是一时无法改变。我们的汉字,早在秦代以前各大国如齐、楚、秦,文字已基本趋同。或一个字有不同写法,这些小的差异,并不妨害国际交流。从地下考古发现的帛书、楚简、秦简,山东的竹简,都可以证明当时各国文字大同小异,足以提供相互交流的工具。秦汉统一后,规范了文字。我们的二十四史就是用汉字记录下来的。

新中国成立后,为了文化普及,加快扫盲运动,国家进行了一次文字改革,使笔画过多的字简化。改革的原则是不使超过十画。由于当时时间仓促,有时考虑不周到,把原来几个不同的字简化为一个字。有时发生歧义,也有时影响字义的准确性。总之,这次改革是成功的,得到全国人民的支持和拥护,而且影响到海外,像新加坡早已使用了简化汉字。最反对简化的台湾同胞,用"台湾"的也多起来。因为书写方便,是合理的,受欢迎的。

但由于有些简化后的汉字,与古汉字发生歧义(见附表),给汉字的使用带来新的问题,甚至因此闹出一些误解和笑话。据说,有人在某大学图书馆借阅《後漢書》时,恰好此书名是繁体,这个管理员不认识繁体字,说没有此书。有一年,颐和园举办慈禧太后生活展览。主持者认为"后"字是简化字,于是大幅横标写为"清慈禧太後生活展览会"。挂了两天,不少游人看到,指出错误,第三天才改正。还有一些人名,不便使用简化字。如唐代武将南霁雲,诗人朱庆馀,《红楼梦》的史湘雲,一简化,就不是原来的意思了。

现在电脑软件有汉字繁简转换的功能。由于繁、简汉字存在的歧义,电脑识别也常发生错误。我们到处提倡国学,想教孩子从小读点古诗词、古文,由于青年人没有机会接触繁体字,阅读古人著作时发生隔阂,看不下去。高考试卷有古文今译的考题。2005年广州考区的一道古文翻译题,交白卷的达万人之多。这说明,我们五千年文化传承出现了断层。维护我国丰富的文化传统,决不仅仅是少数汉学家的事情,全国各民族人人有责。

我曾提议过"用简识繁"的补救办法。在编写的中小学语文教材中,遇到简体与繁体发生歧义的字时,简化字旁用括弧注出该繁体字。例如:吉庆有余(餘)。老师不必专门讲,也不列入学生考核内容,小学六年,中学六年,经过十二年的熏陶,只需耳濡目染,不知不觉地能认识不少繁体字。这等于在全国做了一项国学普及工作,中国的古文、古诗词、古小说,人人可以方便阅读,惠而不费之事,何乐而不为?

这样做,有些文字改革专家们担心违反文字改革政策,这种担心是多余的。语文课照常进行,只是增加点古汉语知识,多认一点繁体字,并没有冲击文字改革,有什么不好?

| 简化字 | 繁 体 字 | 简化字 | 繁 体 字 |
|---|---|---|---|
| 后 | 後（前后） | 斗 | 斗（量具） |
| | 后（皇后） | | 斗（北斗星） |
| 干 | 乾（坤） | | 鬭（战鬭） |
| | 乾（燥） | 余 | 余（我，我的） |
| | 幹（事） | | 餘（剩餘，多餘） |
| | 干（係） | 冲 | 冲（茶） |
| 系 | 繫（鞋带） | | 衝（鋒） |
| | 係（属于） | 几 | 幾（個） |
| | 系（中文系） | | 几（案、小桌子） |
| 桔 | 橘（柑） | 云 | 雲（天上雲） |
| | 桔槔（提水工具） | | 云（说话） |
| | 桔梗（中草药） | 制 | 製（造） |
| 复 | 復（回答） | | 制（度） |
| | 覆（盖） | 征 | 徵（兆） |
| | 複（制） | | 征（兵） |
| 淀 | 淀（白洋淀） | 御 | 禦（防） |
| | 澱（沉澱） | | 御（皇帝专用） |

（选自《皓首学术随笔》，中华书局 2006 年版。原刊于《国际儒学联合会内参》2006 年第 7 期）

# 科举考试制度值得借鉴

## 科举制度的利与弊

汉代开始采用选举制。地方官员选拔出一批人才，呈送到中央，与近代由群众推选的选举意义大不相同。

古代选举制，王氏家族选举李氏家族子弟到中央做官，李氏族又推选王氏族的子弟作为回报。众多世家大族之间长期互相推举、互相支持、互相利用，豪门大族结成政治集团，"门阀士族"由此形成。南北朝的王、谢两大士族，互相援引，从东汉经三国魏晋南北朝，形成盘根错节的势力集团。汉末三国时河北袁氏家族的"四世三公"并不是他们袁家子弟才学过人，而是凭借他们世代形成的士族集团势力。

从汉到南北朝，几百年间，门阀士族拥有强大政治的、经济的、文化的势力，致使南北朝长期不能统一。历史发展需要统一，人民生活需要安定、温饱，不需要战争。隋唐顺应这一形势，结束了南北朝，并使之进一步巩固。建立多民族的统一大国是历史的趋势、百姓的愿望。南北朝时期，南方、北方王朝更替十分频繁，朝代是短命的，但门阀士族却安然无恙，中央统一政权为了培养选拔为中央政府服务的官员，必须找一条培养选拔人才的途径，建立一种新制度，科举制应运而生。

科举制，选拔人才不问家族出身，只要能治国安邦、用兵打仗、有经济管理的特长的，都可以应试，及格的可以得到重用。唐朝的高级官员从宰相到地方官员，多半是科举出身的。此种制度，符合中国的

国情,行之有效,历宋、元、明、清,一直沿用下来。推行一千多年,明显的效益有以下几点:

一,选拔人才的范围扩大到全国包括边远省区,规定各省区录取人员的比例,像云南、贵州,人口少、文化不发达地区也分配有一定的名额,全国士人产生拥护朝廷的向心力。

二,定期考试,后备人才不断地补充到中央,不忧人才匮乏。

三,国家规定"四书五经"为教材,全国知识分子通过各种学习的方式,主要是自学,国家兴办公家学校不多,大量的应考者都是单独自学,只要考试得中,即可上升到官员阶层。

四,考试立法详明,执法严峻,主考官舞弊的,重的可判死刑,因此考试取得"功名"(如秀才、举人、进士)即可得到社会的尊重、认可。

这制度后来传到外国,世界上普遍认为英国"文官制度"是以中国科举制度移植过去的。

科举制度的公开性、权威性,已被社会所认可。于是,为了考取"功名"苦熬一生。从另一个方面也可以看出科举考试并不是绝对公平的。真正的人才,由于不合规范程式而被排斥,未被录取。像清朝大文学家蒲松龄应科举,一直考到七十岁,还未考取举人。

科举经历了好几百年,推行了八股考试办法。这种选拔人才的方法的缺点明显,因为八股文考试题目出自"四书","四书"的字句就是那样多,三年一考,从明朝规定以朱熹的《四书集注》为标准答案,应试者不准有自己的独立的新解释。几百年的考试,差不多把"四书"的句子都出遍了,于是想出了截取上句的末句、下句的首句这些不成句子的题,称为"截搭题"。《红楼梦》第八十一回讲到贾宝玉第二次入家塾读书,老师出应试科举三道题,其中一个题目为"则归墨",这是《孟子》中"今天下之言不归杨则归墨"一句,完整的句子截去上半句"今天下之言不归易","则归墨"是下半句,题目就不通,偏要教应考者"代圣贤立言",写出有条理、讲出道理来的文章,岂不荒唐！吕留良曾写过一篇《真进士歌颂黄九烟》指斥明朝三百年来科举取士的弊端：

> ……进士尔何能,能作八股耳,其中并多不能者,一行作吏无须此。三百年,几十科,科数百人印累累,如今知有几人名?大约尽作蝼蚁死,人言蝼蚁可怜虫,吾言凶恶过虎兕,谨具江山再拜上,崇祯夫妇伴缄贶。(自注：崇祯末,有人书一仪状云：谨具大明江山一座,崇祯夫妇二人,奉申赞敬晚生文八股顿首拜。亦愤世嫉俗之言也,贴于朝堂。)

八股文取士的弊病在于政府规定"代圣贤立言"上,把应试者的思想禁锢死了。八股文有罪过,科举制度不能负责。

## 借鉴科举制度,改进当今教育存在的弊病

"四人帮"粉碎以后,我国恢复了学位制度,开始培养自己的硕士、博士,为国家培养了不少人才。1978 年招收的硕士生,1982 年招收的博士生,现在有的成为各学科的骨干。近年来,各校招生的名额不断扩充,教师和学校为争取建立博士点,布点过多过滥。我们的工业产品量多,但缺乏领先的拳头产品。我国已成为生产钢铁的大国,但还不能算钢铁强国。我国手机产量在世界领先,但关键技术没有知识产权,仍处于弱势。文化精神产品也有类似的情况。

有的博导带十几名、二十几名学生。也有的学校以一著名导师

的名义招徕博士生,然后分别交给一些青年教师去培养,势必造成成绩下降。

研究生入学后,本来要求读些必读的书,三年时间内用来专心学习已经够紧张的,现在不是把充实学识放在首位,而是要求在校期间每年必须发表论文,还要发表在规定的某种等级的刊物上,不照办,即无法毕业。研究生入校后,第一年大部时间用在外语上,博士生还要学第二外语,这要花费较大的精力才能过关。研究生的最后一年,大部分时间为自己联系工作单位,主要精力向用人单位介绍自己。为了在刊物上争取发表文章,难免要拉关系,找门路,有的导师用不正当的手段保护自己的研究生。商品交易之风污染了教育界这块净土。人们常说应当刹一刹学风浮躁,但我们的一些制度助长了浮躁风,形成恶性互动。我们国家图书馆设有"博士生文库",专门收集储存我国的博士生论文。按年代顺序排队,发现各学科论文水平逐年在下滑。如果有人有兴趣,可以用这些资料作进一步的研究。

当前博士生、硕士生培养的现状参差不齐,优劣相差不可以道里计,有些水平低的博导给水平高的博导当学生还未必够格。授予学位,国家有统一标准,但各校各有自己的标准,执行起来宽严标准不一。教育部规定研究生答辩委员中必须有外单位及外校的委员参加。据我所知,有一次某大学答辩委员会上,有一位外地请来的答辩委员一连问了一位应试者好几个问题,该生一个也答不出。这时该生的导师坐不住了,指着从外校聘请来的委员大声呵斥道:"你这是考他,还是考我?跟他过不去还是跟我过不去?"

也有学校招收"在职博士生",有的博士研究生,不必来校上课,可以派秘书代他上课,当然这类博士生拿到的文凭是真的,博士生学识是名不副实的。各大学招生和培养博士生标准不一,招生和应试的各有所图,各得其所。

若要改变目前研究生培养的混乱无序,国家应当作一件大事来抓。可从古人实行的科举制度中采取其合理部分来参考、借鉴。

一,必须培养出合乎国家要求的人才。滥竽充数、不合格的学校及不合格的导师将自行消失。

二,培养研究生不再规定毕业年限,学校只发给在校学习年限的证书,各校不再授予学位。研究生学完应当达到的学分,可以报国家的科举考试,一次考试不中,还可多次再试,只是不能继续在校学习。

三,国家不再设博导。大学教师按道理每一个教授都应具带博士生的能力。我们常说"与世界接轨",我们的"博士生导师"称号就没有与世界接轨。外国的教授名片从来没有"博导"字样。

18、19世纪,列强在全世界争资源、争土地,进入21世纪,还增加了一项掠夺的对象——技术人才。智力开发可以用很少的投入创造出更多财富。人才、智力都是资源,是开发不尽的智力资源。为国家培养合格优秀人才不光是一个教育问题,也是增强国力的根本措施。

国家培养尖端人才,培养硕士生、博士生,是国家的百年大计。在激烈竞争的当代,我们疏忽不得,也疏忽不起。

从近处着眼,硕士生、博士生培养关系到学风的邪正,从大处、远处着眼,硕士生、博士生培养关系到国家兴衰。不可等闲视之。

(原刊于《炎黄春秋》2005年第11期)

# 恢复手脑并用的好传统

汉唐时期,读书人善骑马、喜佩剑。酒酣,筵前拔剑起舞,已成风气。由此上溯到汉朝,汉高祖作《大风歌》,汉武帝作《秋风辞》,汉末,曹操时代建安文人能歌舞。读书人成为文弱书生,不知起于何时,估计约在北宋以后,不会太早。

北宋立国,力图纠正唐末五代军阀割据、武人专政的余风,提倡文化,抑军人专政。开始重文轻武,文人的地位高于武士。武士只能为将,不能为帅,儒教势力开始抬头。有一派儒者走路要缓步徐行,讲话要慢条斯理,呼唤人,要避免大声疾呼。程颢弟子记载,程氏"终日端坐为泥塑人"。初来求学的弟子,先让他们习静坐,养成静坐习惯后,再谈学业。程氏兄弟自称他们的治学道路,得孔孟真传。程氏兄弟的儒学教学方针得到一部分学者的支持,也受到一些学者的反对。当时苏轼等人很看不惯程氏学派的作风,遇到机会就加以嘲笑。二程同时代的张载,青年时曾向范仲淹请教用兵打仗的知识,范仲淹是文人,也能带兵打仗,但他不鼓励张载学用兵,劝他学儒家学问。可见当北宋时(10 世纪)中国读书人并不是一味文弱。

儒门孔子教弟子,从"六艺"入手,"六艺"是"礼、乐、射、御、书、数"。六艺中"礼""乐"有知识传授,也有实践演习。孔子本人及弟子通晓乐理,也会演奏乐器。奏乐,演礼,都要身心配合。"射""御"主要是实践操作,体力要充沛;差的无法学习射箭和驾车。只有"书"和"数"是知识传习。孔子教授六艺,智力、体力并重,目的在于能治国安邦的文武双全的人才。这个传统大约维续了一千多年,直到唐朝。

宋儒吸取了佛教、道教静坐修心的宗教修炼方法，强化反省内心动机的工夫，自称得到尧、舜、禹、汤、周公、孔子的心传，以十六字诀作为教学宗旨。从此，中国传统教育偏向"主敬""主静"，忽视实践，忽视体力锻炼。清初大学者颜元坚决反对宋儒教育的流弊，他主张实践，体力、脑力并重。当时有人说，孔孟与程朱同堂异室，宗旨一致。颜元画了两幅图。一幅是孔子的讲堂，学生中有弹琴的，有唱歌的，有演礼的，也有读书的。另外一幅，画的是程朱的讲堂，师生瞑目静坐。颜元问道，这两幅画说明孔孟与程朱这两家教育宗旨是背道而驰，怎可以说他们是"同堂"呢？

　　宋朝儒教盛行，朝廷重文轻武，文官地位高于武将。据说"好人不当兵，好铁不打钉"的谚语，始于宋朝。从此，读书人由刚健转为懦弱。宋以后，虽有元、清两朝的兄弟民族当政，带来一些刚健清新之气，毕竟多年沉疴，积重难返。连东北以骑射起家的满洲贵族子弟，逐渐染上重文轻武的积习。科举取士时，文科举出身的地位高于武科举出身的地位。

　　辛亥革命推翻帝制，建立民国，推行新式教育，废科举，兴学校。国家也举办过运动会，也参加过一些国际体育竞赛，有些项目得过奖牌。解放后，中国的体育有较大的发展，在国际体育比赛中逐渐显露出中华民族的竞技才能，已不再被外国称为"东亚病夫"。总的看来，中国的强项不多。技巧项目，中国有一技之长，比速度、比耐力的项目，如田径比赛，中国运动员往往力不从心，不占优势。如果用人数与奖牌数来平均计算，中国体育的落后形势更为显著。

　　体育，是民族文化的一部分。文化要有民族特色。外国竞技有他们的文化传统为背景，其中有精华也有糟粕。如何去粗取精，应由他们自己来选择，我们不必指手画脚。但是，国际文化交流日益频繁，有些地区性的、民族性的运动项目，被吸收为国际竞技项目。如奥林匹克运动会，世界公认为规格最高的运动会，项目多，参加人数也最多，参赛项目多来自各民族。当年古代雅典城的奥林匹克比赛规模和项目比今天小得多。如球类、跳水、游泳、滑雪等项目都是后来逐渐增加进来的。

现有的奥运会比赛的多数项目能增强体质，可以赏心悦目，调适身心。但也有少数项目，不但不能增强体质，反倒是以残伤肢体，败坏人类高尚情操，摧残人性，发挥兽性，如拳击项目就是一例。从事拳击的运动员，头部、面部、脑部都受有不同程度的伤残。

西方世界对这一运动项目有浓厚的兴趣，主要在于从中寻求刺激，它与现代世界的吸毒、豪赌、暴力、色情有着同样的社会背景。西方新闻媒体借此攫取大量金钱，拳击运动员的出场费在各类比赛出场费中是最高的，不禁使人想起当年古罗马贵族、贵妇人，坐在看台上看奴隶斗兽的残酷场面。所不同的是时至今天不用刀剑，参赛者大多不会当场死亡（也有当场打死的）。我国作为国际奥委会的成员国，从人道主义原则、从卫生学原则，应当号召抵制以至禁止此种比赛。我们没必要派我们的有为、可爱的青少年从事于有害身心健康的训练。它既不能强身，也违反人道。

中国文化传统悠久，我们有很多竞技项目，如射箭、赛马，有几千年的经验，后来兴起的武术、摔跤，也都有健身及观赏价值。中国的相扑传到日本，成为他们国家级的保留节目。中国射箭现已衰退，应当重新振作起来。中国式的摔跤，起源于蒙古族体力、智力兼用，有益于身心，现在还未走出国门，在国内也未受到应有的重视。我们应当重视自己的文化遗产，有十二亿人推动我们的民族体育事业，普及、推广，不管外国人来学不来学，不管他们怎么评价，我们走自己的路，有十二亿人的竞技队伍，经常不懈地锻炼，这项宏伟的事业必将造福子孙,有益于世界。

发展体育,不是为了追求金牌,应当看作中华民族文化的一部分。中国古代以"六艺"施教,学文化与强体力相互促进。从青少年开始,就抓紧脑力、体力并行发展。我们也要纠正目前的体育训练只偏重技能训练、忽视智力开发的偏向。培养运动员从娃娃抓起,单项训练只专一门容易出成绩。但对运动员来说,这种成绩对于夺奖牌有用,也有效,但对于培养一个合格的现代化青年来说,远远不够。发达了体力,萎缩了智力,抛弃了现代国民应具备的文化素养,可谓得不偿失。现代化合格公民应具备文字表达的能力、运用语言的能力,掌握现代科学和祖国历史的基本常识,对于社会、对于国家的教育来说,不能算苛求。

我国青少年运动员的情况,一般来说,技术娴熟,文化不高,很难进一步提高。号称美国国球的篮球运动,运动员的来源不是专业的篮球体校,而是从大学生篮球队中选拔。大学生有文化,会动脑筋,球打得活,不至于离开教练员就显得手足无措。反观我国,我们推行足球运动已有几十年,总是达不到世界先进水平。我们有专业的足球学校,也有从中学生中培养的足球队。中学生足球队比专业少年足球队更有培养前途,原因也在于中学生足球队学踢球的同时也学文化,不是单科训练,而是文武、体脑训练并重的又一例子。

总之,要重视中国自己的文化,总结自己的好传统,并及时学习外国有益的经验为我所用。体育建设是文化建设的一部分,要建设有中国特色的社会主义新文化,体育建设也要照此办理。文武并重,体脑结合,我们一定在不远的将来,为新中国的体育事业开创出21世纪的新局面。

(原刊于《群言》1998年第6期,原题为《文化教育与体育》)

# 经典教育：孩子们的"维生素"

　　在学校中开展经典诵读和经典教育，目的是培养孩子们的人文精神，也是一项进行优秀传统文化熏陶的传统美德教育。多年来，我国的中小学校偏重知识教育，语文、数学、外语等知识学科很受重视，但是在传统文化、为人品格教育上做得很不够。如果说语、数、外等知识科目是"药"，可以帮助人治疗"无知"这个病症的话，经典教育就应该是"维生素"，缺少了维生素，机体就会出问题。服药的作用可能立竿见影，学习了这些知识科目，人就会变"无知"为"有知"；而维生素却潜移默化、点滴渗入每个细胞，以保障机体的健康。得了病的人可以"临时抱佛脚"，只要及时吃药就可以痊愈；而缺少维生素的人可能自己并不知晓，等得了病再补维生素往往已经来不及了。因此，虽然知识学科的教育成果明显，传统文化教育短期内看不到效果，但是我们万万不可只重视知识学科教育，而忽视了经典教育和传统文化素质的培养。

　　在信息技术高速发展的今天，人们自当提倡培养学生的科学精神、现代精神。但是，经典教育带给学生的人文精神同样重要。科学精神、现代精神与人文精神一起，对于培养一个健全的、完整的"人"意义重大。这是一条促人不断发展、不断前进的光明之路。品德教育要从娃娃抓起，我们应该给儿童一个道德底线，告诉他们"什么能做""什么不应该做""什么绝对不能做"，让他们从小就有基本的是非观念。随着年龄的增长，这个要求应该越来越高。这样，儿童的道德素质就会与年龄同步得到提高，相应地，整个民族的道德素质就会提高，良好的社会道德风尚就会树立。从这个意义上说，教育是立国之本，德育更是国民素质提高的重中之重。

在经典教育的具体实施中，存在着这样一个问题：经典读本在学生中很受欢迎，但是家长和老师本身的传统文化素养却积累不足，经典诵读的师资缺乏。为了改善这种状况，教育部门和学校应该多举办面向经典诵读教师的培训活动，师范学校更应该有计划地培养经典教育师资。教师和家长也要有意识地读读古代经典，可以跟孩子们一起学习。这不仅对教育孩子有益，也可以促使教师和家长对人生、对世界产生更深刻的思考。

古代经典是经过几千年的时间积累下来的，是经过历史筛选的，它们是精华、是有生命力的，在今天仍然对我们大有裨益。举个最简单的例子。"己所不欲，勿施于人"就给我们提供了一条很好的处事原则——自己不愿得到的事物、不愿遭受的事情，不要强加于人。不仅对于个人，这句话对于一个国家同样适用。国际交往上平等互利，就是很好地遵循了这个原则。而且这句话是经得起推敲的。为什么不说"己所欲，施于人"呢？因为这样的话，喜欢吸烟的人就要让所有人都吸烟了。所以说，古代经典第二遍读来和第一遍的感受不一样，第三遍跟第二遍又不一样，是经得起揣摩、推敲的。中华民族最大的成功就在于五千年的文化没有中断，一脉相承的文字、语言和文化，使我们在几千年后的今天仍然能够站在巨人的肩上看世界，使我们能看得更远。所以，我们没有理由让五千年的历史积淀在这里失传。

（原刊于《北京教育[普教版]》2005 年第 2 期）

# 为人与成佛

　　有人问孔子，"以德报怨"的这种为人的态度如何？孔子答曰，如果以德去报怨，那么，用什么去报德呢？应当以直报怨，以德报德。

　　这种态度，以德报怨与以直报怨，也就是宗教与道德的分野。

　　道德即是"人伦之学"。人伦是讲人与人之间的关系与秩序的。如君臣下父子、夫妇、朋友的相与、相处都有一定的分际。相处得好，即是人伦之至。"圣人者，人伦之至也"，圣人，仍是世间的，对于一切有分别相的；宗教则要以德报怨，爱他的仇敌，度一切众生，他要忍辱而不计较。

　　在道德的境界是要讲人与人间的关系的，否则，无道德可言。而宗教是要泯除人我、是非、善恶、恩怨种种分别的。看起来宗教与道德是相反，其实是一致。

　　宗教不是"反道德"，而是"超道德"的。宗教不是不要道德，而是在道德的基础之上，更进一步。

　　人而无耻，即不得算作人。在道德上说，有耻是为人的起码的条件，有耻才能有所不为，无耻则可无忌惮、无所无不为了。而宗教的忍辱，并不是无耻。无耻是为满足其欲望而无所不为的行为；忍辱，有报复的力量而不忍心去用作报复，而甘心忍受。以佛的神通，可以使虚空粉碎、大地平沈，他原可以不怕一切的暴力。但是佛对于横逆之来，甘心俯首忍受，这便是伟大的忍辱的精神！今人常说的阿 Q 精神即是无耻。所以，只有忠臣、孝子、义士、仁者，才能成佛。禅家也常说"放下屠刀，立地成佛"，若常将一把屠刀在手，残人以肥己，做人也成问题，是不能成佛的。

宗教的精神是超道德的，不是"不道德"的，正如哲学的精神是超知识的，不是"反知识"的，是同样的道理。必先能为人，然后再说成佛。连人伦还不能尽，学得些佛家的知解以自求多福，或妄以为可以"将功折罪"，这是最狂妄、最可怜的人。

无分别相，并不是"夜间观牛，其色全黑"，无分别是超分别。道德起源于良心，创发于反省；宗教是超乎良心与反省，而用浑然与物同体的深闳广大的愿力来代替了从个人出发的良心与反省，它是在良心与反省之上的更进一步，并不是反良心、反反省。

道德的行为，心赖深智与厚情，仁民爱物、格物穷理皆从此出。而成佛，更需要深智与厚情，以其广厚深远不可以恒言名之，故曰般若，曰慈悲，究此根亥则一也。

儒书云，"孝弟为仁之本""是可忍，孰不可忍"，此是登欢喜地之第一阶梯，不可等闲视之。

（原刊于《世间解》1948 年第 9 期）

# 后记

　　任继愈先生是我国著名的哲学家、哲学史家、宗教学家等，他一生致力于中国传统文化的批判与继承研究，并身体力行，全力推动传世古籍的整理与出版工作。古籍整理费时费力，耗去了他大量著书立说的功夫。然而功夫不负有心人，他抢救并出版了大量的古籍善本，惠及了千千万万的普通研究者与传统文化爱好者，为 21 世纪文化高潮的到来，准备了充足的文献资料。

　　由于长期浸润在浩如烟海的文献资料中，促使他对传统文化的方方面面都提出了独到的见解。他对中国文化的总的看法是，中华民族拥有极为优秀的传统文化，一方面得益于农耕传统，一方面得益于民族融合。因此，她脚踏实地，海纳百川，不断圆融壮大，由是长期领先于周边各文化体。然而不可否认，中国的传统文化是世界范围内最为成熟的封建主义文化，这是由中国长达两千年的封建历史决定的。是以她糟粕与精华同在，泥沙与珠玉并存。

　　"一切历史都是当代史"，所以关心历史的人，其本质关心的是现实。任先生就是这样一位极其关照现实社会的学者。基于中国拥有长达两千年的极为完备的封建主义文化，他认为，今日之中国虽然已进入社会主义阶段，然较之欧洲的资本主义社会，却始终背负了比欧洲国家多得多的封建主义包袱，比如小农经济思维、权力崇拜、迷信等。近现代以来中国历史走过的各种弯路，大多是由封建主义强大余波造成的。所以他告诫今人说，封建主义或许是我们建设社会主义文化中的最大的敌人，这是我们大多数人思考传统文化问题时经常忽略的。

任继愈先生是一位独立思考的学者，他对传统文化的褒与贬，都建立在实事求是的基础上，坚持用历史说明一切，并提出自己的看法。所以我们在选编这本辑子时，特别注意要突出先生关于传统文化思想的独特性来。

传统文化属于文化学的范畴，关于文化发展，任先生有一个基本立论，即"势差规律"。他在《文化发展的势差规律》一文中，从理论上阐述了发展程度不同的文化在传播过程中不以人的意志为转移的内在关系。因此，现在谈论传统文化问题，也不可违背这个规律，违背了，其设想只能是徒劳。这也是传统与当代文化的总体理论问题，因此可作为"代序"。

先生对待传统文化的总体主张，就是继承优秀传统、批判封建主义。所以第一辑选入了任先生最有代表性的九篇对传统文化的总体论述，一面揭示批判封建主义的必要性，一面主张对传统文化优秀成分要发扬光大，并对她充满了期望和信心。

任先生是一位汇通三教，兼及多学科，又极为关照现实社会的学者。所以以下三辑选入了任先生在传统文化，包括当代文化状况等方方面面的论述。

在传统宗教方面，任先生关于儒教问题的探讨最为学界重视，所以选取三篇；佛教问题，是先生开创性研究的代表，所以选了两篇；道教方面他有独树一帜的看法，也选了两篇；马克思主义宗教学与无神论也是任先生的重点观注，故选取三篇。

在中国哲学方面，任先生前后四次今译《老子》，对老子哲学用力最深，故选取两篇；他也非常重视哲学史中"融合"与"发展"的特点，包括儒释道三教的融合与民族的融合，由此，新思想便源源不断地涌现出来，故选取相关论文三篇；他认为，哲学的普遍问题是"天人关系"，而中国哲学史的最独特问题是"天人合一"，最独特的来源则是农民革命的历史,故各选取一篇;在中国传统文化的具体问题上,先生特别强调了孙子的辩证法、庄子的思想、先秦六家问题、中医的哲学、墨子的方法论等,因为都有独到的见解,故各选一篇。

在中国社会研究方面,他同情历史上改革人物的悲剧命运,他反思古代的君臣关系,关心优秀传统的今日之延续,因为见解独特而现实关照又极为强烈,故挑选数篇。限于篇幅,如关于诸葛亮、武则天、韩非子等人物的思想与历史,他也有深刻洞见,然而不能再选了。

学者之为学者,其实首先不是学问有多精深,而是人品有多高尚。任先生便是可以称为真正学者的人。他敢于深刻剖析传统文化的利弊,敢于直面现实问题,言他人所不敢言;他坚持推动传世古籍的整理与出版,四处筹措经费,为繁荣新时期的社会文化不遗余力;他废寝忘食,晚年仍坚持工作,甚至用仅有的视力对古籍善本进行校对、审查。先生的人生是忘我的、无我的,他做学问不是为了自己,而是为了家国天下。辑子的最后一篇选取了先生早年的短文《为人与成佛》。先生是一名坚定的无神论者,他讲成佛,旨在讲人格。成佛"需要深智与厚情",先生认为,这就是"道德"。他身体力行,一生都将道德看得极为重要。用这篇短文作为辑子的结束,我想,也是对任先生一生学术与社会工作的最好的总结。

应邀选编这本辑子,是一件非常欣慰的事。不仅因为任先生是我们的长辈,更因为这套丛书的选编,告诉我们,这是一个尊重知识、尊重学者的温暖的社会。以任继愈先生为代表有一大批的文化学者,他们关心文化、关心社会,却从未想过要被铭记,但铭记他们却是我们的责任,是一个有前途的社会的责任。是为记。

2019 年 4 月

本书编者

图书在版编目（CIP）数据

中国传统文化的光明前景 / 任继愈著 ; 李申, 周赟编.
— 上海:上海教育出版社, 2020.5
ISBN 978-7-5444-9854-8

Ⅰ.①中… Ⅱ.①任… ②李… ③周… Ⅲ.①中华文化
－文化发展－研究 Ⅳ.①G122

中国版本图书馆CIP数据核字(2020)第035954号

责任编辑　储德天
封面设计　卢　卉

ZHONGGUO CHUANTONG WENHUA DE GUANGMING QIANJING
中国传统文化的光明前景
任继愈　著
李　申　周　赟　编

出版发行　上海教育出版社有限公司
官　　网　www.seph.com.cn
地　　址　上海市永福路123号
邮　　编　200031
印　　刷　上海展强印刷有限公司
开　　本　890×1240　1/32　印张 11.75　插页 4
字　　数　260 千字
版　　次　2020年5月第1版
印　　次　2020年5月第1次印刷
书　　号　ISBN 978-7-5444-9854-8/G·8124
定　　价　59.80 元

如发现质量问题，读者可向本社调换　电话:021-64377165